교류

교류

초 판 1쇄 2022년 10월 31일

주 편 김승룡, 쑨허윈
강 의 싱리쥐, 찐하이나, 중청, 왕잉, 천지, 피아오광하이, 뉴린제, 난옌, 야오젠빈, 쑨허윈
번 역 쑨핑, 김아현
펴낸이 류종렬

펴낸곳 미다스북스
총괄실장 명상완
책임편집 이다경
책임진행 김가영, 신은서, 임종익, 박유진

등록 2001년 3월 21일 제2001-000040호
주소 서울시 마포구 양화로 133 서교타워 711호
전화 02) 322-7802~3
팩스 02) 6007-1845
블로그 http://blog.naver.com/midasbooks
전자주소 midasbooks@hanmail.net
페이스북 https://www.facebook.com/midasbooks425
인스타그램 https://www.instagram/midasbooks

ISBN 979-11-6910-090-8 93300

값 18,000원

교류

중국 지식인의 열 가지 눈

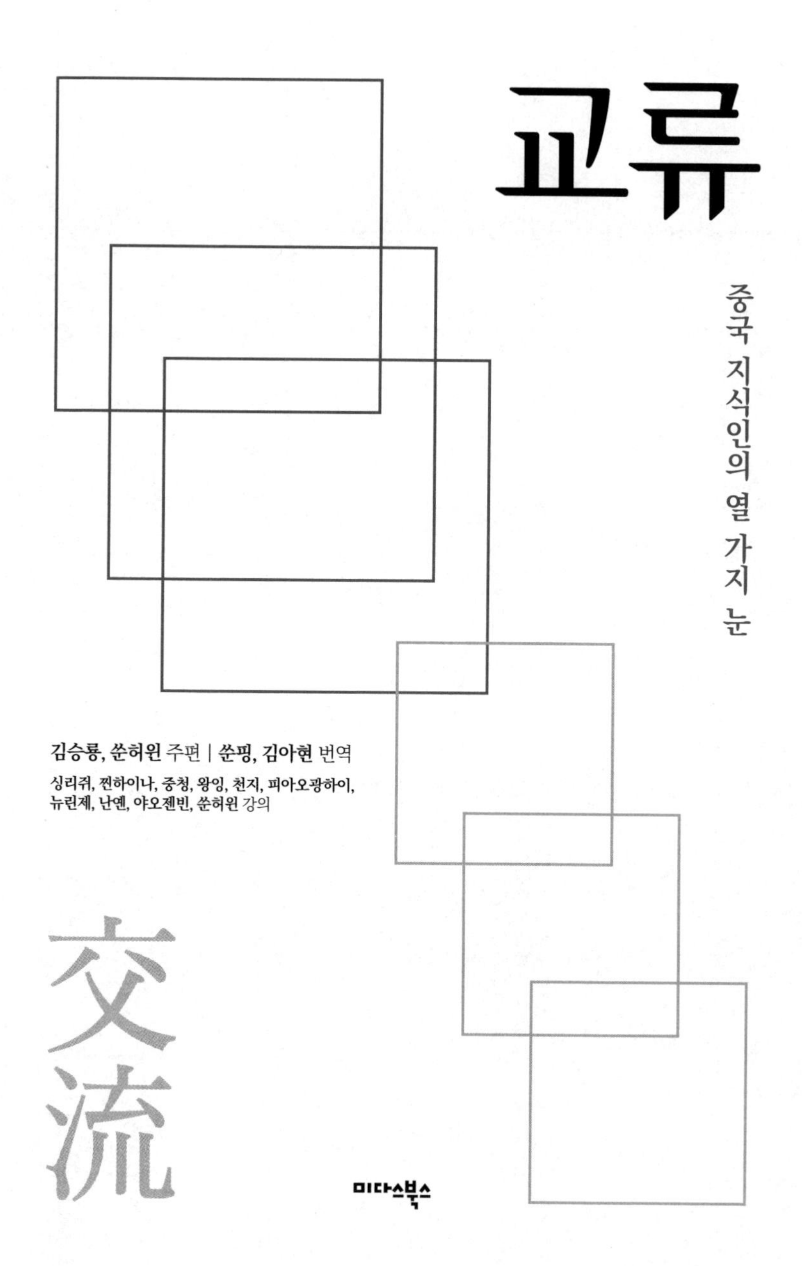

김승룡, 쑨허윈 주편 | **쑨핑, 김아현** 번역

싱리쥐, 찐하이나, 중칭, 왕잉, 천지, 피아오광하이, 뉴린제, 난옌, 야오젠빈, 쑨허윈 강의

交流

미다스북스

기획의 변(辯)

지금부터 스물다섯 해 전, 나는 베이징대학교로 강의하러 갔었다. 당시 선배 교수를 통해 강의를 제안받았을 때 나는 주저없이 거절했다. 이유는 간단했다. 그곳에 대해 아는 것이 없었다. 수교한 지 겨우 5년이 지난 즈음이었지만, 여전히 그곳은 우리에겐 낯선 곳이었다. 낯설었을 뿐만 아니라 두렵기도 했다. 기대보다는 불안감이 먼저 엄습했던 것이다. 그곳을 다녀온 사람은 거의 없었다. 몇몇 교수님들이 있었지만, 나하고는 거리가 있었던 탓에 문의할 엄두도 내지 못하였다. 그런데 거절했던 나에게 다시 지도교수는 강의하러 가기를 권유했고, 그제야 나는 운명처럼 받아들였다. 같은 기회가 두 차례 찾아올 때 거부해서는 안 된다는 이상한 신념 때문이었다. 베이징으로 떠나는 전날까지 나에게 잘 다녀오라고 송별 인사를 해준 선배나 동학은 거의 없었다. 지금 이곳에서 해야 할 일이 많은데, 굳이 갈 필요가 있느냐고 점잖게 타일러주는 이에게 겉으로 내색하진 않았지만 속으로는 서운했었다. 멀리 떠나는 사람을 전별하지는 못할망정, 왜 가냐고 핀잔을 주다니! 아니, 축하해준 선배가 하나 있었다. 중국을 그토록 가보고 싶어 했던 선배였다. 그는 그 후로도 중국의 역사적 흐름에 대해 짚어주며, 한국을 이해하기 위해서 중국의 모든 것을 알아야 한다고 충고해주었고, 『맹자』나 『사기』에 대하여 하나하나 재해석하여, 이를 기반으로 동아시아 및 조선의 지식인 및 제도에 대하여 비판적 안목을 갖도록 일깨워주었다. 지금 나의 중국학 지식의 많은 부분 그에게 빚을 지고 있는 셈이다.

한편, 1년을 지내고 돌아온 나에게 베이징대학교에서의 생활을 물어본 사람은 그리 많지 않았다. 이 또한 서운했다. 그래도 한동안 관계의 공백이 생겼었건만, 반겨주지는 못할망정 견문을 털어놓을 기회(?)를 주는 것이 인지상정이 아니었을까? 그러나 뒷날 다시 생각해보니, 나를 전별하지 않았던 사람들이나, 나에게 경험을 묻지 않았던 사람들이 이해되었다. 기실 그들은 베이징을 몰랐던 것이다. 이미지로만 알고 있을 뿐, 그곳에 누가 살고 어떻게 지내며, 무엇을 생각하는지, 앞으로 무슨 일이 일어날지에 대하여 알지 못했던 것이다. 숨 가쁘게 돌아가는 국내의 상황과 지극히 개인적인 관심사에 반응하기도 바쁜 상황에서, 바다 멀리에 있는 다른 사회 체제를 지닌 나라와 그곳 사람들에 대한 궁금증을 갖기는 어려웠던 것이다.

그런데 국문학이나 한문학을 전공하는 사람들에게조차 베이징은 뜻밖에도 부지(不知)의 공간이었다. 언젠가 교수 한 분이 타이완을 다녀와서 흥분한 나머지 학부생 전원을 불러놓고 강연하더니 다시 대학원생을 모아놓고 '중국'에 대해 이야기했던 기억이 난다. 그분도 문헌 속에서 대륙 속 중국을 생각했지만, 실제 보았던 중국은 그것이 전부였던 것이다. 물론 나도 그랬었다. 베이징대학교행을 제안받는 순간 거절했던 모습이 그 증거다. 수교 이후 다섯 해로는 한국인이 베이징을 이해하기에 부족했다. 그로부터 스무 해가 지난 지금, 과연 우리는 베이징을, 중국을 이해하고 있을까? 아니 적어도 '나'는 이해하고 있을까? 자신은 없다. 근래 들어서 더욱 그러하다. 베이징을 다녀온 사람이 많아지고, 중국에 대한 책도 쏟아지고 있지만, 여전히 그곳에 대해서는 부지하다. 이 기획은 이런 상황을 자성하면서 준비되었다.

이 기획은 지난 2021년 가을 어느날에 시작되었다. 부산대학교 중국연구소는 〈중국도시인간학〉이란 아젠다를 설정하고 특별강좌를 기획하던 중 중국전매대학교에서 한국학을 강의하던 쑨허윈 교수와 이러저러한 이야기를 나누게 되었다. 쑨 교수는 나의 베이징 시절을 기억하고 있었다. 당시 학부생이었다고 했다. 나는 베이징을 떠나기 전에 1년간의 강의 경험을 총결하는 발표를 해야 했다. 교수는 바로 그 자리에 있었다고 했다. 뜻밖의 인연이었다. 지금은 쑨 교수는 한국 문화의 번역자이자 교육자로서 중국 내 한국학의 미래를 개척하는 리더의 위치에 있다. 나는 쑨 교수를 비롯해 현재 중국을 이끌어가고 있는 지식인의 목소리가 듣고 싶었다. 조만간 이들은 한국과의 교류를 전담하거나 지도할 위치에 설 것이기 때문이었다.

나는 고전학을 하는 사람으로서 주로 과거의 고전 속 중국을 찾아왔다. 그러나 그것만으로 지금의 중국을 아는 데에는 많은 한계가 있었다. 공자도 문(文)과 헌(獻)이 있어야 나라를 이해할 수 있다고 했다. '문'은 문자로 전해지는 고전이라면, '헌'은 그곳의 경험을 축적한 지혜로운 지식인을 가리킨다. 이 책에는 열 명의 중국 지식인이 등장한다. 즉 '열 개의 눈'인 셈이다. 나와 쑨 교수는 이들을 부산대 중국연구소의 특별기획 강좌인 〈중국지식인, 교류(交流)를 말하다〉로 초청하여 마음껏 하고 싶은 이야기를 중국어로 말하도록 했다. 언어적 제한은 사유의 한계를 가져오기 때문이었다. 미증유의 코로나 팬데믹으로 인해 강의는 온라인으로 진행되었다. 베이징이나 상하이, 웨이하이에 있는 강의자들의 목소리가 곧장 부산으로 들려오는 것은 참으로 귀한 경험이었다. 이는 강의를 들었던 학생들은 물론이요, 강의자들도 마찬가지였을 터이다. 게다가 중국의 지식인들이 특정 주제를 두고 열 번에 걸쳐 강의하는 일은 이제껏 없었던 시도였다. 고맙게도 쑨허윈 교수는 강연자의 섭외를 맡는 것은 물론 강의까지 해주었다. 쑨 교수를 비롯해 싱리쥐, 찐하이나, 중청, 왕잉, 천지, 피아오광하이, 뉴린제, 난옌, 야오젠빈 교수는 자신의 전공 분야에서 '교류'에 대한 다양한 시선을 보여주었다. 강의자 모두에게 진심으로 감사의 말을 전한다. 아울러 강의를 귀로 듣고 글로 옮겨준 쑨핑과 김아현에게도 고맙다는 인사를 드린다. 이들은 통번역의 재원(才媛)들로서, 이들이 아니면 강의자의 말은 허공으로 날아가고 말았을 것이다. 이들의 정성 어린 통번역을 통해 그들의 말은 하나의 맥락을 갖춘 문자가 되었다. 이 과정에서 강연의 일부 내용은 한국 독자를 위하여 한국에서 통용되는 표현으로 고쳐졌다. 이 점에 대해 독자의 양해를 구한다. 끝으로 말과 문자뿐이었던 『교류』를 하나의 지적자산으로 만들어준 미다스북스에 우의의 정을 보낸다. 미다스북스는 언제나 서툰 원고를 금빛 서물(書物)로 만드는 재주를 부린다. 이번도 예외는 아니다. 참으로 고맙다.

2022년은 한국과 중국이 교류를 맺은 지 서른 해가 된다. 나이 서른이면 자리에 우뚝 선다고 했다. 그간 곡선과 직선을, 냉정과 열정 사이를 오갔던 두 나라가 더욱 건강한 '교류'를 통해 아름다운 관계가 되기를 바란다. 이제 두려운 마음을 안고 독자들의 밝은 눈 아래에 이 책을 내보낸다.

만추를 목전에 둔 어느 날에.

주편자를 대신하여 김승룡 적다

목차

交流

제1강

중국의 문화도로 :
중외 인문 교류를 중심으로

싱리쥐(邢麗菊)

푸단대학교 국제문제연구원 교수, 한국연구센터 부주임

중국 문화 연구를 위해서는 중국 문화를 이해해야 한다

오늘 제가 하고 싶은 말은 중국이라는 나라를 이해하고, 중국 연구를 하기 위해서는 반드시 중국 문화를 이해해야 한다는 것입니다. 다시 말해 중국인들의 생각과 문화적 특징을 파악해야 합니다. 저 역시 어떤 국가를 연구할 때, 해당 국가의 역사와 문화를 우선적으로 이해하고자 했습니다. 저는 서울에서 7년, 북한 평양에서 1년 정도 유학을 했으니 한반도에서만 8년 동안 유학 생활을 했습니다. 8년이라는 시간 속에서 가장 먼저 언어를 습득하고, 다음으로 한국의 역사와 문화, 그리고 사상사(思想史)를 배웠습니다. 그래서 박사 논문 주제도 조선 후기 호파(湖派)와 낙파(洛派)의 호락논쟁(湖洛論爭) 관련 내용이었습니다. 저는 사상사를 연구하기 때문에 한중 관계를 연구할 때에도 역사를 통해서 많은 깨달음을 얻었는데, 여러분 역시 중국을 연구할 때 이와 같은 방식으로 접근해 볼 수 있습니다.

오늘날과 같이 특수한 시기에 여러분과 함께 중국 문화 연구에 대해 이야기를 나누고 있습니다. 중국 문화 연구를 위해서는 중국 문화의 어떤 부분을 연구해야 할까요? 조금 전 김 교수님께서 중국 학생들이 오늘 포럼에 많이 참석했다고 하셨습니다. 아마 많은 중국 학생들은 2021년 7월 1일 중국 천안문에서 열린 중국 공산당 창당 100주년 경축대회를 보셨으리라 생각됩니다. 저도 교직원들과 함께 강당에서 현장 모습을 생중계로 지켜봤습니다. 중국 문화를 언급할 때, 아마 많은 사람이 수천 년 전의 공자, 맹자, 노자, 순자를 언급할 것입니다. 이와 대조적으로 한국 문화는 보통 K-pop, 한식, 화장품, 패션, 액세서리 등 90년대 한류를 말합니다. 두 문화 간 차이는 확연합니다. 중국의 경우는 천년고도의 역사 문명 속에 젖어 있고, 한국의 경우는 문화 현대화와 문화 강국의 노선에서 세계 선두 주자로 나아가고 있습니다. 중국인이자 한중 문화를 잘 알고 있는 제가 느낀 점은 이 두 문화가 극명한 대비를 보이고 있다는 것입니다.

다음으로 드는 생각은 중국 문화를 이해하기 위해서 여러분이 중국 고대 문화를 이해해야 할 뿐만 아니라 중국 당대와 현대 문화를 더욱 잘 이해해야 한다는 것입니다. 오늘 준비한 강연 내용과 간단한 목차를 소개하면서 여러분과 함께 계속 이야기를 나눠보도록 하겠습니다.

오늘의 강연 내용은 총 세 가지입니다. 첫 번째는 중국 문화의 정의, 두 번째는 중국 문화가 나아가야 할 길과 대내외적 추진 방안, 세 번째는 현재 중국 정부가 적극적으로 추진 중인 중외 인문 교류에 대한 내용입니다.

중국 정부 문건에서 제시된 단어인 '중외 인문 교류(中外人文交流)'는 중외 인문 교류를 중심으로 현재 중국 문화를 해외로 진출하는 '저우추취(走出去, 중국 문화 콘텐츠나 상품을 수출하는 국가 차원의 사업)' 과정과 세계화로 나아가는 과정에서의 실행 방안을 분석하는 것입니다.

1. 중국 문화의 정의 : 현대 문화와 당대 문화

먼저 중국 문화란 무엇일까요? 중국 정부는 중국 문화에 대해 아래와 같이 기본적인 정의를 내렸습니다. 중국 공산당 제18차 전국대표대회(이하 '제18차 당 대회'로 약칭) 와 제19차 전국대표대회(이하 '제19차 당 대회'로 약칭) 보고서에서 중국 문화는 크게 세 가지 1) 중화의 우수한 전통문화, 2)

혁명 문화, 3) 사회주의 선진 문화로 나눠진다고 언급되었습니다. 사실 한국 학생들 앞에서 '사회주의', '관념 형태'와 같은 어휘를 즐겨 사용하지 않지만, 여러분을 포함한 연구자의 객관적인 시선에서 이해하려면, 이와 같은 어휘를 반드시 사용해야 할 필요가 있습니다. 우선 저는 어떠한 이데올로기적 사고를 가지고 있지 않다는 점을 말씀드리고 싶으며, '중국 문화'가 각각 어떤 부분에 속해 있는지 설명하는 것입니다. 중화의 우수한 전통문화는 여러분에게 아주 익숙할 것입니다. 특히 전문적인 중국 역사학자와 중국 언어학자분들은 이미 많이 알고 계실 것 같으니 중화의 우수한 전통문화에 대해서는 부수적인 설명을 아끼도록 하겠습니다.

저는 중국 현대 문화와 중국 당대 문화를 특별히 더 언급하고 싶습니다. 해당 문화는 중국 공산당 창당 100주년과도 연결 지을 수 있습니다. 중국 공산당 창당 100주년이었던 2021년 7월 1일, 시진핑 주석이 장시간 연설을 했습니다. 시 주석은 중국 공산당의 전반적인 역사, 중국 혁명, 중국 현대화를 설명하며 중국 근대에서 현대, 그리고 21세기인 오늘날까지 역사적 흐름을 설명하면서 "우리는 역사를 돌아보고, 미래를 개척한다."라는 내용을 연설했습니다.

그렇다면 역사를 배워야 하는 이유는 무엇일까요? 역사를 통해 앞으로 나아가야 할 방향을 찾을 수 있기 때문입니다. 우리는 "역사로부터 교훈을 얻는다.", "역사는 거울과도 같다."라는 말을 종종 합니다. 저는 시 주석의 연설을 통해 중국 공산당 창당 100주년을 기념하면서도, 중국의 백년분투(百年奮鬥)와 같은 역사를 말하고 있다는 느낌을 받았습니다. 그리고 시 주석의 연설 전반에서 엿보이는 '정신(精神)'을 중점적으로 파악했는데 4개의 성과와 9개의 필수 사항을 확인했습니다. 4개의 성과는 매우 중요한데 "중국 공산당은 중국 인민을 지도하여 자본주의의 위대한 성과와 사회주의 혁명 건설의 업적을 거두었다."라는 연설에 포함되어 있습니다.

신민주주의 혁명의 첫 번째 성과는 바로 1949년 중국 건국 이전 중국 공산당이 인민들을 이끌고 고된 투쟁을 지속한 점입니다. 이와 같은 상황을 혁명 문화라고 할 수 있습니다. 여기서 제가 혁명 문화를 언급하는 이유는 과거에 한국에서 공부했을 때, 혁명 문화를 말하면 많은 한국인이 잘 이해하지 못하고, 중국 공산당은 홍색정권(紅色政權, 무산 계급이 세운 정권)이라고만 생각했습니다. 홍색(紅色) 관련 단어가 참 많지요. 특히 올해는 특수한 한 해로서 중국 국내외 언론이 중국을 어떻게 보도하는지 눈여겨봤습니다.

한 가지 기억나는 일이 있는데, 제가 지금 머물고 있는 상하이에는 중국 공산당 제1차 전국대표대회 회지인 약칭 중공일대회지(中共一大會址)가 있습니다. 당 창건 전날, 중국 정부는 외신 기자들을 초청해 중공일대회지와 중국 공산당 역사박물관 참관 행사를 진행했습니다. 기자들이 박물관 3곳을 참관한 후, 중국일보(中國日報, China daily)사의 영문 매체 담당 기자가 외신 기자와 전문가에게 "중국 공산당 역사를 보니 어떠한 느낌이 듭니까?"라는 질문을 하니, 수많은 외신 기자는 "관람을 다 하고 나니 중국 공산당이 힘든 여정을 걸어왔다."라고 대답했습니다. 많은 기자가 중국 공산당이 고난과 역경을 지나왔으리라고는 생각지도 못했던 것입니다. 다시 말해, 그들이 100년 전 중국과 오늘날의 중국을 생각했을 때 이는 결코 쉽지 않은 여정이었다는 것을 느낀 것입니다.

모든 이데올로기적 사고와 사회 제도를 멀리하고 100여 년 동안 한 정당이 중국 인민의 오늘날을 만들었으며, 현재 세계 경제 GDP 2위를 차지하는 국가로 거듭났습니다. 14억 인구의 대국이 평화적으로 발전하고 안정된 것입니다. 그렇기 때문에 수많은 외국인이 "쉽지 않았다."라고 말하는 것입니다. 이 과정에서 많은 공산당원들이 희생을 두려워하지 않고, 가족들도 알아보지 못할 정도의 모습으로 분투하며 목숨을 바쳤습니다. 많은 공산당원이 비밀리에 지하공작을 펼쳤고, 다수의 공산당원이 자신의 실제 이름을 쓰지 못했습니다. 그들이 그렇게 힘든 환경에서 혁명 투쟁을 했습니다. 중국에 오시면 천안문 광장에 인민영웅기념비가 우뚝 서 있는데, 중국의 항쟁이 정말로 쉽지 않았음을 느낄 수 있을 것입니다. 그렇기 때문에 많은 사회주의 문화가 포함되어 있는 것이며, 이러한 모습이 바로 두 번째 성과입니다.

세 번째 성과는 개혁개방과 사회주의 현대화 건설입니다. 1978년 개혁개방 이후 중국의 성과를 나타내고 있으며, 황푸강(黃浦江)에서 유람선을 타며 상하이 와이탄(外灘)을 모습을 둘러보면, 분명히 느낄 수 있을 것입니다.

네 번째 성과는 신시대 중국 특색 사회주의의 위대한 성과이며, 제18차 당 대회, 제19차 당 대회 때부터 중국의 군사 역량, 중국 우주 과학 기술 등 중국 경제가 어떻게 발전했는지를 설명하고 있습니다. 이러한 성과는 사회주의의 선진 문화의 성과라고 할 수 있습니다. 지난 6월, 중국은 유인 우주 비행 사업으로 우주비행사 3명이 참여했으며, 우주정거장에 있는 중국인이라는 의미로 우주선 '천화(天和) 1호'라는 이름을 붙였습니다. 우주비행사 3명은 우주에서 3개월 동안 생활을 할 예정입니다. 그들은 이러한 탐색을 처음 시도하기 때문에 쉽지만은 않은 일입니다. 저는 이들의 탐험 정신이 정말 대단하다고 생각하며 이러한 것들이 모두 사회주의 현대화, 신시대 중국 특색 사회주의의 성과이자 사회주의 선진 문화의 일부분이라고 생각합니다.

그렇다면 제가 여러분께 왜 이러한 말을 꺼냈을까요? 우리가 중국 문화를 이해할 때, 과거의 중국 역사와 문화를 이해하는 동시에 중국이라는 나라가 1840년 아편전쟁부터 노예와 같은 박해를 어떻게 받았으며, 100여 년의 고군분투를 어떻게 겪고, 21세기인 오늘날 이러한 성과를 어떻게 이룰 수 있게 되었는지 이해해야 합니다. 그렇기 때문에 여러분은 현대 중국을 더 잘 이해해야 하고 현대의 중국 문화를 잘 알아야 합니다. 이것은 매우 중요한 일이며 향후 중국 문화 발전의 핵심 내용이기도 합니다. 역사 속 중국 문화는 이미 지나간 일이기 때문에 우리가 언제까지나 과거의 중국 문화와 중국 역사만을 말할 수는 없습니다. 우리는 현대의 중국, 향후 미래 속의 중국 문화를 봐야 합니다. 특히 이 점에 있어서 중국은 한국을 본받을 필요가 있습니다. 최근에 제가 한국의 문화 발전 전략을 정리했는데, 과거에서부터 현재까지 한류 문화의 우수성은 정말이지 세계에서 손에 꼽힐 정도입니다. 그래서 중국 문화의 현대적 발전 과정에서 한국을 본받아야 한다고 생각합니다.

다시 돌아가서, 중국 공산당의 지도로 중국 인민이 이와 같은 성과를 거둔 점을 정리했으며 시진핑 주석은 "반드시(必須)"라는 필수사항도 함께 언급했습니다. 필수사항은 중국 발전과 중국 공산당의 노선에서 9가지의 필수사항을 유지해나가야 한다는 내용입니다. 공산당 지도와 중국 특색 사회주의, 군대와 국방의 현대화, 중국 젊은 층의 대단결 등이 있습니다. 여기서 우리는 중국 젊은 층의 대단결이라는 단어를 눈여겨봐야 합니다. 현재 국제 사회 속 중화권 지역들은 중국과의 정치적 대립이 심각한 상황입니다. 그렇기 때문에 시진핑 주석이 특별히 중국 젊은 층의 대단결을 언급하며, 모든 중화민족은 뿌리가 같다는 점을 말하고자 했던 것 같습니다. 사실 남북 분단국가인 한국의 젊은 세대를 포함한 많은 한국 사람은 이와 같은 상황을 이해할 수 있을 것입니다. 남북한은 민족적 측면에서 봤을 때, 같은 한 민족이기 때문에 동계올림픽 등 큰 행사에서 남한과 북한이 함께 입장하는 모습을 보여줄 수 있었습니다. 이렇듯 민족의 뿌리는 아주 중요한 사안입니다. 9가지의 필수사항에 대해서는 여기까지 말씀드리겠습니다.

2. 중국 문화가 나아가야 할 길과 대내외적 추진 방안

이제 두 번째 부분으로 넘어가서 중국 문화가 나아가야 할 도로(道路)에 대해 이야기해 보고자 합니다. 중국 문화의 길을 이야기할 때, 크게 두 가지 측면에서 말할 수 있는데 한 가지는 대내적, 또 한 가지는 대외적으로 나눌 수 있습니다.

대내적으로는 중화민족 전통문화 진흥과 발전입니다. 제18차 당 대회, 제19차 당 대회 이후, 중국 정부가 이를 매우 중시하고 있습니다. 유가(儒家) 문화를 공부한 저는 특히 인상 깊게 느꼈습니다. 2013년 제18차 당 회의에서 시진핑 주석이 처음 주석으로 당선되던 해에는 공자의 고향인 중국 산둥 곡부(山東曲阜) 지역을 방문했으며, 그곳에서 주요 연설을 발표하셨습니다. 당시 연설의 핵심 정신이 바로 '중화 전통문화의 대대적인 전파'였습니다. 그 밖에도 공자 탄생 2570주년이 되던 시기에 중국의 국제유가연합회에 한국의 많은 단체가 가입을 했습니다. 행사에서 시 주석은 연설을 통해 중화 전통문화를 발양해야 하며, 중화 전통문화에는 민족의 수많은 지혜가 담겨 있고, '자강불식, 후덕재물(自强不息, 厚德載物, 스스로 끊임없이 노력해 강해지고, 덕을 두텁게 쌓은 후에 만물을 포용하라)'과 인의예지(仁義禮智) 해야 한다는 뜻을 전하기도 했습니다. 이 점은 오늘날 우리의 마음속에 새겨두어도 좋다고 생각합니다.

제가 졸업한 성균관대학교의 학훈이 바로 인의예지신(仁義禮智信)이고, 그때 다녔던 강의실과 퇴계인문관, 그리고 600주년 기념관 모습이 아직까지도 선명합니다. 학교 엘리베이터에는 "자왈 : 학이시습지, 불역열호?"(子曰: 學而時習之, 不亦說乎?, 배우고 때때로 익히면 기쁘지 아니한가) 글귀가 적혀져 있었는데 매주 한 번씩 새로운 논어 명언 글귀로 교체되었습니다. 그래서 공자의 사상이 포함된 논어가 중국만의 사상이 아니라 세계 각지로 전파되었으며, 특히 한국 사회에 상당히 깊숙한 영향을 주었다고 생각합니다.

제가 한국에서 박사 과정을 밟을 때, 지도 교수님이 농담을 하셨습니다. 지도 교수님이 말씀하시길, 한국은 기독교, 천주교, 불교 등 여러 종교가 다원화되어 있는 국가인데, 호적신고 등과 같은 문서에 개인 정보를 작성할 때 종교도 같이 기재한다고 말씀하셨습니다.

그는 이어서 만약 어떤 사람이 종교를 적지 않는다면 그는 분명 유교일 것이라고 예상했지요. 제가 왜 그렇게 생각하시는지 여쭸더니, 유교는 조선왕조 500년 역사(1392−1910)와 함께 했으며, 매년 추석 때 한국에서도 제사를 지낸다고 말했습니다. 제가 고개를 끄덕이자, 그는 이어서 매년 설날 모든 가족이 한자리에 모이고, 전통 혼례 등 행사가 있고, 마주칠 때마다 "안녕하세요."라고 인사하는 각종 예절, 한국 사회의 장유유서 등등 이러한 모습들 모두가 유교 문화의 발현이기 때문에 어떤 사람이 종교가 없다면 아마도 유교 신자일 것이라고 추측했습니다. 아마도 지도 교수님은 본인이 살아온 한국의 모습을 이야기하고 싶었던 것 같습니다. 이러한 이야기에 조금 과장된 부분은 있으나 한국 사회의 모습을 투영한 것이라고 느꼈습니다.

한국은 전통문화 발전을 성공적으로 이끌어내고 있고 중국의 본보기가 되고 있습니다. 여러분은 중국의 국가적 상황 때문에 문화대혁명 시기에 많은 전통문화가 파괴된 것을 알고 있을 겁니다. 중국 개혁개방 이후, 21세기에 들어 중국 정부는 전통문화의 활성화와 발전을 위해 수많은 국학반(國學班)을 개설하고, 많은 청소년이 경전을 읽는 등 부단한 노력을 기울이고 있습니다.

3. 중국 정부의 대대적인 중외 인문 교류 강화

방금은 대내적인 국가 내부 부분을 설명했습니다. 이제 대외적 부분을 말하자면, 중국 정부의 대대적인 중외 인문 교류 강화를 말할 수 있습니다. 중외 인문 교류는 실질적으로 중국 문화를 세계 무대로 올리고, 세계가 중국을 알고, 중국 문화를 이해하게 만드는 것입니다. 중국 정부가 대외적으로 추진하는 전략이기도 합니다. 그래서 저는 나머지 30분 동안 '중국은 왜 중외 인문 교류를 강화하고자 하는가'에 대한 내용을 중점적으로 강의할 예정입니다.

한국 학생들에게 중외 인문 교류는 비교적 생소한 개념이라고 생각합니다. 일전에 한국 학생이 저에게 한국은 공공외교라는 말을 쓴다고 이야기한 적이 있습니다. 공공외교는 한국뿐만 아니라, 유럽이나 미국 역시 공공외교를 말합니다. 중국도 공공외교라는 단어를 사용하지만 제18차 당 대회, 제19차 당 대회 이후 가장 많이 언급된 단어가 바로 인문(人文) 외교입니다.

과연 무슨 이유로 인문 교류가 언급되고 우리는 왜 해당 단어를 사용해야 할까요?

'인문 교류'는 중국 외교이며, 중국 정부의 독창적인 개념으로, 인문 교류의 의미는 공공외교가 아닌 중국 정부의 문화적 자신감의 표현입니다. '인문'이라는 단어는 중국 『주역(周易)』에서 "관호천문, 이찰시변, 관호인문, 이화성천하(觀乎天文, 以察時變, 關乎人文, 已化成天下, 천문을 관찰하여 시대의 변화를 알 수 있고 인문을 관찰하여 세상의 조화를 이룰 수 있다.)"

라는 문구에서 나온 말입니다. 즉 '인문'이라는 단어는 중국의 고대 경전에서 나온 것이며 중국 정부가 중시하는 전통문화의 상징입니다. 해당 어휘가 중국 문화에서 나왔듯이 중국의 전통문화는 인문정신(人文精神)을 굉장히 중요하게 여깁니다. 인문정신이란 무엇일까요? 인간에 대한 생명, 인간에 대한 존엄, 관심, 보호 등을 말합니다. 인문정신은 바로 인간에 대한 사랑이며 사람을 근본으로 삼는다는 의미의 이인위본(以人爲本)으로 이해하시면 되겠습니다. 현대 중국어 측면에서 보면, 인문 교류는 사람이 주체가 되면서 '문화'를 전파함을 의미하며, 사람 중심의 문화 교류라는 뜻입니다.

중국 정부의 인문 교류와 문화 수출을 위해서는 누구에게 의지합니까? 바로 사람에게 의지합니다. 그래서 인문 교류의 과거와 현대적 의미는 같으며, '인문', '인문정신'은 중국 전통문화의 핵심 정신입니다.

다시 현대로 돌아와서 이야기를 하자면, 우리가 말하는 인문 교류는 사람이 중화문화를 해외에 전파하고 교류하는 것을 인문 교류라고 합니다. 중국 정부가 인문 교류를 중요시하는 이유는 중국의 경제, 군사, 과학기술 수준이 이미 세계 선두 자리를 차지하고 있으며, 중국의 경제 수준은 GDP 등을 포함하여 세계 제2위 경제체로서 미국을 따라가고 있으나 이에 비해 문화적 수준은 세계에서 뒤처져 있기 때문입니다.

	2016	2017	2018	2019
미국	1	3	4	5
중국	28	25	27	27

지금 보시는 표는 영국의 유명 PR회사 포틀랜드(portland) 사가 발표한 글로벌 소프트파워 보고서이며, 2016년에서 2019년까지의 세계 순위를 나열했고, 2020년 데이터도 이미 나와 있습니다.

제가 하고 싶은 말은 글로벌 소프트파워 순위에서 트럼프 대통령 집권으로 미국의 국가 이미지가 큰 손상을 입었음에도 불구하고 5년 동안 미국의 순위는 5위 밖으로 밀리지 않았고 1위에서 5위 사이를 유지하며 5위권에 있었습니다. 중국의 경우 25위에서 28위 사이에 계속 머물고 있으며, 2020년에도 26위로 25위와 28위 사이의 순위를 유지하고 있습니다. 중국은 인구, 국토 면적에서 높은 순위를 기록한 대국이지만, 문화 소프트파워의 순위는 상당히 낮습니다. 아시아 국가를 기준으로 보면 세계 문화 소프트파워 상위 30위 안에 속하는데, 총 4개국이 있고, 중국이 가장 뒤처져 있으며, 이 중 일본이 1위입니다. 2019년 일본은 세계 8위를 차지했으며, 한국은 19위, 싱가포르는 21위, 중국이 27위였습니다. 19위였던 한국은 2020년에 아마도 한 계단 더 올라 18위가 되었을 겁니다. 세계 소프트파워 순위에서 한국은 중국과 10위 이상 차이가 납니다. 전체 세계 소프트파워와 아시아 국가 소프트파워에서 중국이 가장 뒤처져 있는 것을 볼 수 있습니다. 그래서 중국 정부가 소프트파워 향상을 중요시 여기게 된 것입니다.

우리는 수많은 정부 문건을 개혁개방 한 이후, 중국은 중화민족의 위대한 부흥을 실현하기 위해서는 중국 문화를 발전시켜야 한다고 제시하고 있습니다. 중화민족의 부흥은 경제, 과학기술 분야뿐만 아니라 문화적으로도 시작되어야 합니다. 그렇기 때문에 중국 정부는 문화 교류 강화를 매우 중시하고 있고, 시진핑 주석의 연설에서도 중화의 전통문화 발전의 중요성이 언급되었습니다. 중국은 올해 정부 업무 보고서에서 2035년 문화 강국 건설을 언급했습니다. 2035년까지 14년이 남았으니 앞으로 20년 동안 이 여정을 계속 이어나가야 합니다.

중국 정부의 인문 교류의 기본 원칙

① 평등과 존중, ② 포용하며 서로를 본보기로 삼는 것, ③ 혁신 발전

중국 정부의 인문 교류의 기본 원칙은 2019년 5월 15일 개최한 아시아문명대화대회(亚洲文明对话大会, Conference on Dialogue of Asian Civilizations)에서 시진핑 주석이 언급한 내용으로, 현재 중국 문화가 세계로 나가는 과정에서 반드시 지켜야 하는 원칙들을 말합니다.

첫째는 평등과 존중입니다. 세상에는 수많은 민족종교가 있고, 각 민족이 자신의 문명과 문화를 가지고 있습니다. 각국의 문화 교류에서 반드시 지켜야 하는 첫 번째 사항은 바로 평등으로서, 문화의 평등함을 수용하고 존중하는 것이 문화 교류를 통해 서로 배워나갈 수 있는 토대가 됩니다. 평등함을 인정해야지 비로소 서로를 존중할 수 있습니다. 예를 들어, 아시아 사람은 황색 피부에 눈동자가 검은 편이며, 유럽인과 미국인 중에 백인이 많으며, 아프리카 사람의 피부는 검습니다. 이러한 배경에서 함께 교류를 할 때, 특히 많은 사람이 아프리카를 생각하면 빈곤하고 낙후되었다고 생각합니다. 그래서 아프리카 문명과 아프리카 문화를 언급할 때, 심리적으로 거부감이 생길 수 있습니다. 아프리카뿐만 아니라 이슬람도 있습니다.

이슬람의 많은 여성이 터번을 감고 있고 그들의 복장도 우리와는 다릅니다. 그래서 우리가 이슬람과 이슬람 문화를 접했을 때 사뭇 다른 느낌을 받습니다. 그렇다 할지라도 우리는 다른 민족과 다른 종교의 문화를 평등하게 받아들여야 합니다.

다시 말해 모든 것이 문명입니다. 마치 26자로 이루어진 영어의 자음, 모음이 만나 수많은 단어를 만들고 많은 시와 언어를 창조해 내는 것과 같습니다. 문장 부호와 같은 영어의 자음과 모음이 만나 단어를 이루어 아주 유연하면서도 아름다운 영국, 미국, 유럽의 문자가 되는 것이지요. 또 마치 검은 건반, 흰 건반으로 이루어져 단 하나의 건반도 빠져선 안 되는 피아노처럼 모든 건반이 어우러져야지 아름다운 연주곡을 완성할 수 있습니다. 그래서 모든 문화는 지구촌의 구성 요소입니다. 그렇기 때문에 우리는 그들을 평등하게 대하고 존중해야 합니다.

두 번째는 포용하며 서로를 본보기로 삼는 것입니다. 모든 문명은 각자의 장점과 단점을 가지고 있는데 우리는 단점을 포용하고 서로의 장점을 본보기로 삼아야 합니다. 이를 취장보단(取長補短, 장점을 취하여 단점을 보충하다)이라고 하지요. 문화를 접할 때 반드시 필요한 포용성을 말하는 것입니다.

그리고 또 한 가지는 혁신 발전입니다. 이는 해외 진출을 위한 중국 문화의 혁신 발전을 뜻합니다. 한국의 공자학원과 공자학당에 가본 분이 있으실 것 같습니다. 저도 중국의 공자학당 참관을 한 적이 있습니다. 공자학당의 교과 수업은 서예와 회화, 경극, 변검(變脸) 등 수천 년의 내용을 품은 고대 문화로 구성되어 있습니다. 그러나 중국의 현대 문화 전파에 있어서는 한계가 있습니다. 그러므로 혁신 발전이 인문 교류에서 하나의 필요한 사항으로 제시됩니다. 즉, 앞으로 중국 문화 진출 과정에서 중국 문화도 혁신을 해야 합니다. 한국이 이러한 점에서 무척 뛰어나다고 생각합니다.

저는 한국에서 인사동을 자주 갔었는데 다양한 공예품과 수많은 손수건, 예술품 등이 있었고 모두 핸드메이드였습니다. 한국이 이러한 예술품들을 정말 잘 만들고 정말로 아름다웠습니다. 모든 종류의 예술품과 디자인에서부터 포장까지 너무나도 눈길을 끌었습니다. 아마 많은 사람이 한국의 공예품을 처음 봤을 때, 포장이 참 예쁘다고 생각했을 것입니다. 저 역시 포장의 외적 아름다움을 느꼈습니다. 그러나 중국의 서민 문화에서는 포장을 중요하게 여기지 않고 홍보도 신경 쓰지 않아 중국의 문화유산이 그저 서민 사이에서만 맴돌고 있다는 점이 참 아쉽습니다. 그렇기 때문에 현대 중국 문화 산업은 이러한 부분을 발전시켜야 합니다. 현재도 중국은 나날이 발전하고 있기 때문에 심리적인 위안이 됩니다. 여기까지가 인문 교류의 원칙이었습니다.

중국 문화가 글로벌 진출 중 맞닥뜨린 위기

그렇다면 중국 문화가 해외로 진출하는 과정에서 맞닥뜨린 위기는 무엇일까요? 여기 계시는 한국 교수님들과 한국 학생들에게는 잘 와 닿지 않을 수 있지만 중국 사람들은 이를 심각하게 여기고 있는데, 현재 중외 인문 교류에서 마주한 위기 중 가장 큰 위기가 미국으로부터의 영향입니다. 현재 중국인의 해외 진출을 포함하여 중국 문화의 해외 진출에서 미국과 부딪히는 문제들이 상당히 많다고 생각됩니다. 트럼프 정부가 역사 무대에서 내려왔지만 '트럼피즘(트럼프식 정치)'은 여전히 존재합니다. 지금 바이든 정부가 새롭게 출범되었지만, 중미 관계는 심각한 교착 상태에 빠졌습니다. 그 이유는 트럼프 집권 시기인 4년 동안 중미 양국의 교류에서 너무나도 큰 위기를 겪었기 때문입니다.

최근 수년간 미국을 중심으로 한 서양 국가들은 중국을 경계해왔습니다. 그들은 중국 위협론을 주장하면서, 중국의 굴기(崛起)를 미국의 패권주의에 대한 도전으로 이해하였습니다. 그 때문에 중국 위협론은 국제 사회에서 무수히 제기되었습니다. 국제 사회, 미국뿐만 아니라 미국의 군사 동맹국인 한국, 일본을 포함한 미국의 동맹국이 연결되어 있고, 유럽에도 미국과 동반자 관계를 유지하는 국가가 상당히 많습니다. 그렇기 때문에 미국이 공개적으로 중국을 반대한다면, 수많은 미국의 동맹국이 편 나누기와 같은 문제와 맞닥뜨리게 되는데 이 역시 아주 어려운 문제입니다.

박근혜 정부 시절, 항일 전쟁 승리 70주년을 위해 천안문 광장에서 열병식을 거행했었을 적에 미국 측의 압박이 상당히 컸던 기억이 납니다. 미국의 수많은 동맹국은 중국의 항일 전쟁 및 반파시스트 투쟁 승리 70주년 기념행사에 불참하는 상황이었습니다. 일부 국가들은 해당 행사는 중국 정부의 행사고, 열병식이 있으며, 항일 전쟁 승리 기념이기 때문에 참석하지 않을 것이라는 시선을 보냈습니다. 하지만 당시 박근혜 정부는 미국의 큰 압박에도 굴하지 않고 천안문 성루에서 중국 열병식에 참석했습니다. 당시 이러한 시기에 중국인의 전쟁 승리 기념행사에 참여한 한국의 모습을 본 중국인들은 정말로 큰 감동을 받았습니다. 특히나 한국은 중국과 미국의 대립과 갈등 상황 속에서 중국과 미국 중 어느 쪽에 서야 할지와 같은 문제에 직면해 있어 매우 힘든 상황이었음을 알고 있었기 때문입니다.

미국은 계속해서 중국이 미국에 위협을 가하고 있다고 주장하지만, 실질적으로 문화 분야는 어떤 상황입니까. 모두 미국의 CNN, ABC 유명 방송사가 발표하는 보도량은 다른 국가 보도량의 100배입니다. 게다가 미국이 세계 75% 이상의 TV 프로그램 제작을 통제하고 있고, 미국 영화의 주요 생산처인 할리우드의 생산량은 세계 7% 정도만 차지하고 있지만 세계 영화 상영 시간의 절반을 차지하고 있습니다. 그렇기 때문에 미국의 세계 문화 수출은 정말로 대단합니다. 이러한 글로벌 환경 아래에서 중국 문화의 해외 진출은 미국으로부터 빚어지는 위기들을 너무도 많이 만납니다. 이것이 첫 번째(위기)입니다.

두 번째는 미국입니다. 특히 2019년부터 문명 충돌론이 주장되었어요. 이는 미 국무원 정책 중 하나로서, 폼페이오 미 국무장관 시절 국무부 고위 관리인 스키너가 '문명 충돌론'을 꺼내들었습니다. 2019년 4월경, 중국의 아시아문명대화대회 행사를 앞둔 시기에 스키너 미 국무부 정책기획 국장이 매우 중요한 자리에서 "현재 중국과 미국은 전례 없는 경쟁을 하고 있으며, 완전히 다른 문명과 상이한 의식 형태와의 한 차례 투쟁"이라고 발언했습니다. 아마 한국인들은 그다지 중요하게 받아들이지 않았겠지만, 당시 모든 중국인은 중미 문명 충돌과 중미 경쟁 상황이 상당히 격화되었음을 느끼고 있었습니다. 당시 중국의 인민일보, 광명일보, 그리고 CCTV 국영 방송사에서 장기간에 걸쳐 문명 충돌 발언에 대한 비판을 이어나갔습니다.

류신(刘欣) CCTV 앵커는 미국 폭스뉴스(Fox News) 트리시(Trish) 앵커와 중미 무역전쟁을 주제로 TV 토론회를 개최하기도 했습니다. 모두 영문으로 대화를 했습니다. 수억 명의 시청자가 해당 토론을 지켜봤고, 여러분이 이들의 대화를 본다면 중국과 미국의 문명 충돌에 대해서 정확하게 이해하실 수 있을 것입니다. 미국 정부가 주장한 문명 충돌론의 영향으로 트럼프 정부는 중국과 미국 간의 인문 교류를 제한했습니다. 특히 당시 중국 학자들은 미국 비자를 받을 수 없게 되었습니다. 푸단대학교(復旦大學校)는 미국에도 연구센터가 있는데, 많은 동료가 미국 비자를 거절당했습니다. 게다가 한 동료는 자녀의 미국 학교 졸업식에 참석하기 위해 비자를 신청했지만 거절당하는 일도 있었습니다. 다른 사례들도 아마 더욱 많을 것입니다. 수많은 중국의 과학자들이 미국 FBI의 조사를 받았고, 유명한 과학자가 자살을 하는 일도 있었습니다. 이러한 자살이나 체포 사례들이 매우 많습니다.

중국의 민영기업 화웨이(華爲)는 어떠한 정치적 배경도 없는 알리바바와 같은 민영기업으로 빅데이터, 5G기술 분야에서 뛰어난 기술을 자랑하는 업체입니다. 당시 중국과 미국 사이의 충돌을 보여주는 사건이 발생합니다. 일명 화웨이 공주와 관련이 있는 일입니다. 바로 런정페이(任正非) 화웨이 최고경영자(CEO)의 큰딸 멍완저우(孟晚舟) 화웨이 부회장이 현재 캐나다에서 몇 년 동안 구금 상태로 계속 조사를 받고 있는 것입니다. 이러한 사건들이 중미 문화 갈등의 전형적인 사례라고 할 수 있으며, 주변 사례를 통해 중국의 많은 과학 인재들이 어려움을 겪고 있고, 중국 화웨이 회사도 위기를 겪고 있습니다. 2019년, 2020년 중국인들 사이에서 "우리는 미국으로 갈 수 없으며, 현재 미국 현지도 안전하지 않다."라는 불안감이 엄습했습니다. 당시 상황은 매우 심각했으며, 중국과 미국의 교육적 교류 역시 진행이 불가능했고, 유학생 교류 역시 수많은 제약이 발생했습니다. 이러한 상황에서 중국과 미국이 문화 교류를 한다는 건 정말 어려운 일입니다.

세 번째 위기는 반(反) 글로벌화 흐름입니다. 유럽 등 국가에서 국수주의가 퍼져나갔는데, 이는 중국 문화 진출을 방해합니다. 세계 최초로 설립되었던 유럽의 공자학원마저 문을 닫는 이러한 상황에서는 중국 문화 진출을 위해 유럽과 교류를 원한다고 해도, 그들은 교류를 원하지 않고 분명히 반대할 것입니다. 그 이유는 해결해야 하는 자국의 문제들이 너무 많이 남아 있기 때문에 중국 문화 진입을 거부하는 것입니다.

네 번째는 많은 국가의 경제 발전 불균형과 정세 불안정 등이 인문 교류의 저해 요소입니다. 현재 중국 정부는 일대일로(一帶一路) 전략 추진으로 세계로 나아가고자 하고 있습니다. 러시아, 중앙아시아, 카자흐스탄 등 일대일로 연선 국가가 있고 해당 노선이 실크로드라고 할 수 있습니다. 이 실크로드는 아세안 10개국을 포함한 국가들로서 정화의 대항해(鄭和下西洋) 해상 실크로드 노선을 포함하고 있는 국가를 일대일로 연선 국가라고 합니다.

동남아 지역에 가보신 분들은 아시겠지만 동남아 지역의 발전 불균형은 상당히 심각합니다. 경제 수준이 좋은 말레이시아, 싱가포르 등 자본주의 국가도 있고, 인도네시아, 태국, 캄보디아 등 중등국가(中等國家)가 있습니다. 베트남과 미얀마는 빈곤 국가라고 할 수 있습니다. 미얀마의 경우 군사정변이 계속 일어나고 있으며 아웅산 수지 국가 고문은 군부 세력으로부터 구금 중입니다. 현재 동남아는 경제 발전의 불균형이 심각한 상황이며, 미얀마의 경우 계속되는 정권 교체로 정세가 불안해지고, 군사적 충돌이 즐비한데 그들은 경제 발전, 국민 생활 개선 문제에 더욱 초점을 맞추고 있어 중국과의 문화 교류에 관심을 기울일 수 없는 상황입니다. "곡식 창고가 차야 예절을 안다.(仓廪实而知礼节)"는 말처럼 생활상의 물질적 평화를 얻은 후에야 더 높은 차원의 문화 수요가 생겨나는 것입니다. 그렇기 때문에 이러한 국가를 대상으로 한 중국 문화 진출이 쉽지 않은 것이며, 앞으로도 순탄치만은 않을 것입니다. 이것이 중국이 마주한 위기들입니다.

중국 문화 진출의 방향에 대한 네 가지 제안

중국 문화 진출에서 중외 인문 교류가 마주한 위기는 무엇이며, 어떻게 나아가야 할까요?

저는 네 가지 제안을 하고자 합니다. 첫째, 중국 문화 진출 과정에서 중국 공산당의 치국리정(治国理政) 강화와 종합적인 소양 향상입니다. 시진핑 주석의 창당 100주년 기념 연설에서 "강철을 주조하려면 반드시 자신이 강해야만 한다.(打铁必须自身硬)"는 내용이 언급되었습니다. 우리의 문화를 잘 살려야지 다른 국가와 교류를 할 때 당당하게 우리의 문화를 앞세울 수 있고, 다른 이들과도 교류가 가능합니다. 반대로 자국의 문화를 잘 살리지 못한다면 모욕을 당할 수도 있습니다. 중국이 중국 문화의 소프트파워를 강화하고 중국 국민 소양을 높여 스스로 자국의 문화 수준 향상을 실현하기까지 많은 시간이 걸릴 것입니다. 중국은 내부적으로 먼저 단단하게 굳히고, 스스로 먼저 행동해야 더 많은 국가와 교류를 할 수 있을 것입니다.

두 번째는 기존 사상에서 벗어나 과감히 중화문화 혁신을 추진하는 것이며, 해당 사항은 현재 중국의 문화도로에서 해결해야 하는 과정입니다. 즉 중국 문화가 5천년 동안의 전통문화에만 머물러선 안 되며 반드시 전통문화에서 시대의 흐름에 맞는 혁신을 이뤄내야 합니다. 전통문화 혁신 측면에서는 한국을 대표로 하는 문화 선진국을 본받을 필요가 있습니다.

세 번째는 글로벌 문화 홍보 수준을 제고해야 합니다. 즉 중국만의 이야기를 잘 담아내어 국제 사회에서 중국 문화 전파를 촉진시켜야 합니다. 이 점은 중국 정부가 매우 중시하는 부분입니다. 지금으로부터 한 달 전인 5월 30일, 중국의 핵심 지도층인 중국 공산당 중앙정치국 상무위원회가 '국제 홍보 능력 강화 건설' 등을 주요 의제로 집단 학습을 실시했습니다. 중국의 국제 홍보 수준 강화에 초점을 맞추고 있으며 미디어를 통한 문화 홍보 방식과 중국 전통문화 전파 방안에 대한 중요한 인식을 도모했습니다.

네 번째는 고등교육 기관을 통한 인문 교류 역할 확대입니다. 특히 오늘 이 자리에 교수님과 유학생들이 많이 참석해 주셨는데, 해외로 나가 있는 유학생들이 중국 문화의 이미지를 대표한다고 할 수 있습니다. 시간 관계상 저의 강의는 여기서 마치도록 하겠습니다. 경청해 주셔서 진심으로 감사드립니다.

交流

제2강

영상 번역과 중국 영상물의 해외 진출 : 중국 무성영화를 중심으로

찐하이나(金海娜)

중국전매대학교 외국언어문화학원 교수

무성영화에는 번역이 중요하지 않았나?

저는 중국 전매대학교(傳媒校) 교수로서 박사과정 학생들을 지도하고 있습니다. 연구 방향은 주로 영화 번역, 번역사와 영화사입니다. 동시에 영문 국제 저널인 《Journal of Chinese Film Studies》의 편집을 주관하고 있고 라우틀리지 중국 영화연구 시리즈의 편집을 주관했습니다. 현재는 중국의 국가사회과학기금의 중요 사업을 맡았는데, 중국 영화 번역통사(電影/翻譯通史)의 수석 전문가입니다. 오늘은 여러분들과 초기 중국 무성영화의 번역에 대해 이야기를 나누도록 하겠습니다.

현재 학계에서는 무성영화 번역에 대해 많은 오해가 있습니다. 많은 학자들은 무성영화 시기에 번역이 중요한 역할을 하지 않았다고 생각하고 있습니다. 그리고 중국 영화 번역의 역사는 1949년 중국 건국 후부터 봐야 한다고 주장하는 학자들도 많습니다. 이 점에 대해 저는 연구를 통해서 사실 무성영화 시기에 많은 중국 영화가 번역되었다는 것을 발견했습니다. 현존하는 1920년부터 1931년 사이에 제작된 중국 영화의 대부분은 중국어와 영어 이중 언어 자막을 삽입했습니다. 그리고 프랑스어, 노르웨이어 등 외국어 자막을 삽입하는 영화도 있었습니다.

아시다시피 영화는 1894년에 뤼미에르 형제가 프랑스에서 발명했고 동시에 에디슨이 미국에서도 비슷한 기계를 발명했습니다. 1896년에 뤼미에르 형제는 영화 상영팀을 중국으로 보냈고 상하이 등 항구 도시에서 영화를 상영하기 시작했습니다. 중국의 첫 번째 영화에 대해 아직 학계에서 논란이 존재하지만 중국 최초의 영화는 1905년에 베이징 펑타이 사진관(豊泰

照相館)에서 촬영한 〈정군산(定軍山)〉이라고 주장하는 학자들이 많습니다. 이 영화는 중국 경극을 소재로 한 것으로 아직 발견되지 않았습니다. 이 영화는 대부분 필름으로 제작되었습니다. 그러나 예전에 필름은 특별히 불이 잘 붙어서 이 영화는 지금 존재하지 않습니다. 영화가 중국으로 전파된 후 많은 중국인들도 영화를 촬영하기 시작했습니다. 청수런(程樹仁)의 『중국영업연감(中國影業年鑑)』에는 "1921년 이후 중국의 영화 회사는 우후죽순처럼 나타났고 한순간에 엄청나게 발전했다."라는 기록이 있습니다. 여기서 1921년에는 9편의 중국 영화가 제작되었고 1927년에 이르러 115편의 영화가 제작된 것을 알 수 있습니다. 한국도 영화 대국이기에 아마 같은 시기의 한국 영화 생산량도 어마어마할 것이라고 생각합니다.

최초의 무성영화 〈노동자의 사랑〉에서 볼 수 있는 이중 자막

현재 중국에서 볼 수 있는 최초의 중국 영화는 바로 〈노동자의 사랑(勞工之愛情)〉입니다.

이 영화에서 일반 자막과 번역 자막이 있는 것을 볼 수 있습니다. 그리고 당시 중국어 자막은 세로로 썼고 영어 자막은 가로로 썼다는 것을 볼 수 있습니다. 또한, 당시의 자막은 현재처럼 스크린 하단에 나타난 것이 아니라 스크린 전면에 나와 있다는 것을 알 수 있습니다. 관객들은 마치 책을 보는 것과 같습니다. 그리고 공간이 허용된다면 중국어 자막과 영어 자막이 모두 스크린 한 면에 같이 나오는 경우도 있었습니다.

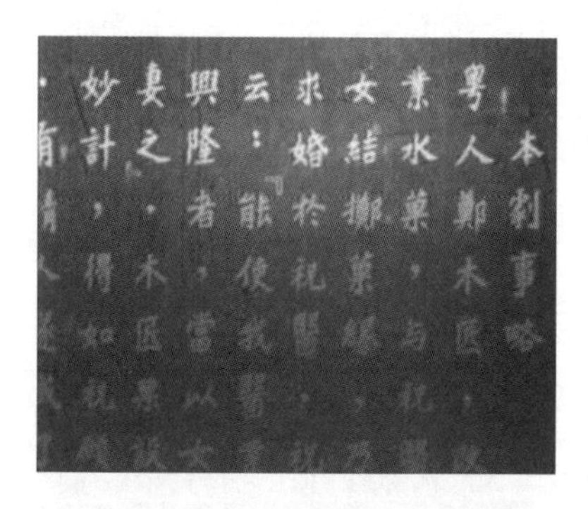

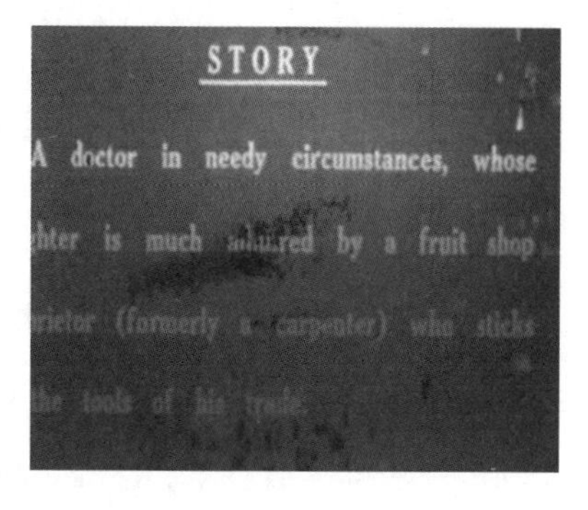

만약 시간이 허락되지 않는다면 화면의 양쪽에 나타납니다. 영화의 제목도 아주 흥미롭습니다. 사실 세 개의 이름을 가지고 있는데 하나는 〈노동자의 사랑〉입니다. 당시 중국 1922년 때 '노동자'와 '사랑'은 모두 유행했는데 그 이유는 현대적인 느낌을 주는 단어들이었기 때문입니다. 과거 중국은 봉건사회였고 '노동자'라는 개념이 없었고 혼인은 대체로 부모가 결정해서 결혼하는 '포판 혼인(包辦婚姻)'을 해야 했기에 '사랑'도 매우 현대적인 단어로 인식되었습니다.

동시에 〈척과연(擲果緣)〉이라는 고전적인 이름을 가지고 있었는데 남녀가 사랑하는 사람에게 과일을 준다는 중국의 민간 전설에서 유래된 것입니다. 그리고 그대로 번역한 영어 제목 〈Labourer's Love〉도 갖고 있습니다. 이 영화는 지금 우리가 볼 수 있는 최초의 중국 영화입니다. 이 영화 전에 이미 많은 중국 영화가 제작되었다는 기록이 있으나 지금은 찾아볼 수 없고 오직 이 영화만이 남아 있습니다. 〈노동자의 사랑〉에는 중국어와 영어 이중 언어 자막이 있는 것을 볼 수 있습니다.

추가된 자막으로 알 수 있는 초기 중국 영화의 해외 전파 범위

사실 당시 현존한 초기 중국 영화는 중국어와 영어 이중 언어 자막 외에 프랑스어 자막이 있는 〈서상기(西廂記)〉도 볼 수 있습니다. 당시 〈서상기〉는 프랑스로 전해갔기에 프랑스어가 추가된 것을 볼 수 있습니다.

그리고 〈반사동(盤絲洞)〉은 노르웨이로 전해졌기에 노르웨이어로 된 자막이 있는 것을 볼 수 있습니다. 이를 보아 초기 중국 영화는 이미 해외로 전파되었고 전파한 지역과 범위도 비교적 광범위하다는 것을 알 수 있습니다. 저는 아직 초기의 중국 영화의 한국에서의 전파 상황, 그리고 초기 한국 영화의 중국에서의 전파 등에 대해 연구하지 않았지만 매우 흥미로운 주제라고 생각합니다. 아직 연구되지는 않았지만 앞으로 이 연구를 할 기회가 있었으면 좋겠습니다.

당시 중국 영화 〈서상기〉는 파리에서 상영됐는데 1928년에 Studio28이라는 프랑스 파리에서 아주 유명한 영화 상영 장소에서 중국 민신(民新)영화사에서 제작하고 허우야오(侯曜)가 연출한 〈서상기〉, 〈부활한 장미(復活的玫瑰)〉, 〈해각시인(海角詩人)〉 등 세 편의 영화가 상영되었습니다. 〈서상기〉는 프랑스어 자막 버전을 상영했는데 영화가 상영된 후 프랑스 작가 및 감독 장 콕토(Jean Cocteau)는 Studio28의 매니저에게 보낸 편지에서 중국 영화에 대해 높이 평가했습니다.

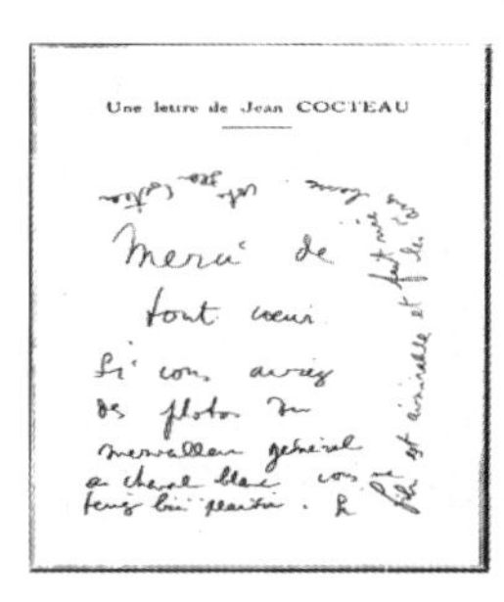
Une lettre de Jean COCTEAU

Merci de tout cœur

이것이 바로 장 콕토가 Studio28의 매니저에게 보낸 편지입니다. 이 감독은 후에 칸영화제의 위원장을 맡은 적도 있습니다. 여기서 초기의 중국 영화를 받아들이는 관객 수준은 비교적 높다는 것을 알 수 있습니다.

왜 1931년 이후의 영화는 외국어 자막이 없을까

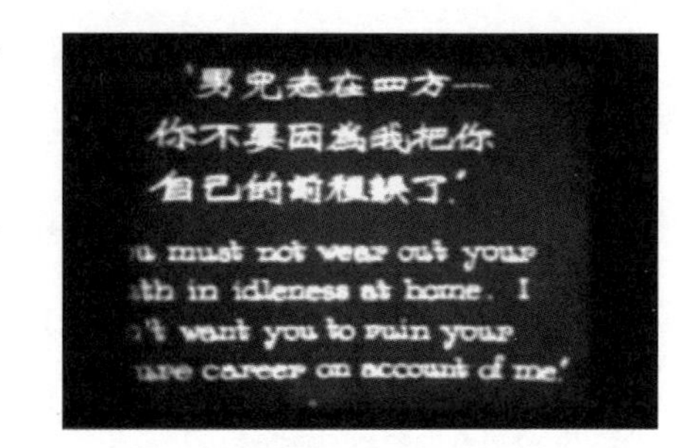

그리고 저는 이 두 편뿐만 아니라 1920년부터 1931년까지의 대부분 중국 영화는 이중 언어

자막이나 외국어 자막을 가지고 있는 사실을 발견했습니다. 영화 몇 편을 골라서 캡처한 그림에서 여러분들은 〈일전매(一剪梅)〉라는 영화를 볼 수 있습니다. 〈일전매〉는 셰익스피어의 원작을 각색해서 만든 영화 작품이고 이중 언어 자막을 사용했습니다.

〈도화읍혈기(桃花泣血記)〉, 〈한 꿰미 진주(一串珍珠)〉 등과 같은 작품들도 모두 이중 언어 혹은 외국어 자막을 가지고 있습니다. 그러니까 현존하는 우리가 볼 수 있는 1929년–1931년 사이의 영화는 중영 자막이나 외국어 자막을 가지고 있다는 것을 확인할 수 있습니다.

그럼 왜 1931년 이후의 영화에는 이 외국어 자막이 없을까요? 혹은 외국어 자막이 잘 보이지 않을까요? 당시 국민 정부가 전국적으로 법령을 공포했습니다. 국민 정부는 전국의 통일을 이루었고 전국 범위 내에서 중국어를 사용하려고 했습니다. 당시에 외국어가 너무 남용되어 이런 법령을 내린 것입니다. 그래서 1931년 이후에 영화를 중국 내에서 상영하려면 영어 자막을 넣지 못하게 되었습니다. 그러나 영화를 해외에서 상영하거나 국제

대회에 나가려면 외국어 자막을 넣어야 합니다. 다시 말하면 1931년 전에 중국 영화는 대부분 영어 번역을 진행했지만 1931년 후에 상황이 바뀌게 된 것입니다. 예를 들어 〈어광곡(漁光曲)〉, 〈천륜(天倫)〉 등의 영화는 국제 대회에 참가하기 때문에 외국어로 번역되었지만 해외로 수출하지 않는 중국 영화에 대해 번역을 하지 않게 됩니다.

활발한 번역 작업의 이유 : 외국 영화의 전파와 그 영향력

당시에 왜 이렇게 활발한 번역 작업이 있었을까요? 우선, 외국 영화의 영향을 받았기 때문입니다. 앞에서 언급했듯이 뤼미에르 형제가 영화를 발명한 후 영화가 중국으로 전파되었습니다. 구미 영화가 19세기 말기부터 중국으로 전파된 후 점차 중국 관객의 환영을 받았습니다. 상영 규모, 사회 영향력은 끊임없이 확대되었습니다.

20세기에 이르러 영화의 상영은 이미 상하이, 베이진, 텐진 등 중국 대도시에서 널리 보급되었고 중소 도시로 진출하게 되었으며 영화를 보는 것은 서민들이 가장 선호하는 문화 소비 활동 중의 하나가 되었습니다. 그리고 중국의 영화 시장에 이끌려 많은 외국 상인, 영화가들이 중국에서 영화관을 설립하고 영화를 촬영하게 되었습니다. 외국 영화의 영향뿐만 아니라 중국 영화에도 잠재적인 해외 관객과 국제 시장이 있기 때문입니다.

당시 중국 내에서 상영하는 외국 영화에 대한 통계가 있었습니다. 제1차 세계대전 전에는 주로 프랑스 영화가 중국에서 많이 상영되었습니다. 제1차 세계대전 이후 할리우드의 탄생과 미국 영화의 부상으로 미국 영화는 중국에 대단히 많이 수출하게 되었으며 거의 중국 시장을 독차지하다시피 했습니다. 당시 중국의 아주 큰 영화 수입 회사인 피콕(Peacock Motion Pic-ture Corp) 영화사에서 1926년에 450편의 외국 영화가 중국에서 상영되었고 그 중의 90%, 약 400편이 미국의 작품이라는 통계가 있습니다. 사실 오늘날 영화관에서 상영하는 영화를 놓고 말하면, 중국은 영화관에서 1년에 400편의 해외 영화를 상영하지는 못합니다. 지금 중국의 영화관에서 매년 약 100편의 외국 영화를 상영할 수 있습니다. 당시 영화의 상영은 아주 엄청났음을 알 수 있습니다.

또한 당시 할리우드 회사가 중국에서 상영해서 얻은 수입에 대해 통계를 낸 전문가도 있습니다. 'XIAO ZIWEI'라는 할리우드 영화 회사는 20세기 초, 20년대 즈음에 해마다 중국 시장에서 600~700백만 달러의 수입을 가져간다고 주장한 바가 있습니다. 정말 어마어마한 수입입니다. 영화를 수출하는 것 외에 당시에 많은 해외 상인들이 중국 국내에서 영화관을 설립했고 영화의 상영 경로를 장악했습니다. 당시 아주 유명한 영화 대왕 안토니오 라모스(Antonio Ramos)를 예로 들면, 라모스는 상하이에서 첫 전문 영화극장 홍구대희원(虹口大戲院)을 건립했습니다. 영화가 최초 중국에 전파될 때는 영화관에서 상영되지 않았습니다. 그때는 영화관이라는 개념이 없었고 대체로 다원, 공연장, 여가활동의 장소에서 상영했습니다. 그래서 영화를 관람할 수 있는 환경이 비교적 시끄러웠습니다. 라모스가 영화관을 설립한 후부터 영화관이라는 것이 중국에서 유행하기 시작했고 지금 여러분이 영화를 볼 수 있는 전문적인 환경이 조성된 것입니다. 그리고 라모스의 영화 사업은 끊임없이 확장되었고 많은 영화관을 설립했습니다.

1924년의 상하이에는 총 18개의 영화관이 있는데 그중에서 라모스가 설립한 것이 3분의 1을 차지했습니다. 그가 설립한 영화관은 비교적 화려하게 장식되었으며 통풍이 잘되었고 여름에는 선풍기, 겨울에는 난로를 설치했으며 모두 구미의 유명한 영화들을 상영했습니다. 그래서 수많은 관객들을 이끌었고 특히 중산층과 상류 사회의 관심을 많이 받았습니다. 영화를 촬영하는 것 외에 적지 않는 외국 영화인들이 중국으로 와서 영화를 촬영했습니다. 이태리의 라우로(Lauro)를 예로 들면, 그가 중국에 왔을 때 영화 상영 관련 일을 했으며 후에 촬영 장비를 구입해서 촬영을 진행했습니다. 그는 많은 다큐멘터리를 찍었습니다. 예를 들어 상하이의 첫 전차 운행 및 서태후, 광서(光緒)황제 장례식 등에 대한 다큐멘터리를 찍었습니다.

물론 라우로 외에도 영화를 제작한 사람들은 많습니다. 예를 들어 파테 회사, 그리고 아주 유명한 벤자민 브로드스키(Benjamin Brodsky)도 있습니다. 벤자민은 원래 러시아 사람이었는데 후에 미국 국적을 얻었습니다. 그가 중국에 와서 영화를 촬영했는데, 처음에는 촬영이 순탄치가 않았다고 합니다. 왜냐하면 그는 당시 중국에서 다른 중국 영화인과 같이 촬영하지 않았기 때문입니다. 그래서 그는 상하이의 영화 회사를 팔고 홍콩에 갔는데, 뒤에 아주 유명한 중국 영화인이 된 리민웨이(黎民偉)를 만나게 됐습니다. 리민웨이는 중국 영화의 아버지라는 칭호가 있는데, 그들은 합작해서 〈장자시처(莊子試妻)〉란 영화를 제작했습니다. 또한 리민웨이는 홍콩에서 주로 문명희(文明戲)를 공연하는 '인아경극사(人我鏡劇社)'라는 극단을 가지고 있었습니다. 리민웨이는 벤자민과 만난 후 두 사람이 함께 상의한 결과, 벤자민은 장비와 기술을 제공하고 인아경극사는 문명희를 공연했던 세트장과 배우를 제공해서 화메이(華美) 영화사의 명의로 영화를 제작하고 발표하게 되었습니다. 〈장자시처〉는 바로 이런 배경 하에 촬영된 것입니다. 〈장자시처〉는 중국의 고전 서사인 〈장주호접몽(莊周蝴蝶夢)〉을 각색해서 제작한 것입니다. 〈장주호접몽〉은 장자가 죽은 척하면서 자신의 아내가 자신에게 충성하는지를 시험해보는 내용입니다. 당시 중국에서 영화를 찍을 때는 지금과 사뭇 다른 관습이 있었습니다. 그것은 바로 여성은 무대에 올라가서 공연할 수 없는 것입니다. 그래서 영화의 모든 여성 배역은 남성이 연기를 했습니다. 〈장자시처〉가 제작된 후 홍콩의 대극장에서 가장 먼저 상영되었습니다. 뒤에 벤자민은 이 영화를 미국으로도 가져갔는데, 중국 영화가 해외로 전파하는 서막을 열어놓았다고 할 수 있습니다.

초기 구미 영화에서 중국인의 이미지

외국 영화를 중국에서 상영하고, 외국 영화인과 중국 영화인이 합작하는 것 외에도 초기 중국 영화에 대해 영화 번역을 진행하게 된 가장 중요한 이유가 바로 초기 구미 영화에서 나온 중국인의 이미지 때문입니다. 이는 중국 민영 영화인들에게 영화를 촬영하고 번역하며 해외로 수출하는 것에 자극하고 계시를 주었습니다. 왜냐하면 무성영화 시대에 외국 영화들은 동양 세계에 대한 아주 강한 엽기적 이미지를 갖고 있었습니다. 이를테면 흔히 동서양 문화의 차이를 과장해서 표현하고 영화에서 늘 중국인에 대해 부정적인 묘사를 했습니다. 초기의 외국 영화에서 보여준 중국인 이미지들은 중국인과 중국의 이미지를 쉽게 정형화시킬 수 있었습니다. 이는 주로 중국에 대한 신비스럽고 혼란스러우며 낙후하고 야만적인 상상을 조합하여 표현했으며, 결국 중국으로 대변되는 동양을 기괴한 광경으로 조작해내었습니다.

초기의 구미 영화는 중국인의 이미지를 희화화해서 표현하는 경향이 있었습니다. 많은 중국인 배역은 변발을 하고 청나라 복장을 입고 있으며 긴 손톱을 하고 있었습니다. 당시 이미 민국 시대에 들어섰던 바, 변발을 자르고 복장 개혁을 한 중국 관객들로 하여금 모욕감을 느끼게 했습니다. 그리고 초기의 미국 영화에서 중국인의 신분은 주로 요리사, 세탁공이나 강도였습니다. 생활 습속 면에서도 여자는 전족을 하고 있고 남자는 아편을 피우는 모습으로 나옵니다. 중화민국 시기의 중국 관객들이 보면 당연히 불만을 가질 만합니다. 구미 영화에서 보여주는 중국과 중국인은 긍정적인 이미지가 아니었으며, 실제의 중국과 중국인이 아니기 때문입니다.

당시 상하이에서 해럴드 로이드(Harold Lloyd)란 미국 연예인이 아주 유명했는데 찰리 채플린과 비슷한 시기의 코미디 배우였습니다. 당시 그의 이름은 중국어로 록(罗克)이라고 번역됐으며 그의 영화들이 상하이에서 한동안 유행했습니다. 1930년, 그의 영화 〈Welcome danger〉를 중국어로 〈죽음을 두려워 않는다(不怕死)〉로 번역해서 상하이에서 개봉했는데, 당시 복단대학교의 교수 홍선(洪深)은 친구와 같이 영화를 보러 갔었습니다. 영화의 배경은 샌프란시스코의 차이나타운인데 납치, 마약 밀매 집단을 단속하는 이야기로서 영화 속의 중국인의 이미지는 비열하기 그지없었습니다.

여자는 전족을 했고 남자는 변발을 했으며 마약 밀매, 절도, 날치기 등 나쁜 행동만 하는 것으로 나왔습니다. 홍선은 중국의 후진적인 습속에 대한 장면들이 적지 않게 나타난 것을 보고 격분해서 상하이 대광명(大光明) 극장에서 다투게 됩니다. 그리고 당시 유명한 문화계의 명인, 많은 청년 학생들과 함께 이 영화가 중국에서 상영되는 것을 항의했습니다. 뒤에 영화는 중국에서 상영이 금지됩니다. 영화의 제작사 파테 회사, 그리고 주연 록도 중국에게 사과를 했습니다. 하지만 당시 중국인들도 할리우드 혹은 외국 영화를 통해 중국을 서술하고 중국 이미지를 만드는 것은 적절하지 않으며 그 내용도 실제와 다르다는 점을 느끼게 됐습니다. 그래서 그들도 스스로 영화를 만들고 번역해서 해외로 수출하고 진정한 중국을 알리고자 하는 생각을 하게 된 것입니다. 중국 초기의 아주 유명한 삼대 대형 영화사인, 밍싱(明星) 영화사, 톈이(天一) 영화사, 리안화(聯華) 영화사 등은 설립 선언을 할 때 자기 회사의 영화는 중국 관객들에게 보여주는 것뿐만 아니라 해외로 전파해서 해외 관객들에게 보여주겠다고 말했습니다. 국풍을 선양하고 중국 이미지를 정확히 수립하자는 목적을 갖고 있었던 것입니다.

당시 번역 활동의 수준이 높았던 이유

당시 상하이에는 아주 중대하고 현실적인 이유가 하나 있었습니다. 중국 영화에 중국어와 영어 이중 언어 자막을 첨가할 수 있었던 것은 상하이가 아주 국제적인 도시였기 때문입니다. 왜냐하면 당시 상하이는 면적이 가장 크며 외국인들이 가장 많고 경제가 가장 발달하며 정치적 지위가 가장 중요한 외국인 조계지를 갖고 있었기 때문입니다. 상하이는 아주 전형적인 조계(租界) 문화 분위기를 가지고 있었습니다. 외국인 거주자가 많았는데 1942년에 거의 6만 명에 이르렀고 1935년에는 45,000명에 이르렀음을 알 수 있습니다. 외국인 거주민들은 상하이 영화관의 아주 중요한 잠재적인 관객층이었고 이 사람들이 중국 영화를 본 후 해외로 많이 소개해줄 수 있었습니다. 이후로 중국 영화사들은 중국 영화 작품을 번역하고 소개하기 시작했습니다.

상하이가 외국인 관객층을 보유했던 것도 하나의 요인이 될 뿐만 아니라 중국의 영화사가 해외 시장으로 진출하기 시작하는 것도 한 요인으로 볼 수 있습니다. 영화사들은 해외 시장을 개척하는 것을 아주 중시했고 해외 시장에 적합한 영화를 생산해야 합니다. 심지어 해외 시장을 위해 영화의 결말을 바꿀 수도 있습니다. 이를테면 중국에서 상영할 때는 아주 비참한 결말로 끝나곤 합니다마는, 필리핀 관객들이 비교적 대단원의 결말을 좋아하는 취향을 고려하여 해외 시장을 위해 다른 결말을 만들 수 있다는 것입니다. 초기 중국 영화가 가장 인기를 끌었던 해외 시장은 주로 동남아 지역이었는데 그 이유는 이 지역에 많은 화교들이 살고 있었기 때문입니다. 그들은 비교적 강한 향토 관념을 갖고 있었고 중국 문화적 습속을 갖고 있었으므로 초기 영화사들이 제작한 영화는 그들의 여가 생활과 고향에 대한 그리움을 충족시킬 수 있었습니다. 또한 교민들 가운데 적지 않은 사람들은 중국어를 잘하지 못하므로 외국어 자막을 추가하면 해외 교민이 중국 영화를 이해하는 데에 큰 도움이 되었습니다.

당시 번역 활동은 주로 중화민국 시기의 영화사에서 후원한 것이며 고용한 번역자는 중국인도 있고 외국인 번역자도 있었습니다. 오늘날 초기 중화민국 시기 영화의 번역을 고찰해 보면 당시 번역자들의 번역 수준이 아주 높다는 것을 알 수 있습니다. 그 이유는 당시 번역자들은 모두 해외에서 유학하고 생활한 경험이 있었기 때문입니다. 예를 들어 『중화영업연감(中華影業年鑒)』에는 영화의 영어 자막 번역자와 작품에 대한 기록이 있습니다. 예를 들어 홍선, 류루인(劉蘆隱), 쭈웨이지(朱維基) 등은 모두 자막 번역을 한 적이 있는데, 이들은 대부분 해외에서 돌아온 중국 유학생이고 해외에서 영화 혹은 연극을 배웠습니다.

귀국 후 그들은 자막 번역 외에 다른 직무도 많이 맡았습니다. 예를 들어 감독, 작가, 그리고 영화사의 매니저로도 일하는 사람들이 있었습니다. 홍선을 예로 들면 그는 미국 하버드대학교에서 유학했고 귀국 후 1922년에 영화업계에 종사하기 시작했는데 평생 총 38편의 영화 시나리오를 창작했으며 9편 영화의 감독을 맡았습니다. 그리고 영화 이론 면에서도 많은 기여를 했는데, 자막 작성과 번역에 대해 논쟁을 진행한 적이 있습니다. 홍선과 같은 영화업계의 베테랑 인사들이 영화 번역에 참여한 것이 뜻하지 않게 영화 번역의 품질을 보장하게 된 것입니다. 외국어에 능통한 중국인이 중국 영화 번역을 진행하는 것 외에 민영 영화사들은 일부 외국인을 고용해서 중국 영화를 번역하기도 했습니다.

예를 들어 규모가 아주 큰 밍싱(明星)이라는 중국 민영 회사는 상하이에서 다년간 거주 중인 사파라는 사람을 고용해서 중국 영화의 자막을 번역했습니다. 사파는 상하이에서 오랫동안 생활한 덕분에 상하이 방언을 조금 할 수 있었고, 해외 시장의 관객들을 위해 적절한 번역을 할 수 있었습니다. 그래서 초기의 영화사들은 영화의 자막 번역을 아주 중요시하고 자막의 번역자를 엄격히 선택했음을 알 수 있습니다. 예를 들어 영화 〈아들영웅〉의 번역자는 쑨위(孫瑜)인데 후에 〈체육황후(體育皇后)〉, 〈대로(大路)〉 등 많은 영화를 연출해서 중국 영화계에서도 아주 유명합니다. 그가 초기에 중국 영화 산업에 뛰어들었을 때도 먼저 영화를 번역하는 작업에 종사했습니다. 그는 홍선과 마찬가지로 칭화대학교를 졸업한 후 미국에 가서 유학했으며 미국에서 학업을 끝낸 후 귀국하여 영화업계에 종사하며 영화 번역 작업을 하였습니다.

상대적으로 아주 간단했던 초기 중국 무성영화의 영어 번역

〈노동자의 사랑〉을 예로 하여, 초기 중국 무성영화에 대해 자세히 살펴보겠습니다. 여기서 방금 여러분들께 보여드린 〈노동자의 사랑〉에 삽입된 자막 카드 두 장을 볼 수 있는데 아래의 왼쪽은 중국어로 된 자막 카드입니다.

초기 무성영화에 자막이 나타날 때 전체 화면의 형식으로 나타납니다. 자막에서 사용한 언어가 문언문(文言文)이라는 것을 볼 수 있습니다.

"영화의 이야기를 요약하면 광둥(廣東) 사람 정(鄭) 목공은 직업을 과일 장사로 바꾸고 축(祝) 의사의 딸과 과일을 던지는 인연을 맺어서 축 의사에게 청혼을 했다. 축 의사는 '내 의사의 업을 번창하게 하면 딸과 결혼시켜 주겠다'고 말했다. 목공은 묘한 계책을 꾸며서 축 의사의 소원을 이루어주었다. 사랑하는 사람들이 드디어 사랑의 결실을 맺었다."

이러한 자막은 당시 무성영화가 시작할 때 나타나는데 이 영화가 구체적으로 어떤 이야기를 하고 있다는 것을 소개해서 관객들이 이해하는 데 도움을 줄 수 있었습니다. 중국어 자막은 문언문을 사용했는데 문언문은 아주 중요한 특징이 있습니다. 그것은 바로 함축성으로, 제한된 화면 내에서 아주 많은 이야기를 표현하기 위해서 갖게 된 특징입니다. 즉 함축적으로 전체 이야기를 개괄한 것이지요. 그럼 영어 번역을 보겠습니다.

"story : a doctor in needy circumstances, whose daughter is much admired by a fruit shop proprietor(formerly a carpenter) who sticks to the tools of his trade."

영어 자막의 번역이 상대적으로 아주 간단하다는 것을 볼 수 있습니다. 주로 영화 속의 세 인물을 소개했는데, 하나는 a doctor in needy circumstances이고, 다른 하나는 whose daughter is much admired by a fruit shop proprietor입니다. 세 사람의 신분, 그리고 그들이 처한 상태에 대해서만 소개한 것입니다. 중국어처럼 자세하게 소개하지는 않았습니다.

그 이유는 무엇일까요? 문언문은 아주 함축적이어서 풍부한 내용을 표현할 수 있지만 모두 영어로 번역하려면 오늘날의 영화 번역과 마찬가지로 시간과 공간의 제한을 받게 됩니다. 왼쪽의 자막 내용을 모두 번역하려면 두세 장의 자막 카드가 필요할 것 같습니다. 그렇게 하면 영어 번역을 보는 관객들도 두세 장의 자막을 봐야 하기 때문에 피곤해질 것입니다. 그래서 당시 번역자는 아주 중요한 정보만 선택해서 번역한 것입니다.

외국인 관객들을 위한 영어 자막의 각색

그 외에 아주 재미있는 점은 이 영화에서 이런 줄거리가 설정되어 있습니다. 그 줄거리에서 축(祝) 의사가 정(鄭) 목공에게 이렇게 말했습니다.

"내 장사가 잘되게 하면 내 딸을 시집보내 줄게."

그럼 의사의 장사가 어떻게 잘될 수 있을까요? 의사는 당연히 환자가 많아져야 장사가 잘됩니다. 그래서 정 목공은 계단을 설계했습니다. 계단은 얼핏 보면 그냥 나무로 만든 계단인데 특정한 장치를 잡아당기면 위에 있는 사람이 넘어지게 됩니다. 넘어지면 다리나 허리를 다치게 될 것이고, 그 주위에 있던 축 의사 집에 가서 치료를 받게 되는 것입니다.

당시 정 목공이 살고 있는 건물 위층에는 나이트클럽이 있었습니다. 정 목공은 늘 저녁 때 사람들이 술을 많이 마셨을 때 그 장치를 사용해서 사람들을 다치게 만들었습니다. 다친 사람들은 의사를 찾아가게 됩니다. 하지만 중국에서 한 남자가 술을 못 마신다고 인정하면 비교적 창피한 일이라고 간주하기에 축 의사가 "어떻게 다리를 다쳤나요?"라고 물을 때 한 사람은 중국어로 이렇게 말했습니다.

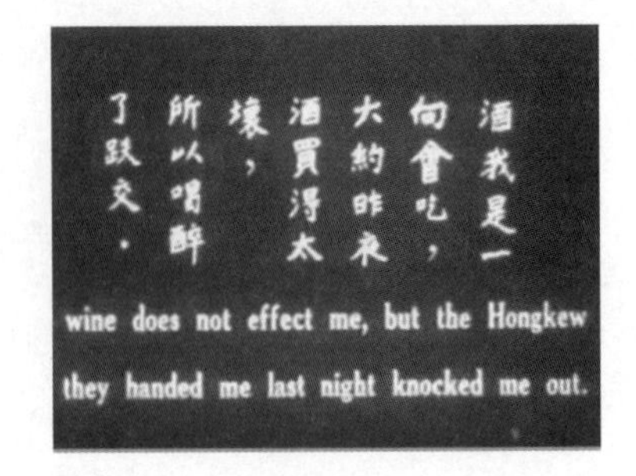

"저는 원래 술을 잘해요."

이는 "I can drink alcohol."라는 뜻입니다.

"아마 어제 마신 술이 너무 안 좋아서 취하고 넘어진 것 같네요."

"maybe because yesterday the alcohol we bought is too bad, that's why i fell."

여기서 중국어 자막을 영어 자막에서 각색하였음을 볼 수 있습니다.

그는 "the wine does not efect me, but the Hongkew Stuff handed me last night knocked me out."라고 말했어요. 이 말의 뜻은 "저는 원래 술을 잘해요. 하지만 그들이 산 홍커우(虹口) 지역의 술을 마신 후 쓰러진 겁니다."입니다.

중국어 자막에서는 홍커우 술이 나쁘다는 내용이 없는데 왜 영어에서는 홍커우의 술이 나쁘다고 할까요?

주요 원인은 당시 홍커우 지역은 외국인이 주로 거주하고 있는 영국 조계지, 프랑스 조계지여서 외국인 관객들이 영어 자막을 보면 이 부분이 웃음 포인트라는 것을 짐작할 수 있습니다. 그러니까 영화가 그들이 사는 곳에서 가짜 술, 나쁜 술을 판다고 비웃고 있다는 것입니다. 하지만 이는 중국어 자막에는 없습니다. 영어 자막은 외국인 관객들을 웃기기 위해 특별히 이런 번역문을 추가한 것입니다. 다른 예를 또 보겠습니다.

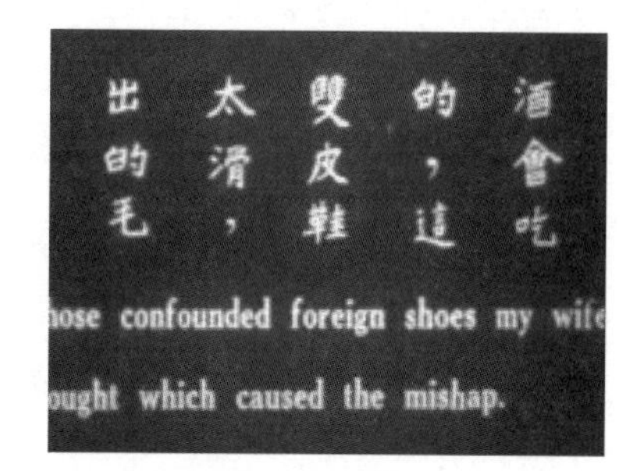

이건 다른 환자의 경우인데, 그는 자기가 넘어진 것에 대해 이런 변명을 했습니다. 중국어 자막에서 볼 수 있듯이 그는 앞에 나온 환자처럼 처음에는 똑같은 말을 했습니다.

"저는 술을 잘해요. 하지만 이 구두가 너무 미끄러워서 사고가 난 거죠."

중국어 자막에서는 이 신발에 문제가 있다고 말했으나 영어 자막에서는 이렇게 말했습니다.

"it was those confounded foreign shoes my wife bought which caused the mishap."

여기서 영어 자막은 아까와 같은 역할을 했습니다. 중국어 자막에는 내 아내가 사준 외국 신발의 질이 나빠서 넘어졌다는 말이 없고 그냥 이 신발이 너무 미끄러워서 넘어진 것이라고 했습니다. 하지만 영어 자막에서 그는 외국 신발의 질이 나빠서 넘어진 것이라고 강조하면서 말했습니다. 영어 자막 번역에 아주 강렬한 경향성이 있음을 볼 수 있습니다.

아주 흥미로운 초기 중국 영화의 번역 특징들

번역은 외국인 관객을 대상으로 진행한 것입니다. 그래서 초기의 영화 번역을 보면 중국뿐만 아니라 한국이나 일본 혹은 다른 나라에서도 영화를 번역하는 행위가 있었을 것입니다. 무성영화 시대에 영화는 무성영화이지만 한 나라에서 다른 나라로 전파하기 위해 번역이 필요합니다. 이것은 중국 영화가 해외로 진출하는 '저우추취(走出去, 중국 문화 콘텐츠나 상품을 수출하는 국가 차원의 사업)'의 중요한 표현이라 볼 수 있고 중국 영화의 현대성의 구현으로도 볼 수 있습니다. 또한 상하이 도시문화의 한 산물이라고 할 수도 있습니다.

사실 초기의 중국 영화에 대한 이런 번역 외에도 아주 많은 흥미로운 번역 특징이 있습니다. 초기의 해외 무성영화가 중국에서 번역되는 경우도 마찬가지입니다. 비록 이런 영화들은 무성영화이지만 중국 관객들이 보려면 프랑스이든 할리우드이든 일본이든 한국이든 모두 번역이 있어야 합니다. 이러한 번역은 오늘날의 번역, 자막 번역, 더빙 번역과 달리 또 다른 번역 방식을 사용할 수 있습니다. 혹은 영화 해설자가 영화를 옆에서 해설하는 방식이 있을 수 있고, 혹은 영화 설명서를 제작하는 방식을 사용할 수도 있습니다. 또는, 당시의 문인들이 흔히 하는 방식처럼, 그들이 영화관에서 외국 영화를 보고 나서 영화를 한 편의 소설이나 단편 소설로 쓰는 것입니다. 이런 소설을 영희소설(影戱小說)이라고 합니다. 이런 소설들은 중국 신문에 게재되어 대중과 만났습니다. 비록 이런 방식은 직접적으로 영화를 번역하는 것이 아니지만 외국 영화와 중국 관객을 연결시켜 주었고 중국 영화가 해외로 진출하는 데 도움이 되었습니다. 사실 저는 초기 한국 영화의 번역 상황, 외국 영화에 대한 한국의 번역 상황, 그리고 한국 영화가 해외 관객을 대상으로 하는 번역 상황 등에도 많은 관심을 갖고 있습니다. 앞으로 여러분들과 더 깊은 교류와 합작을 진행할 수 있기를 기대합니다. 감사합니다.

交流

제3강

루쉰과 좌익 :
문학과 혁명 사이

중청(鍾誠)

산둥대학교 정치학공공관리학원 부교수, 아시아태평양연구소 부소장

중국의 근대사상과 근현대사에서 큰 영향력을 미친 루쉰

저는 예전부터 사회과학, 정치학 연구를 해왔지만 정치학과 정치사상사에 특별히 관심이 많았습니다. 후에 저는 루쉰(魯迅)이 중국의 근대사상에서 아주 독특한 인물이고 중국 근현대사에서 가장 많은 논쟁을 불러일으킨 인물이라는 것을 발견했습니다. 현재 중국인들은 루쉰이 오늘날 중국에 여전히 큰 영향력을 가지고 있다는 것을 알고 있습니다. 예를 들면 지금 중국에는 bilibili라는 젊은이들이 아주 좋아하는 UCC 웹페이지가 있습니다. 루쉰과 관련된 영상들이 아주 많은데 중국 젊은이들이 즐겨 보고 있습니다. 온라인상에서도 루쉰이 예전에 어떤 말들을 했다는 글이 있는데 실제로 루쉰이 하지 않은 말인 경우가 많습니다. 그런데 막무가내로 루쉰이 한 말이라고 주장합니다. 여기서 루쉰이 한 말인지 아닌지를 검증하는 아주 좋은 방법을 말씀드리겠습니다. 저희 베이징루쉰박물관의 홈페이지에 검색 시스템이 있는데 일부 키워드를 입력하면 루쉰이 한 말인지 아닌지 검색을 통해서 바로 알 수 있습니다. 구글이나 바이두로 루쉰박물관 검색 시스템을 이용하시면 됩니다. 서론이 많이 길었습니다. 강좌의 주제로 돌아가겠습니다.

저는 루쉰과 좌익의 관계에 대해 이야기하고 싶습니다. 한참을 생각해 본 결과, '문예와 정치의 잘못된 만남'이라는 짧은 구절로 요약하면 좋을 것 같습니다. 이렇게 정한 이유는 많은 학자들, 루쉰 연구의 애호가, 문예 연구의 애호가를 비롯해서 모두 루쉰과 정치의 갈등에 대해 매우 깊은 인상을 받았기 때문입니다. 그럼 도대체 '문예와 정치의 잘못된 만남'이 맞을까요? 이에 대해 더 검토해야 할 필요가 있다고 생각합니다. 오늘 강좌에서 중점적으로 다룰 화제입니다. 그래서 이 제목 뒤에 물음표를 붙여야 한다고 생각합니다. '문예와 정치의 잘못된 만남인가?' 이렇게 말입니다. 간단하지는 않을 것 같습니다.

루쉰을 말해주는 6개의 사진들

여기 많은 분들이 전문적으로 이 분야를 연구하지 않았고 루쉰에 대한 이해가 많지 않으시기에 우선 루쉰에 대해 간략히 소개하겠습니다. 루쉰에게는 많은 태그가 붙어 있습니다. 그가 젊었을 때는 청나라 정부의 국가장학생으로 일본에 유학한 적이 있었습니다. 일본에서 유학할 때 그는 이공계 관련 전공을 했어야 했지만, 문학을 좋아한 나머지 본격적으로 문예 연구를 했습니다. 그리고 그의 동생은 중국 근대사에서도 아주 유명한 문학가인 저우쭤런(周作人)입니다. 루쉰의 본명은 저우수런(周樹人)으로, 두 사람을 저우(周) 씨 형제라고 불렀는데 당시 일본의 유학생 사이에서 아주 유명했었습니다.

여기에 사진들이 있는데 일단 설명해드리겠습니다.

첫 번째는 루쉰이 유명해진 후 상하이에서 살다가 후에 베이징, 당시는 아직 베이핑(北平)이라고 부른 곳으로 돌아가서 대학교에서 강연을

진행할 때의 사진입니다. 사실적인 역사의 기록이기도 합니다.

이 책의 표지에는 분명하게 안 나왔지만 루쉰의 가장 널리 알려진 저서입니다.

책의 표지에 『납함(吶喊)』이라고 쓰여 있습니다. 이 단편 소설이 출판되면서 루쉰은 중국 문화계에 알려졌고, 아주 중요한 인물이 되었습니다.

이건 그의 두 번째 소설집 『방황(彷徨)』입니다.

루쉰에 따르면 『방황』 속의 소설들은 『납함』에 비해, 기교적인 면에서 많이 좋아졌지만 도리어 문학의 여러 유파, 역사, 문학 이론 등에 대해 잘 모르는 사람들은 그의 소설 『방황』을 읽으면 이해하지 못할 수도 있다고 합니다. 제가 두 가지 예를 들자면, 첫 번째는 『방황』에 「술집에서(在酒樓上)」란 소설이 있는데 실의에 빠진 한 지식인이 혁명을 겪은 후 갈 길을 잃은 상태를 서술한 것으로 경물에 대한 묘사, 경관에 대한 묘사, 대화에 대한 묘사가 많습니다. 또 한 편의 소설은 「고독자」인데, 위연수(魏連殳)라는 한 실의에 빠진 지식인의 이야기입니다. 사람들은 주인공이 루쉰의 자화상과 같다고 말합니다. 확실히 좀 겹

치는 부분이 있지만 완전히 그렇지는 않습니다. 이 소설 속에도 모더니즘적인 요소들이 많이 있어서 처음 읽는 독자들은 잘 이해하지 못할 수도 있습니다. 후에 제가 연구를 하면서 반복적으로 읽어 보니까 이 소설 속에 많은 심층적인 의미가 있어 깊이 연구할 가치가 있다는 것을 발견했습니다.

이 사진은 중국인들에게 아주 익숙한 사진일 겁니다. 왜냐하면 저희 초등학교 교과서에 〈백초원으로부터 삼미서옥까지(從百草園到三味書屋)〉라는 글이 있었기 때문입니다. 루쉰의 고향 사오싱(紹興)에서 그가 다닌 초등학교, 당시는 서당으로 불렸던 곳입니다. 오늘날의 루쉰 생가의 길 건너편에 있어서 아직도 볼 수 있습니다. 관심 있는 분들은 가셔서 참관하실 수도 있습니다.

이것은 루쉰과 그의 동료들이 디자인한 민국의 국장입니다. 하나는 한 마리의 용이고 다른 하나는 봉황인데 당시 민국의 국장입니다. 한동안 사용한 적이 있습니다. 당시의 화폐 은원(銀元)에서도 볼 수 있습니다.

이것은 여러분들이 잘 알고 있는 베이징대학교의 학교 휘장입니다. 중간에 '북대(北大)' 두 글자가 있는데 루쉰이 디자인한 것입니다. 루쉰은 한(漢) 나라 때 와당의 패턴에서 영감을 얻고 디자인한 것이라고 말했습니다.

루쉰을 통해 중국 근현대 변혁의 복잡성을 포착하다

방금 루쉰에게 많은 태그가 있다고 말씀드렸습니다. 중국인으로서 익히 알고 있는 것만 하더라도 사상가, 혁명가, 문학가 등 태그가 있습니다. 물론 루쉰을 반대하는 사람들도 루쉰에게 여러 가지 태그를 붙여줬습니다. 저의 생각이지만 중국 근현대사에서 루쉰의 위치를 아주 집중적으로 표현할 수 있는 말을 찾으라면 저는 어느 학자의 말씀이 매우 적절하다고 생각합니다. 일단 그 말을 읽고 누군지 말씀드리겠는데 이렇게 말씀하셨습니다.

"근대 중국은 루쉰과 같은 부정적인 매개체를 통하지 않고서는 자신의 전통에서 자아 변혁을 실현할 수 없다. 새로운 가치는 외부에서 덧붙이는 것이 아니라 낡은 가치를 갱신해서 산생되는 것이다. 이 과정에서 어떠한 것을 희생해야 하는데 이 희생을 일생 동안 짊어진 것이 바로 루쉰이다."

이 말은 너무 에둘러서 표현된 감이 있는데 외국어를 번역한 것이어서 그렇습니다. 이 말은 일본학자 다케우치 요시미(竹內好)가 한 것입니다. 이 말에서 루쉰이 어떤 위치에 있는지를 느낄 수 있을 것입니다.

저는 루쉰이 신시대와 구시대가 교체하는 과도기에 처해 있었다고 생각합니다. 물론 그가 과도기의 인물이라고 해서 지금은 이미 완전 시대에 뒤떨어진 인물이라는 것을 의미하지는 않습니다.

그럼, 우리는 무엇을 주목해야 할까요? 저는 그의 사상에 대한 연구를 통하여 중국 근현대 변혁의 어떠한 복잡성을 포착할 수 있음을 강조하고 싶습니다.

이러한 복잡성은 지금까지도 완전히 사라지지는 않았습니다. 이것이 오늘날 아직도 많은 사람들이 루쉰을 연구하고 루쉰을 주목하게 되는 이유라고 생각합니다. 루쉰과 동시대의 수많은 인사들은 오늘날에 와서 별로 주목을 받지 못했고 그들은 어떤 학술, 학술사적 측면의 의미만을 갖고 있습니다. 하지만 오늘날의 중국을 놓고 말하면, 루쉰은 여전히 사상적인 측면에서 하나의 의미를 더 가지고 있습니다. 다케우치 요시미는 이런 포인트를 포착했고 이런 복잡성을 충분히 인식했다고 생각합니다.

치열한 충돌의 과정 속 루쉰

루쉰은 과도기적 인물이고 이러한 과도기적 인물은 우리에게 어떠한 복잡성을 보여주었는데 이런 복잡성은 도대체 무엇일까요?

이어서 좀 더 자세히 설명해드리겠습니다. 이를 설명하기에 적절한 루쉰의 말이 있습니다.

첫 번째는 그가 1918년, 《신청년(新青年)》에서 「우린 지금 어떻게 아버지가 되는가?」라는 글을 발표했는데 여기서 '자기'는 당연히 아버지, 아버지 세대이고 심지어 역사적 과도 단계의 부류로 일반화할 수 있습니다.

"스스로 인습의 무거운 짐을 지고 어두운 갑문(閘門) 어깨에 둘러메어 자신을 광활하고 밝은 곳으로 내보냈다. 그 뒤로 행복하게 지내며 합리적인 인간으로 살아가자."

사실 이 말은 루쉰이 40세 때 자신에 대해 내린 평가라고 생각합니다. 그는 중국의 전통적인 분위기에서 성장하였으며 엄격한 중국 고전 학술과 연관된 훈련을 받았습니다. 뒷날 난징(南京)으로 가서 당시 서양 학당이라고 부르는 강남수사학당(江南水師學堂), 강남노광학당(江南路礦學堂)에서 공부했고 후에 일본으로 유학 가서 서양의 현대 사상과 학술을 받아들였습니다. 그러니까 이 두 가지는 실제로 아주 치열한 충돌의 과정에 있는 것으로, 이러한 충돌 속에서 루쉰의 사상적 모순은 형성되었습니다. 한편으로 생각하면, 그의 사상에 있어서 또 하나의 심층이라고 생각됩니다. 그래서 이러한 말들 속에서 우리는 다음과 같이 해석할 수 있을 듯합니다. 즉 그의 자신에 대한 평가는, 바로 자신은 과도기에 처해 있지만 미래 세대는 자기 세대보다 더 좋아질 것이라고 말하고 있다는 것이지요.

오늘날 우리는 다음과 같은 문장을 추가하는 것이 좋을 것 같습니다. 바로 그가 마주했던 예전부터 지금까지의 동양과 서양 간의 충돌을 비롯한 복잡성은 우리가 살고 있는 이 시대에서도 완전히 사라지지 않았습니다. 중국뿐만 아니라 동아시아에서도 마찬가지라고 생각합니다. 한국의 학술계, 사상계, 그리고 일본의 사상계, 학술계에서도 이러한 논의가 있을 것이라고 생각합니다.

사회를 개선하기 위하여 문학을 했던 루쉰

이어서 두 번째를 보겠습니다. 루쉰이 자신이 왜 소설을 썼는지에 대한 답변입니다.

"소설을 쓰다 보면 자신의 견해를 피력해야만 한다. 예를 들어 '왜 소설을 쓰는가'를 말하자면 나는 여전히 십여 년 전의 계몽주의 인식을 갖고 있다. 반드시 인생을 위해 살아야 하고 이 인생을 개척해야 한다고 생각한다."

여기서 우리는 루쉰은 문학을 위해 문학을 하고 예술을 위해 예술을 하는 것이 아님을 알 수 있습니다. 어떠한 유파에 들어가거나 시도하는 것도 아니요, 단지 자신의 작품이 순수한 문학적 영향력이 있기를 바라는 것입니다.

그의 문학은 인생을 지향하는 것입니다. 더욱 명확하게 말하자면 어떠한 사상을 지향하는 것이기에 그는 심심풀이로 읽는 서적, 예술을 위해 예술하는 것, 소일거리 등을 멸시합니다.

바로 이러한 의미에서 그는 계몽을 위해서, 즉 이 사회를 개선하기 위하여 문학을 하였던 것입니다. 그래서 그의 소설은 대부분 병적인 사회와 불행한 사람들에게서 소재를 찾았어요. 예를 들어, 『광인일기』에서 미친 광인, 『아큐정전』의 아큐 등은 중국 국민성을 아주 집약적으로 보여주는 인물이라고 할 수 있습니다. 또한 『축복』 속의 샹린 아주머니(祥林嫂) 등도 그러합니다.

이건 무슨 의미일까요? 그는 이를 통해 질병으로 인한 고통을 제시하고 치료를 도모하였습니다.

그럼, 그의 바람은 실현됐나요? 어떤 의미에서 보면 실현됐지만 어떤 의미에서 보면 실현하지 못했다고 생각합니다.

왜일까요? 오늘 제가 한 이 강좌의 주제와 관련이 있습니다. 바로 문학과 정치 사이의 관계, 혹은 사상적인 문학과 현실 정치 간의 이러한 관계가 너무 복잡하기 때문입니다. 단순히 선형적 관계가 아닙니다.

우리가 국민성을 개조하기 위해 문학이나 학술을 통해서 계몽시킨다면, 현실의 정치가 점점 좋아질까요? 아닙니다.

저는 간단하게 볼 수 없다고 생각합니다. 그 안에는 아주 복잡한 고리들이 있습니다. 어쨌든 루쉰은 문학가입니다. 아래의 글은 그의 아주 유명한 한 글입니다. 중국의 중학교와 초등학교의 교과서에 모두 「소년윤토(少年閏土)」란 글로 나오지요.

첫 번째 그가 자신의 산문시집인 『야초(野草)』의 「추야(秋夜)」란 글에서 따온 것입니다.

"나의 뒤뜰 담장 밖에 있는 두 그루의 나무를 볼 수 있다. 한 그루는 대추나무이고 다른 한 그루도 대추나무이다."

솔직히 말씀드리자면 제가 처음 그의 작품을 읽었을 때 이 구절을 보고 어리둥절했습니다. 이 문장은 백화문이고 게다가 엉성하고 중복적이었습니다. 후에 루쉰에 대해 이해를 하게 된 후에는 이 말에서 그가 어떠한 외로운 감정을 표현하고 있음을 알게 되었습니다.

두 번째 그가 『조화석습 · 소인(朝花夕拾 · 小引)』에서 유년 시절의 추억에 대해 서술한 단락이 있는데 제가 매우 좋아하는 부분이기도 합니다. 여러분들과 공유하고자 합니다. 중국에서 오신 분들은 아마 잘 아실 겁니다. 저희는 중학교나 초등학교에서 배웠고 많은 분들은 외울 수 있을 것입니다.

"나는 한때 여러 차례 어렸을 때 고향에서 먹었던 채소와 과일, 마름, 잠두, 줄풀, 참외가 생각났다. 이런 것들은 아주 맛있었고 모두 나로 하여금 고향을 그리워하게 만들었다. 뒷날 오랜만에 먹어봤는데 그저 그랬다."

이 루쉰의 글은 아주 아름답습니다. 누구의 말인지 기억은 나지 않지만, 작가들이 중국의 백화문 소설 가운데 1위를 꼽는다면서 논의 결과 루쉰을 첫손에 꼽았다고 합니다.

세 번째 소설 『고향(故鄕)』, 즉 소년 윤토의 이야기에서 발췌한 것입니다.

"짙은 파란 하늘에는 황금빛 둥근 달이 걸려 있고 아래는 푸른 수박이 해변의 모래밭에 끝없이 심겨 있다. 그 사이에 열한 살 남짓 되는 소년이 있다. 그는 은목걸이를 하고 손에는 철창을 들고 오소리를 향해 힘껏 던지고 있었다. 오소리는 몸을 비틀며 그의 사타구니 아래로 도망쳤다."

이 부분은 아름답다고 생각합니다. 여기서 루쉰이 문학 대가라는 것이 확실히 나타납니다. 이 단락을 눈으로 보지 않고 읊거나, 혹은 누군가 낭송하고 자신은 눈을 감는다면, 아주 생동감이 있는 화면이 나타날 것입니다.

루쉰, 하나의 상징이 되다

지금까지 오늘 강의를 위한 서론이었습니다. 저는 주로 문학과 정치의 관계, 그리고 루쉰과 좌연(左聯)의 갈등을 한 사례로 들어서 설명을 진행할 것입니다. 물론 앞부분에서 현재 루쉰에 대한 연구의 현황을 소개해드릴 것입니다. 왜냐하면 많은 분들은 루쉰이란 인물에 대해 매우 흥미를 가지고 있기 때문입니다. 확실히 루쉰은 중국 근현대사에서 아주 복잡한 인물입니다. 특정한 역사 시기에 그는 신격화되었고 신처럼 추앙받았습니다. 하지만 저는 이건 진실한 루쉰이 아니라고 생각합니다. 오늘날 루쉰에 대해 전문적으로 연구를 진행한 학자라면 우리의 중요한 임무 중의 하나는 진실한 루쉰으로 환원시키는 것입니다. 진실한 루쉰으로 환원해야 당대에서도 여전히 중요한 영향력을 미치는 역사 인물에 대해 아주 객관적이고 공정한 평가를 할 수 있고 진정으로 그가 겪은 갈등을 따라가 앞으로 나아가고 마주 볼 것입니다. 혹은 이러한 고민들의 일부를 해결할 수도 있을 것입니다.

우선 저는 루쉰은 그가 생활한 시대, 그리고 우리가 오늘날 생활하는 이 시대를 놓고 말하자면 이미 하나의 상징이 되었다고 생각합니다. 하나의 정치적 상징이면서 또 하나의 문화적 상징입니다. 어떤 의미에서 보면 중국뿐만 아니라 한국, 일본에서도 일종의 문화적 상징이 되었다고 생각됩니다. 일본의 루쉰 연구는 상대적으로 비교적 발전되어 있습니다. 제가 처음 루쉰 연구를 시작할 때 한국에서의 루쉰 연구 현황을 잘 몰랐습니다. 한국인 친구들을 알게 되었고 그들은 저에게 소개도 해줬고 저도 한국을 방문하면서 루쉰 연구가 한국에서의 영향력이 상당히 크고 한국에서도 많은 선생님들이 루쉰을 연구하는 것을 알게 됐습니다.

아주 인상 깊었던 일이 있는데 제가 서울대학교에 한 교수님을 뵈러 갔는데 그는 문학 연구가 아닌 사회과학 연구를 하시는 분이었습니다. 그분의 책상 위에는 루쉰의 목각 화상이 놓여 있었어요. 나중에 여쭤봤더니 루쉰은 한국의 민주화 운동, 좌익 운동에서 아주 큰 영향을 미쳤다고 하셨습니다. 한국 민주화 운동의 일부 지도자들도 루쉰의 사상과 연관이 있다고 합니다. 그래서 저도 한국의 루쉰 연구에 대해 관심을 가지게 되었고 최근 한 친구와 같이 한국의 루쉰 연구에 대한 글을 쓸 계획을 갖고 있습니다. 이것이 첫 번째입니다. 그는 하나의 상징이며, 사람들이 논쟁하는 하나의 주제입니다.

두 번째는 그가 불러일으킨 논란의 범위와 깊이입니다. 최소한 중국 내에서 말하면 모택동 외에 루쉰은 첫 번째 인물일 수 있다고 생각합니다. 어떤 의미에서 보면, 문화적인 측면에서 그의 이런 영향력이 불러일으킨 범위와 깊이는 1위가 아닐까 하는 생각마저 듭니다. 오늘날까지도 루쉰에 대한 논쟁은 여전히 존재합니다. 몇 년 전 중국 국내에서 루쉰을 중학교와 초등학교의 교과서에서 빼야 하는지에 대한 논쟁이 있었습니다. 많지는 않지만 일부 대표적인 주장은 루쉰의 사상 속에 일부 과격하고 극단적이며 그들이 보기엔 무관용적인 것이 있기 때문에 중학교와 초등학교 교과서에 있기에 적절하지 않다고 하는 것 같습니다.

하지만 제가 살펴본 바에 의하면 교과서에 게재된 루쉰의 글 중에 극단적이고 무관용적인 정서 표현은 거의 없다고 생각됩니다. 이 사건의 뒷면에는 실제로 중국 사회의 앞으로 발전과 여러 사상 사이의 부딪힘과 관련이 있는 것입니다. 예를 들어 사상사의 측면에서 보면 2000년쯤, 다시 말하면 1990년대 말부터 2000년 초기의 4, 5년 사이에 중국에 아주 큰 논쟁, 혹은 대토론이 있었다는 사실을 아실 겁니다. 바로 당시에 일부 자유파 지식인과 신좌파의 지식인 사이에 진행한 논쟁인데 후에 교과서 사건도 이 논쟁과 관련이 있다고 생각합니다. 모든 자유파 학자들은 아니지만 일부 자유파 학자들은 루쉰은 예전에 좌익과 연관되어 있고 혁명과 연결되어 있다고 생각합니다. 자유파 학자들은 혁명은 좋지 않게 보지만 점진적인 개혁의 길은 바람직하다고 생각합니다. 하지만 오늘 이 자리에서 이런 복잡한 화제들을 다룰 계획은 없고 다만 이러한 배경을 제시하려고 합니다. 신좌파는 루쉰을 하나의 문화적 상징으로 간주하였고 루쉰은 당시 엉망이 된 중국 사회를 심층적으로 개혁할 것을 바라는 상징적 인물로 간주되었기에 당시 루쉰을 주제로 많은 논쟁이 일어났습니다. 여러분은 당시의 일부 문헌을 보시면 많은 흥미로운 논의를 보실 수 있을 겁니다.

그럼 세 번째 말씀드리고 싶은 것은 바로 루쉰이 동아시아의 현대 문화에 대해서도 매우 중요한 영향력을 미쳤다는 것입니다. 여기서 제가 든 예는 일본의 사상계에서 온 것입니다. 그 이유는 아주 간단합니다. 바로 루쉰은 일본에서 줄곧 아주 큰 영향력을 갖고 있었습니다. 그 이유는 그가 일본에서 약 7년을 살았기 때문입니다. 그는 1902년에 일본으로 가 1909년에 귀국했습니다. 제 기억이 맞다면 7년쯤 있었을 겁니다. 심지어 많은 일본인들은 루쉰을 자신들의 국민작가로 간주합니다. 그것은 루쉰의 전반적인 사상이 성숙해지는 동안 그의 일부 아주 핵심적인 저작들은 모두 일본의 문화계와 사상계, 문학계를 비롯한 환경 속에서 형성되었기 때문입니다. 여기서 제가 열거한 이런 일본의 사상가, 작가들은 사실은 루쉰의 많은 영향을 받았다고 생각됩니다.

앞서 언급했던 다케우치 요시미(竹内好)의 저서는 지금 중국어로 『근대의 초극(近代的超克)』이라고 번역되어 있습니다. 그는 재미있는 관점을 가지고 있습니다. 그는 중국과 일본이 서양을 배우는 경로를 비교하였는데 일본이 서양을 따라 배울 때 내적인 성찰을 하지 않았다고 합니다. 즉 서양의 무엇이 좋다고 하면 일본은 그대로 답습해서 사용했다고 합니다. 하지만 도대체 정말 그런 것인지에 대해 논의할 수 있다고 생각하지만 그의 초기 관점에 따르면 중국은 그렇지는 않았다고 생각했습니다. 그는 중국이 서양을 따라 배울 때 내적으로 몸부림을 쳤고 내적으로 아주 심층적인 성찰을 하였다고 말합니다. 그럼 이런 몸부림치거나 혹은 심층적인 반성을 한 대표적 인물은 누구일까요? 그에 의하면 바로 루쉰이었습니다.

문학을 통해 구현된 루쉰의 성찰

이러한 발버둥과 성찰은 루쉰의 학술 저작을 통해서 구현한 것은 아니었고, 바로 그의 문학을 통해서 구현되었다고 보았습니다. 가끔 우리가 루쉰의 잡문, 수필, 소설 등을 읽을 때 다케우치 요시미의 견해는 어느 정도 도움이 됩니다. 그의 이러한 견해는 일본의 사상계에 매우 큰 영향을 주었어요. 그것은 일본이 전쟁 후에 그들의 군국주의를 성찰할 때 이러한 것들을 끊임없이 제기하였기 때문입니다. 일본에 자유파에 해당하는 사상가 마루야마 마사오(丸山政男)도 루쉰의 영향을 받았습니다. 훗날 포스트 모더니즘 입장에서, 모더니즘에 대해 비판하는 고야스 노부쿠니(子安宣邦)라는 사상가도 루쉰을 언급했습니다.

다음으로 말씀드릴 세 분은 모두 작가입니다.

오에 겐자부로(大江健三郎)는 다들 잘 아실 겁니다. 노벨문학상을 받은 적이 있고 그는 루쉰을 매우 숭배합니다. 그의 한 인터뷰 기사를 본 적이 있습니다. 그가 어느 해에 중국을 방문한 적이 있었는데 집중적으로 루쉰이 자신에 끼친 영향에 대해 논한 적이 있었습니다.

그리고 『인간실격(人間失格)』의 저자 다자이 오사무(太宰治)도 전문적으로 『석별(惜別)』이란 소설을 썼지요. 소설적 배경이 복잡한 이 작품은 당시 일본의 전쟁 시기를 다룬 작품으로 일본 정부의 경제적 지원을 받은 적이 있었습니다. 여기에 루쉰이 일본 유학 기간의 일부 상황과 관련된 내용들이 담겨 있습니다.

세 번째 작가는 여러분들이 더 잘 아시는 무라카미 하루키(村上春樹)입니다. 무라카미 하루키도 루쉰의 영향을 받았습니다. 한 일본 학자가 루쉰이 무라카미 하루키에 어떤 영향을 미쳤는지를 예를 들었습니다. 무라카미 하루키에게는 『1Q84』란 작품이 있습니다. 『1Q84』에서 Q는 영어 자모 Q인데, Q는 루쉰의 소설 『아Q정전』에서 유래한 것이라고 말했습니다. 가끔 무라카미 하루키가 묘사한 인성 가운데 루쉰의 그림자를 어느 정도 볼 수 있습니다. 저는 문학 전문가는 아닙니다. 이는 일본의 루쉰 연구자들이 제기한 주장입니다. 또한 'Q'의 발음은 일본어에서 '九'의 발음이기에 『1984』라고 할 수 있는데 『1984』는 또 조지 오웰의 소설 제목입니다. 그래서 무라카미 하루키의 이 소설은 그에게 영향을 미친 작가들의 여러 전통들을 추가한 것으로 생각됩니다. 이에 대해 자세히 설명하지는 않겠습니다.

루쉰에 대한 평가와 수많은 요약 설명들

앞서 언급했듯이 루쉰은 중국에서 혁명가, 문학가, 사상가 등으로 널리 알려져 있습니다.

쑤쉐이린(蘇雪林)이란 사람이 있는데 1949년 뒤 타이완으로 갔습니다. 그녀는 루쉰을 아주 강렬하게 비판했습니다. 이는 당시의 일부 젊은 작가 집단에서 매우 큰 영향을 일으켰습니다. 그 이유는 당시 쑤쉐이린이 아주 유명했기 때문입니다. 하지만 그녀의 비평은 주류가 아니었고 심지어 오늘날 루쉰에게 혁명가, 문학가, 사상가 등의 태그가 붙어 있는 것은 뒤에 정치적 의미가 있다는 생각이 듭니다. 이 태그들은 갈수록 학계에서 많이 언급하지 않게 되었습니다. 그 이유는 진실한 루쉰이 아니라고 생각하기 때문입니다. 그래서 뒷날 학술계는 당시 루쉰과 잘 아는 사람들이 그를 어떻게 평가하는지 궁금했고 또한 그들이 루쉰을 요약 설명할 수 있을지 궁금했습니다.

류반농(劉半農)은 루쉰을 "톨니의 사상, 위진의 문장(托尼思想, 魏晉文章)"라고 개괄한 적이 있었습니다. 여기서 '톨니'는 한 사람의 외국인 이름이 아니라, 두 사람의 외국인, 즉 톨스토이와 니체를 말하는 것입니다. 루쉰은 확실히 이 두 사람의 사상의 영향을 받았고 그중에서도 니체의 영향을 더 많이 받았습니다. 루쉰이 일본에서 유학하는 기간에 당시 일본에서 '니체 열풍'이 불어서 모든 전공의 사람들은 다들 니체에 대해 이야기를 하고 있었고 간행물에서도 니체의 글이 실렸습니다. 이는 십여 년 전에 있었던 중국의 '스트라우스 열풍'과 유사하다고 생각합니다. 당시 중국의 모든 전공의 사람들은 모두 스트라우스란 사람에 대해 이야기를 했습니다. 오늘날은 그 열기가 한참 전에 지나갔습니다. 아마 루쉰도 이 영향을 받아서 일본어 역본을 중역한 니체의 일부 글을 읽었을 수도 있습니다. 니체의 사상 속에 루쉰에게 영향을 주는 아주 중요한 부분이 있습니다. 바로 개체의 자강을 강조하고 개성을 강조하는 것이 루쉰에게 영향을 주었다고 보여집니다.

그럼 톨스토이는 루쉰에게 어떤 영향을 주었을까요? 인도주의 정신입니다. 사실 이 두 가지는 모순이 존재합니다. 개인주의가 극단으로 가면 루쉰은 '아나키즘'이라고 불렀는데, 이것을 음역하면 개인의 '무정부주의'입니다. 즉 유아독존(唯我獨尊)입니다. 톨스토이는 아주 소박한 인도주의를 강조하고 있으나 종교와 연결되어 있습니다. 그러나 루쉰에게는 종교와 연결할 수 있는 배경은 없습니다. 그런데 루쉰은 특별히 평등을 강조하므로 개체의 자강, 개성의 발휘를 강조하는 것과 집단의 사회 평등 두 가지 사이에 일종의 장력이 존재합니다. 이러한 장력은 실제로 루쉰의 일생에 커다란 영향을 주었다고 생각합니다. 그의 각 단계의 작품을 보면 이 두 가지가 그에게 주는 장력을 끊임없이 보여주고 있습니다.

'위진의 문장'은 루쉰의 문풍, 그의 글을 쓰는 풍격에 대한 개괄이라고 생각합니다. '위진의 문장'의 이면에는 아마도 장타이옌(章太炎)의 영향이 있을 것이라고 생각합니다. 바로 차갑고 준엄하며 고고하고 아름다운 풍격입니다. 루쉰의 글을 읽으면 확실히 그런 느낌이 듭니다. 혹은 백화로 말하면 특별히 비판적이고 신랄하면서 풍자성도 강합니다. 하지만 여기서 주의해야 할 점은 사람들은 루쉰이 아주 비판성이 강한 인물이라고 생각하지만 그의 비판은 다른 지식인 집단을 향하는 것이 아니라 일부 권력자, 그리고 나쁜 근성이 있는 무리들을 향하는 것이며 사실 자신을 가장 많이 비판했습니다.

여러분들에게 『야초』를 추천 드립니다. 루쉰은 스스로 그의 철학은 모두 『야초』에 담겨져 있다고 말한 적이 있습니다. 그의 사상적 측면의 그런 장력은 모두 『야초』에 수록된 산문시들에 있고 이 산문시집에는 시적이면서도 산문 같은 작은 글들이 많이 있어서 읽기에 심미적인 의미가 있을 뿐만 아니라 사상의 깊이를 나타내기도 합니다. 실제로 많은 글에서 우리는 루쉰이 무자비하게 자신을 해부하고 있음을 발견할 수 있습니다. 그래서 오늘 루쉰을 평가하는 데 '고독자'란 단어가 더욱 적절하다고 생각합니다. 자신이 외부로부터 느낀 외로움뿐만 아니라 자아를 정리하는 과정입니다. 이러한 의미에서 후세의 많은 문학 연구자들도 루쉰의 작품을 논의할 때 사상적 측면에 모더니즘의 색채가 많이 들어 있다고 말합니다. 저도 그렇게 생각합니다.

앞서 언급했던 다케우치 요시미는 루쉰이 지닌 사상가로서의 풍격에 대해 아주 적절한 요약을 하였습니다. 아주 좋은 말이라 같이 봅시다. 중국어판 『근대의 초극』은 쑨거(孫歌) 선생이 편집하고 리동무(李冬木) 선생이 번역하신 겁니다.

"루쉰은 체계가 있는 사상가가 아니다. … 그의 기질적인 면도 개념을 빌어서 인연을 생각하는 것과 거리가 아주 멀다. 유추를 하고 연역하지 않고 직관적이지만 구성하지 않았다."

저는 이 단락의 말을 읽을 때면 아주 좋다고 생각하곤 했습니다. 저는 사회과학 학과 출신입니다. 아시다시피 경제학, 사회학, 정치학 등은 모두 우선 개념의 범위를 확정하고 이런 체계적인 추론 등을 진행할 것을 강조합니다. 저는 예전부터 이런 훈련을 받았습니다. 다케우치 요시미의 말을 읽은 후 확실히 그렇다고 생각했습니다. 왜 루쉰의 사상은 아주 깊이가 있으면서도 동시에 저희들이 익숙한 학문과 많이 다를까? 이런 것을 아주 적절하게 요약했다고 생각합니다.

"그는 목적과 방법으로 세계를 맞이하기에 서툴다. … 그가 무엇인지를 확정하는 것이 아주 어렵지만 그가 무엇이 아니라는 것을 확정하는 것은 아주 쉽다."

마지막 이 문장도 아주 적절하다고 생각합니다. 방금 우리가 루쉰에게 여러 가지 태그를 붙이고 싶지만 쉽지 않다고 말한 적이 있습니다. 한 태그를 붙일 때마다 반대 사례를 찾을 수 있습니다. 하지만 루쉰이 무엇이 아니라고 한다면 많은 것을 찾아낼 수 있습니다.

그럼 루쉰 연구의 주요 패러다임에 대해서 소개하도록 하겠습니다. 제가 그동안 연구한 바에 의하면 주로 세 가지가 있다고 할 수 있습니다.

① 첫 번째는 사학의 경로입니다.

사학의 경로는 오늘날에도 특히 중국 국내의 루쉰 연구계에서 열기가 뜨겁습니다. 바꾸어 말하면 루쉰은 중국 근현대사에서 가장 많이 연구된 인물이라고 할 수 있을 것입니다. 그 이유는 그의 일기와 각종 서찰이 있기 때문입니다. 우리가 루쉰 연구를 할 때 루쉰이 매일 무엇을 하였는지를 적은 일기를 반복적으로 읽습니다. 다른 학자처럼 늘 많은 생각을 섞어 넣지는 않습니다. 루쉰의 일기는 단순한 기록처럼 오늘 누구를 만났고 오늘 월급을 받았으며 오늘 또 누구랑 어느 레스토랑에 가서 식사했다 등 이런 것이 기술되어 있습니다.

그래서 우리 같이 전문적으로 연구를 하는 학자들은 루쉰이 매일 무엇을 하는 것에 대해 특별히 익숙하고 지금도 아주 많은 학자들이 사학의 경로를 따라서 계속 발굴하고 있어요. 우리는 예전에 루쉰의 의식주나 루쉰이 당시 샤먼(廈門)대학교에 가서 교편을 잡았고 편지를 보낼 때 어떤 우표를 사용했으며 우체국의 노선은 어떤지 등은 상대적으로 덜 주목했었지요. 그런데 제 친구가 이런 방면의 글을 쓴 적이 있고 다른 친구는 이런 책을 보내준 적이 있습니다. 상하이루쉰기념관의 쓰샤오옌(施曉燕) 선생은 루쉰이 상하이에서의 미식 여행에 대한 책을 쓴 적이 있습니다. 루쉰이 상하이의 어떤 레스토랑을 좋아하고 좋아하는 요리 등을 기록하였는데 아주 재미있었습니다. 이건 아주 문화적인 취미가 있는 연구라 할 수 있습니다. 심지어 어떤 의미에서 보면 우리를 비롯한 이후 이 경로에서 루쉰 연구를 하는 사람들에게 진실한 루쉰의 배경을 제공했다고 할 수 있습니다. 이것이 바로 첫 번째 패러다임입니다.

② 두 번째 패러다임은 문학 및 심미적 경로입니다.

루쉰 연구를 시작하면서 지금에 이르기까지 주요 경로라고 생각합니다. 그 이유는 루쉰이 먼저 사람들에게 문학가라는 인상을 주었는데 그의 글은 아주 심미적 정취가 있기 때문입니다. 그의 첫 번째 백화문 소설, 1918년에

《신청년》에서 「광인일기」를 발표한 후부터 루쉰은 전국적, 적어도 전국의 지식인 집단에서 유명인이 되었습니다. 그때부터 그의 작품은 연구되었는데, 예를 들어 당시 학생이었지만 뒷날 타이완대학교 교장으로 된 푸쓰녠(傅斯年)은 짧은 글을 써서 「광인일기」를 평가했습니다. 오늘날에 이르기까지 루쉰을 가장 많이 연구한 곳은 여전히 중국의 각 대학교 중문학과라고 생각합니다. 특히 현대 문학을 전공하는 선생님과 학생들은 기본적으로 루쉰을 잘 알고 있다고 생각합니다. 현대 문학을 하는데 루쉰을 모른다면 졸업할 수 없을 것입니다. 이것은 두 번째 패러다임입니다.

③ 세 번째 패러다임은 사상사의 경로입니다.

저의 연구는 주로 이 사상사의 경로에서 진행했습니다. 물론 저는 가끔 상대적으로 더욱 추상적인 정치철학의 경로에서 파고 들어가서 루쉰과 현실 사이의 상호 작용을 연구합니다. 예를 들어 '혁명적인 루쉰'으로, 루쉰은 만년에 중국 좌익 혁명 진영에 참가했습니다. 그의 동기가 도대체 무엇이며 그의 참가는 어떤 결과를 초래했는지는 모두 우리가 연구해야 할 과제입니다.

저는 정치학을 전공하는 사람으로서 '정치 루쉰'이라고 부르고 '혁명 루쉰'을 앞으로 밀고 있습니다. 루쉰이 난징(南京)에서 공부할 때 뿐 아니라 뒤에 일본으로 유학 갔을 때, 그리고 귀국 후의 일련의 일들, 신문화운동에 참가하는 등이 모두 이 모습으로 일관되었습니다. 저는 루쉰과 정치의 관계에서 변하지 않는 단서를 찾으려고 시도했습니다. 겉으로 보기에 아주 많은 변화를 겪었다고 생각할 수 있습니다. 그는 예전에 국민혁명에 참가해서 국민당에 대한 인상은 괜찮았지만 점차 더욱 급진적인 좌익 진영으로 기우는 등 아주 많은 변화를 겪었습니다. 그는 언젠가 신문화운동에 참여했었다가 뒷날 또다시 참여하였고, 심지어 어느 면에서 보면 국민혁명에 참여하는 것처럼 보이기도 했습니다. 그의 이러한 표면적인 변화의 이면에는 변하지 않거나 더욱 심층적인 사상의 단서가 있다고 생각합니다. 이 단서는 방금 제가 언급했던 그의 개인주의와 인도주의 사이의 장력이라고 생각합니다. 어느 한 면에서 그가 더욱 절실하다고 느껴지면 그는 이 방면으로 이끌어집니다. 그래서 루쉰의 일생은 아주 근본적이고 기본적인 모순에 이끌려 앞으로 나아가는 것이었고 이 과정에서 아주 중요한 문학 작품들이 생성된 것이라고 생각합니다.

루쉰에 대한 연구 현황 : 세 명의 루쉰

당대 루쉰의 연구 현황을 말하기 전에 우선 이 사진에 대해서 소개해드릴게요.

이것은 루쉰 일가의 가족사진입니다. 오른쪽이 쉬광핑(徐廣平)이고 왼쪽이 루쉰이며, 가운데 아래는 아직 어린 저우하이잉(周海嬰)입니다. 저우하이잉은 1929년에 태어났는데, 이 사진이 1933년에 찍은 것이니, 당시 네 살쯤으로 보입니다.

앞서 말씀드렸듯이 중국 학계에서 기본적으로 '세 명의 루쉰'이 있습니다.

일본과 한국 학계에 대해서 간단히 소개하겠습니다.

일본학계에서 다케우치 요시미부터 아주 많은 걸출한 루쉰 연구자들이 배출되었습니다. 이런 연구자들의 저서는 뒷날 중국어로 번역되었고 중국의 80년대와 90년대에 아주 큰 영향을 끼쳤으며 오늘날의 우리는 신세대에 속한다고 할 수 있습니다. 우리는 80년 후에 태어난 세대로서 루쉰 연구를 진행하려면 반드시 이들의 책을 읽어야 합니다. 따라서 이들은 학술사에서 이미 매우 큰 영향력을 남겼다고 할 수 있습니다. 다케우치 요시미의 뒤를 이은 기야마 히데오(木山英雄), 후지이 소조(藤井省三), 마루오 츠네키(丸尾常喜) 등 학자들은 모두 훌륭하며, 매우 중요한 루쉰 연구를 진행하여 새로운 패러다임을 만들었습니다.

그럼 한국학계의 루쉰 연구를 보면, 한국외국어대학교의 박재우가 루쉰의 사상, 문학의 한국에서의 전파 등을 포함한 많은 연구를 진행했습니다. 그는 여러 차례 중국에서도 이 방면의 강연을 하였고 저에게 많은 도움이 되었습니다. 저도 뒷날 들었습니다만, 루쉰의 사상, 특히 그의 좌익 사상은 한국의 민주화 운동에도 일정하게 영향을 끼쳤다고 합니다. 이런 것들은 다시 발굴해서 연구할 가치가 있다고 생각합니다.

아쉽게도 영어권의 루쉰에 대한 연구는 최근 몇 년 동안 쇠락하고 있는 듯합니다. 이는 영어권에서 현재 사상사에 대한 연구가 쇠퇴해가고 있는 배경과 관련이 있습니다. 아시다시피 현재 영어권에서 가장 인기가 많은 것은 사회과학 연구, 특히 경제학, 사회학 연구입니다. 이러한 분위기가 계속되면 루쉰을 연구하려는 젊은이가 남아 있지 않을 것입니다. 하지만 영어권에서 이전 몇 십 년 동안에 매우 중요한 루쉰 연구자들이 나타난 적이 있습니다. 이를테면 샤지안(夏濟安)이라는 학자가 있는데, 그는 영어로 된 책을 발표한 적이 있습니다. 『어두운 갑문(黑暗的閘門)』이라는 제목으로 번역되었습니다. '어두운 갑문'은 바로 루쉰의 글귀에서 유래된 것입니다.

『어두운 갑문』은 루쉰의 문학과 당시 좌익문학의 관계를 다루는 것으로 아주 재미있습니다. 그러나 그의 견해는 자유주의 관점으로 편향한 것이라고 생각됩니다. 그는 루쉰이 좌익으로 치우치는 것을 별로 인정하지 않았어요. 그는 루쉰이 문학의 순수성을 손상시킨 것이라고 생각했습니다. 제가 보기에 이 주제는 다시 논의할 가치가 있다고 생각합니다. 또 한 분은 올해 80여 세 넘은 분으로 바로 린위성(林毓生)입니다. 저는 그를 만난 적이 있습니다. 그의 나이 70여 세로서 은퇴한 지 얼마 안 되었을 때였습니다. 그는 루쉰에 관한 아주 긴 논문을 쓴 것이 있는데, 사상사의 측면에서 루쉰의 사상 갈등을 분석하였습니다. 이 글은 저에게 꽤 큰 영향을 주었던바, 제가 루쉰 연구를 하는 경로도 그의 연구 경로를 따라서 밀고 나간 것입니다. 그 논문은 「루쉰사상의 곤경」이라고 합니다.

루쉰의 문학 역정과 정치와의 관계

이제 루쉰의 전반적인 문학 역정에서 문학과 정치의 관계를 말씀드리겠습니다.

루쉰의 문학은 일본 유학 기간에 처음 시작되었는데 정치와 떨어진 적이 없다고 생각합니다. 그의 문학은 시종 정치와 얽혀 있습니다. 사실 그가 난징(南京)에서 공부할 때 지은 책 한 권을 읽어본 적이 있었습니다. 그 책은 중국 친구들이 잘 알고 있는 옌푸(嚴復)가 번역한 『천연론(天演論)』입니다. 이 책은 당시의 중국에서 시대를 풍미했던 책입니다. 청일전쟁을 막 마치고 중국은 패전국이 되어 국가 전체, 특히 지식인들은 일종의 절박감을 느꼈을 겁니다. 그럼 『천연론』에서 고취하는 '적자생존' 하는 진화론적 이론은 당시 중국의 지식인 계층, 특히 젊은 지식인들에게 있어서 매우 매력적이었을 것입니다. 루쉰도 이 책을 엄청 좋아했고 심지어 외울 정도로 굉장히 탐독했습니다. 『천연론』이 흥행하는 배후에는 물론 정치적 요소가 있었습니다. 방금 말씀드렸듯이 루쉰은 사오싱(紹興)에서 나올 때 집안이 몰락한 소년이었습니다. 홀연히 남경에 왔는데 이곳은 사오싱에 비하면 큰 도시이고 각종 외래 사상이 많이 보급된 곳입니다. 그는 이곳에서 일부 영향을 받고 뒤에 도쿄에 유학을 가게 되었습니다. 유학할 때는 원래 이공계를 배우려고 하였으나 포기하고 난 뒤에 문학 연구를 하였습니다. 심지어 센다이에서 한동안 의학을 배운 적도 있었습니다.

루쉰은 『후지노 선생(藤野先生)』이란 글을 썼는데 나중에 포기했습니다. 전문적으로 도쿄에 가서 문학 연구를 진행하였고 문예운동을 제창하려고 하였습니다. 그는 《신생(新生)》이란 간행물을 창간하려고 했습니다. 여기서 말하는 신생은 당연히 중국의 신생을 말하는 것을 알 수 있습니다. 이 제목을 보면 중국은 단순한 부강을 초월해야 한다고 생각하고 있을 것입니다. 이러한 신생은 단순하게 강해지는 것을 말하는 것이 아니라 국민성을 개조하고 민족 전체의 사상적 경지를 높인다는 것을 말합니다. 그래서 그는 일련의 문언문으로 된 글을 썼습니다.

문언문으로 된 글은 저희와 같은 전문적으로 루쉰을 연구하는 학자에게는 매우 친숙하나 일반적이며 단순히 루쉰의 글을 좋아하는 친구들에게는 생소할 것입니다. 그 이유는 그가 초기에 창작한 문언문 논문을 주목한 전문적인 연구가 부족하기 때문입니다. 그의 기타 문언문 논문들은 아주 잘 쓰여졌으며 당시 유행한 각종 서양의 사조들을 소개했고, 이러한 사조들을 중국 정치 문제에 대한 사고에 녹이려고 시도했습니다. 예를 들어 「문화편지론(文化篇至論)」, 「인간의 역사(人之歷史)」, 「파악성론(破惡聲論)」 등이 그러합니다. 시간 관계상 모두 설명해드릴 수 없지만 이러한 글들은 모두 간행물 《신생》을 위해 준비한 것입니다. 하지만 이 간행물은 결국 창간하지 못했기 때문에 그는 다른 유학생 간행물에 투고하여 발표했습니다.

요컨대, 루쉰은 청년 시기에 정치에 대해 상대적으로 추상적인 생각을 갖고 있었다고 생각합니다. 다시 말하면 그는 문학이나 정신적인 부분을 다루어 증명하려고 시도했다는 것을 의미합니다. 왜 그는 이러한 상상 혹은 이런 생각을 했을까요? 그 이유는 아주 간단하다고 생각합니다. 즉, 그는 중국에 있지 않았고 해외, 즉 당시 중국보다 더 빨리 발전한 나라인 일본에 있었기 때문입니다. 그는 급속도로 발전한 일본에서 고국에 대해 이런 상상이 나타나게 된 것입니다. 그래서 이런 상상은 추상적일 수밖에 없었으니 진정으로 루쉰이 찾으려는 것과는 아직 마주하지 못했던 것입니다.

그 이유는 루쉰이 중국의 현황, 중국의 관료 계층, 중국의 고위층의 정치, 당시 중국의 일반 국민 및 지식인들을 보지 못했기 때문입니다. 그는 진정으로 자신이 찾고 있는 대상을 직접 보지 못했기 때문에 자신만의 서양 이론으로 중국이 가야 할 길을 가리키려고 시도한 것입니다.

이미 말씀드렸는데 그는 니체가 가장 중요하다고 생각했습니다. 그는 니체의 개인주의로 중국의 대중들을 깨우려고 했는데 그래서 문예운동을 제창하게 된 것입니다. 그러나 그의 이런 구상은 중국으로 돌아간 후 완전히 실패하게 됐습니다. 그는 1909년 귀국 후 1918년에 『광인일기』를 발표할 때까지 10년 동안에 침묵을 지켰습니다.

10년 동안 그는 무엇을 했을까요?

우선, 저의 기억이 맞는다면 그는 고향인 저장(浙江)으로 가서 항저우(杭州), 사오싱의 일부 중학교에서 학생들을 가르쳤습니다. 이후 차이위안페이(蔡元培)의 권유로 난징에 갔습니다. 신해혁명이 성공한 후 차이위안페이는 교육부를 장악했습니다. 루쉰은 그 이후 베이징으로 갔습니다. 그는 교육부의 관원으로 몇 년간 일했습니다. 당시 그의 직임은 첨사(僉事)라고 불렸는데 학자들의 고증에 따르면 오늘날의 과장급 혹은 과장급보다 더 높으며 아마 부처장의 직급과 유사하다고 합니다. 그는 공무원을 몇 년간 했습니다. 심지어 그가 『광인일기』를 발표한 후 신문화운동에 참여하는 기간에도 그의 주요 신분은 북양정부 교육부의 공무원이었습니다. 그런데 『광인일기』를 발표한 후 그는 유명인이 되었지만 그의 사상은 멈추지 않았습니다. 문학과 정치가 서로 얽혀 있든 서로 충돌하든 모두 그를 에워싸고 있었던 겁니다. 그래서 그는 소설 『고독자』를 비롯해서 많은 뛰어난 작품들을 창작했습니다. 저는 여러분들께 이 소설을 정말 추천해드리고 싶습니다. 소설 속의 주인공 이름은 웨이롄수(魏連殳)인데, 이 사람은 어떤 의미에서 루쉰 자신의 모습으로 볼 수 있다고 생각합니다. 소위 혁명이 성공했다는 내용을 다루고 있습니다.

형식적인 혁명이 성공한 후 지식인들의 귀착점은 무엇일까요? 흥미로운 것은 그의 철학이 담겨 있는 『야초』 등을 포함해서 살펴보면 이 시기의 루쉰은 매우 방황하고 있었다고 말할 수 있습니다. 그는 미래가 보이지 않았다고 생각했습니다. 그는 신문화운동 기간에 리다자오(李大釗), 후스(胡適) 등과 단체를 만들었는데 이들은 중국의 문예 부흥을 불러일으키고 문예의 재건을 제창하였습니다. 이러한 활동을 통해 중국의 국민성을 일깨우거나 개혁, 변혁을 하려 했습니다. 즉 사회적 측면의 교육, 계몽은 중국 정치를 위해 좋은 토대를 마련하려고 하였습니다.

하지만 이러한 생각은 실천하는 과정에서 많은 시행착오를 겪었습니다. 우선 당시 중국이 처한 외부 환경 때문입니다. 외부의 국제 환경은 그렇게 우호적이지 않았는데 흔히 말하는 '제국주의'였습니다. 외적인 환경에서 이러한 제약은 중국으로 하여금 특별히 평화롭고 안전한 환경을 조성하지 못하게 하였고 이런 환경 속에서 문예운동은 발전할 수가 없었습니다. 그래서 많은 사람들은 급진적인 길로 가게 되었습니다. 저는 루쉰도 이런 환경 속에 있었고 그의 『고독자』, 『야초』 등의 작품은 신문화운동이 쇠퇴기로 가고 있을 때 그의 생각을 반영한 것이라고 생각합니다.

루쉰에게 영향을 미친 책들 : 『문학과 혁명』, 『천연론』

1925년에 이르러 그가 읽은 책들은 그에게 적지 않는 영향을 주었습니다. 그는 여러 권의 책을 샀으며 특히 영어 버전을 사서 몇몇 학생에게 주었다고 합니다. 저자는 오늘날 많이 언급되지 않았지만 20세기 혁명사에서 아주 중요한 인물인 트로츠키였습니다. 당시 트로츠키가 중국 지식계에 끼친 영향력은 레닌을 능가했습니다. 레닌은 실천가이고 정치가였습니다. 물론 일부는 철학가로서의 특성을 갖고 있어서 중국의 지식계에 영향을 주었습니다. 그러나 트로츠키의 영향력은 초기에는 그의 저서 『문학과 혁명』과 관련되어 있습니다. 그래서 이 책은 당시 중국에서 아주 흥행했고 여러 가지 버전의 중국어 역본이 있었습니다. 루쉰도 트로츠키 책의 일부 글들을 번역한 적이 있습니다.

그렇다면 루쉰이 그의 책을 읽고 받은 가장 큰 영향은 무엇일까요? 바로 계급론적 시각에서 사회의 현실 문제 및 문학 문제를 사고하는 것입니다.

우리는 그가 곤혹스럽게 생각했던 것이 완전히 해결했다고 말할 수는 없지만 적어도 루쉰이 예전에 느꼈던 곤혹스러움을 부분적으로 해소했다고 할 수 있습니다. 그리고 이것은 그가 나중에 '좌련(左聯)'이라고 약칭한 중국 좌익작가연맹에 가입하는 밑바탕이 되었고 적어도 사상적 측면의 밑바탕이 되었다고 생각합니다. 『천연론』에 대해 자세히 설명하지는 못합니다. 그러나 한번 읽으시길 권합니다. 이것은 옌푸가 동성파(桐城派)의 문풍으로 번역한 『천연론』입니다. 아시다시피 『천연론』은 다윈의 저서를 번역한 것이 아니라 토마스 헉슬리의 『진화와 윤리』를 번역한 것입니다. 옌푸는 번역 과정에서 많은 수정을 했습니다. 그는 헉슬리의 원래 뜻을 사용하지 않고 당시에 아주 유행한 사회학자인 허버트 스펜서의 말을 더 많이 인용하였습니다. 사회다윈주의의 의미가 그 속에 있기에 당시 많은 중국 지식인들에게 큰 영향을 끼쳤다고 할 수 있습니다. 그것은 당시 중국이 패전 이후 추진하는 것과 연관이 있다고 생각합니다.

루쉰은 『천연론』을 읽은 후 진화론을 수용하기 시작했습니다. 그 결과가 바로 『광인일기』입니다. 『광인일기』는 겉으로는 루쉰이 광인의 입을 빌어서 중국의 전통을 비판하고 중국의 전통적인 인의도덕을 말하는 것 같지만 실제로 은유의 방식을 사용한 것입니다. 여기서 인의도덕은 표면적인 각종 제도와 규칙, 즉 전통 유가사상으로 구축한 제도규칙을 은유한 것입니다. '사람을 잡아먹다'도 다른 은유입니다. 바로 우리 사회에서 성행한 각종 잠재된 규칙들, 눈에 보이지 않는 암묵적 관행들을 은유하는 것입니다. 중국에서는 오늘날도 '잠재된 규칙'이란 표현을 잘 사용하고 있습니다. 우쓰(吳思)가 정리한 용어입니다. 표면적인 규칙은 너무 완벽해 보이고 합리적이라서 모두 좋아하고 동의하지만 표면적인 규칙 체계 아래에는 하나의 잠재된 규칙이 있는데, 바로 이것이 진정으로 작용하는 규칙이라는 것입니다. 이것이 바로 '사람을 잡아먹다'는 것의 뜻입니다. 물론 그의 판단이 옳고 그름은 연구자의 관점에서 더 많이 검토할 수 있지만 은유적인 방식으로 해독할 수 있다고 생각합니다. 뿐만 아니라 방금 루쉰의 비판은 외재적인 것만 가리키는 것이 아니라 전통이든 타인이든 기타 집단이든 사실은 자신을 향한 것이라고 말씀드린 적이 있습니다. 그가 광인을 빌어서 어떤 말을 했는지 봅시다.

"형님이 집안일을 관리하는데 마침 여동생이 죽어서 음식에 넣어서 몰래 우리에게 먹일 수 있었다. 난 본의 아니게 내 여동생의 몇 조각 살점을 먹었다. 이제 내 차례이다…"

무슨 말일까요? 즉 아주 결백한 사람도 무고한 사람도 없다는 말입니다. 본의가 아니지만 나도 여동생의 몇 조각 살점을 먹을 수 있단 말입니다. 이처럼 사람을 잡아먹는 사회에서 누구도 도망칠 수 없습니다. 한편으로 먹히기도 합니다. 자신이 먹히면 도덕적으로 최고점에 서게 된다고 생각하지만 사실은 그렇지 않습니다. 다른 한편으로 본의는 아니지만 우리도 먹고 있는 것입니다. 그래서 이러한 비판은 한편으로 전통에 대한 비판이 엄청 엄격하고 논리적이며 아주 철저했습니다. 다른 한편으로 이 속에 그의 자아에 대한 깊은 성찰이 포함되어 있다고 생각합니다. 젊은이들이 자신을 숭상하는 사상계의 선구자이든 청년 멘토이든 사실 자신은 이런 사람이 될 수 없다고 성찰하는 것입니다. 루쉰의 일생, 특히 만년에 이 점에 대해 비교적 깨어 있다고 생각합니다. 우리는 한편으로 먹히지만 다른 한편으로 우리도 사람을 먹고 있다는 것입니다.

문학과 정치의 관계에 대한 보편적 사고

이어서 오늘 논의할 요점, 즉 문학과 정치의 관계에 대해 보편적 사고를 해보겠습니다.

먼저 문학이란 무엇인가를 얘기해보겠습니다. 루쉰의 스승 장타이옌이 말한 아주 유명한 말이 있습니다. 여러 사람에게 인용되었는데 "학설은 사람의 사고를 일깨워주고 문장은 사람의 느낌을 살려준다"는 말입니다. 루쉰은 장타이옌이 한 이 말을 듣고 별로 찬성하지 않았다고 합니다. 왜일까요? 학술적 사상은 사람으로 하여금 성찰을 비롯해서 사고를 하는 것입니다. 그렇다면 문장은 다들 잘 알고 있는 문학적인 것인데 감정인 것들과 관련이 있고 감성적인 물건과 연관되어 있다고 했습니다. 이런 이원적 대립에 대해 루쉰은 그다지 동의하지 않은 것입니다. 그것은 문학 속에 사상적인 것이 아주 많이 포함되어 있다고 생각하기 때문입니다.

루쉰은 문학 속에 바로 이런 개념적이고 체계적인 사고가 담겨져 있고 만질 수 없는 물건이 담겨져 있다고 생각했을 것입니다. 제가 읽어본 루쉰의 작품을 보면 확실히 이런 생각이 듭니다. 때로는 우리는 추상적이고 개념화된 이런 사고에 젖어 있어 구체적이고 실감나는 물건을 느낄 수 없게 됩니다. 마치 우리가 어떤 색안경을 쓴 것처럼 오래 쓰다 보면 무엇을 보든지 그 색깔을 띠게 됩니다.

하지만 다른 안경으로 바꾸면 반드시 하나의 색깔로만 되어 있지 않음을 발견하게 됩니다. 그래서 루쉰은 『납함』의 서론에서 "무릇 우매하고 나약한 국민이라면 체격이 아무리 건장하고 튼튼해도 구경꾼에 불과하고 무감각한 존재에 불과하다."라고 말했습니다. 그래서 우리는 그들의 정신을 바꿔야 합니다. 그는 인간의 정신을 바꿔야 하는 것은 이러한 학설이 아니라 문예운동이라고 합니다. 이는 일리가 있다고 생각합니다. 오늘날 많은 젊은 친구들에게 가슴으로 와 닿는 것들은 소위 체계화된 것이나 경서를 해석하는 책이 아니라 한 편의 문화적 창작품이거나 특별한 의미의 문자입니다. 그것들은 갑자기 사람을 감동시키고 사고하는 기회를 제공하곤 하는데 그것이 바로 문학입니다.

저는 정치학 전공으로 전공자의 시야에서 정치에 대해 설명하겠습니다.

정치에는 여러 개의 키워드가 있습니다. 정치는 핵심을 아주 중시하거나 의식적인 심리 상태로 전환할 수도 있습니다. 임의의 정치는 모두 이데올로기가 있다고 생각합니다. 중국, 한국, 미국, 기타 나라를 포함해서 그들에게는 모두 하나의 이데올로기가 버티고 있습니다. 이데올로기란 단어를 설명할 때 중립적인 입장에서 설명을 한 것이고 긍정적인 의미와 부정적인 의미는 없습니다. 바로 이런 핵심적인 요소의 인도 하에 우리의 이익을 규정하는 것입니다. 가끔 인간은 자신의 이익에 대한 규정을 하는데 핵심과 관련이 있습니다. 중국인들은 잘 알고 있는 사실입니다만, 처음 개혁개방을 시작할 때 '실천은 진리를 검증하는 유일한 기준'이라는 것에 대한 논쟁이 있었습니다.

실제로 관념적인 측면에서 덩샤오핑(鄧小平)의 말로 이해한다면 사상을 해방하고 우리의 이익을 다시 확정하는 것입니다. 이익이 우리에게 접근해오면 충돌도 있을 수 있고 일부 합작이 있을 수 있습니다. 한편 제3자가 접근하는데, 이 제3자는 일정한 위험성이 있는 제3자로 가정해봅니다. 이 제3자는 강제적인 힘, 권력을 가지고 있습니다. 이 제3자가 참여하려면, 이익에 대한 확정, 이익에 대한 조화, 이익이 충돌할 때 어떻게 해결할 것인가 등 이 세 가지가 서로 얽혀 돌아가게 됩니다.

그리고 결국 이들을 규정하는 것은 제도로 나타납니다. 각국 국민들은 모두 자기 나라의 제도, 게임 규칙을 갖고 있으며, 일상에서 느낄 수 있습니다. 이들이 정치적 관점에서 볼 때 중요하게 바라보아야 하는 중요한 키워드들입니다.

문학과 정치의 관계에서 볼 수 있는 세 가지 패턴

그럼 그것이 문학과 또 무슨 관계가 있을까요? 가장 직관적인 것은 이것의 핵심, 즉 의식적인 심리적 상태와 관련이 있을 수 있다는 것을 볼 수 있습니다. 그러나 나는 단순하다고 생각하지 않습니다. 겉으로 보기에 문학과 정치의 관계는 몇 가지 패턴이 존재한다고 생각합니다.

첫째, 문학은 정치를 위해 봉사한다는 것입니다. 인류의 역사에서 이런 시기가 많았습니다. 중국뿐만 아니라 다른 나라에서도 이런 현상이 있었을 것입니다. 문학이 정치를 위해 봉사한다는 것은 정치가 무슨 목적이 있다면 문학의 창작을 통해서 대중들에게 목적을 보급시키고 심지어 어떤 의미에서 목적을 찬양하게 만든다는 것을 의미합니다. 이것은 첫 번째 패턴이며 많은 자유파 학자의 루쉰의 지위에 대한 평가이기도 합니다. 하지만 저는 이렇게 간단하게 생각하지 않습니다. 방금 루쉰의 사상 속에서 개인주의와 인도주의는 영원히 모순되어 있다고 말했습니다.

둘째, 문학이 정치를 저항하거나 비판한다는 것입니다. 많은 신좌파 학자들은 루쉰에 대해서 특히 루쉰이 만년에 좌익 진영에 가입한 것을 들어서 그가 글을 쓸 때 국민당과 국민성을 비판할 뿐만 아니라 당시의 좌익 운동 자체에도 일부 비평을 했음을 알고 있습니다. 그들이 루쉰을 좋다고 생각할까요? 좋지 않게 생각한다면 좌익의 정치 자체, 당시 좌익 운동 자체에 대해서도 루쉰이 일부 비판을 가한 사실 때문일 것입니다. 이는 신좌파 학자가 한 주장입니다. 두 학파 학자들이 각자 본 일부분의 면모를 결합한다면 루쉰의 문학과 정치 관계에 대해 더욱 심도 있게 파악할 수 있다고 봅니다.

셋째, 많은 아카데미즘(Academism)은 비교적 예술을 위해 예술을 좋아합니다. 그들은 루쉰이 아주 위대한 세계적인 대문호가 될 수 있다고 생각했습니다. 그래서 누군가 그를 노벨상의 경주에 참가시키려고 했지만 루쉰은 "나는 그런 자격이 없고 량치차오(梁啓超)도 없다."라고 했습니다. 그가 그 길로 가지 않았기 때문에 많은 사람들은 이 화제를 가지고 루쉰이 정치에 개입하지 않고 현실의 사회운동에 개입하지 않았다면 벌써 노벨상을 수상했거나 아주 순수하고 뛰어난 문학가로 될 것이라고 말합니다. 그러나 저는 루쉰의 본의가 아니라고 생각합니다. 루쉰은 『납함』에서 자신의 본의를 서술한 적이 있습니다. 그의 젊었을 때 문학은 그에게 있어서 궁극적인 목표가 아니라 그냥 하나의 매개, 하나의 수단이라고 했습니다. 그의 궁극적 목표는 국민의 정신을 개조하는 것입니다. 그는 중국인이기 때문에 당연히 중국에 더 많은 관심을 가지는 것은 맞지만 중국에게만 신경 쓰지는 않았습니다. 사실 그는 세계의 압박을 받는 민족과 나라에도 관심을 가졌으며 예전에 동유럽의 약소국가와 약소민족, 즉 당시 제국주의의 압박을 받은 민족들의 문학 작품을 많이 번역한 적도 있습니다.

러시아의 트로츠키와 중국의 루쉰

루쉰과 트로츠키를 언급했는데 다시 짧게 말씀드리자면 1925년 7월에 루쉰의 일기에 그가 책 한 권을 샀다는 내용이 있습니다. 일본어로는 『혁명과 문학』이고 중국어로 번역하면 『문학과 혁명(文學和革命)』입니다. 이 책에서 흥미로운 주장을 많이 제기했습니다. 그림은 트로츠키, 레닌, 스탈린입니다. 이 그림의 진위를 알지 못하지만 저는 비슷한 느낌이 들어서 인터넷에서 가져온 것입니다. 트로츠키가 루쉰에게 끼친 영향을 세 가지 정도 이야기할 수 있을 듯합니다.

우선 트로츠키는 프롤레타리아 문학의 존재에 대해서 실체가 없다고 주장했습니다. 왜냐하면 트로츠키는 대표적인 마르크스주의의 관점을 고수했기 때문입니다. 그는 문학의 중요한 요소의 생성은 반드시 사회적, 물질적 토양이 있어야 한다고 생각했습니다. 전면적인 프롤레타리아 사회에 도달하지 않은 혁명의 과도 시기에는 프롤레타리아 문학이 없다는 것입니다. 루쉰도 예전에 이 관점을 받아들였으나 뒷날 바꾸었습니다. 그가 이러한 관점에 변화가 생겼기에 중국 좌익작가연맹에 가입하게 된 것입니다. 루쉰과 많은 젊은이들은 같이 검토를 하였고 심지어 이른바 프롤레타리아 문학에 관련된 작품들을 발표하였으며 문예의 대중화를 제창하였습니다.

심지어 루쉰은 특별히 급진적인 방안을 제기하였습니다. 바로 한자를 로마문자화 하는 것인데 그는 이러한 네모난 글자 특히 번체자는 오늘날 일반 중국인들이 글자를 배우는 것을 방해했고 사람과 소통하고 자신의 실력을 높이는 것을 방해했으며 한자를 로마문자로 바꾸면 문화를 더욱 보급시킬 수 있다고 생각했습니다. 지금 봐도 아주 급진적인 생각인 것 같습니다. 하지만 우리가 그와 같은 시기에 있어도 이해할 수 있다고 생각합니다.

두 번째는 트로츠키를 두고 '동반자'란 개념을 제기한 바가 있습니다. 이는 어떤 의미에서 루쉰이 자신에 대한 평가로 볼 수 있을 겁니다. 동반자가 무엇인가요? 혁명의 동반자를 말하는 것입니다. 자신은 혁명가가 아니고 혁명에 대해 진정한 혁명가처럼 완고한 신념이 없지만 공동의 목표들을 공유할 수 있다고 생각한 것입니다. 예를 들면 낡은 질서를 타파하는 것입니다. 루쉰의 말을 빌어서 말하면 우리는 철로 만든 방을 파괴해야 하는 것입니다. 이러한 점에서 우리는 똑같기 때문에 함께 앞으로 나아가는 사람이란 것입니다. 그러나 어느 한 곳에 도착하면 헤어질 수 있습니다. 이것은 루쉰이 당시에 중국 좌익작가연맹에 가입할 때 생각한 자신의 위치일 것입니다.

이 책이 루쉰에게 미치는 세 번째 영향은 전에 말씀드린 적이 있는데 루쉰이 『광인일기』에서 '진짜 사람'을 언급했지만 이는 상대적으로 추상적인 개념입니다. '진짜 사람'은 국민성을 개조하고 계몽을 한 사람을 말합니다. 여전히 추상적인 말이지만 나중에 그가 계급론을 받아들였기에 추상적인 '진짜 사람'은 '새로운 사람'이 되는 것입니다. 여기서 따옴표는 당시의 단어에서 직접 따온 것이고 '새로운 사람'은 더욱 구체적인 것으로 이해됩니다.

혁명적 수단을 통해서 우리는 새로운 환경과 제도를 만들었고 혁명의 과정에서 새로운 사회가 생성된 후 새로운 사람이 천천히 나타나게 됩니다. 그러므로 계급론을 수용하는 것이 흥미로웠습니다. 루쉰은 계급론에 대한 수용은 마르크스의 원전이나 엥겔스의 원전을 읽어서 나온 것이 아니라 트로츠키에서 온 것입니다.

트로츠키는 당시 구소련에서 지위가 아주 높았습니다. 그는 한때 레닌의 후계자로 여겨졌으나 후에 권력 투쟁에서 패배하였습니다. 다들 그와 스탈린 사이의 역사를 알고 있을 겁니다. 그럼 루쉰의 계급론에 대한 수용이 그에게 많은 도움을 주는 점은 무엇일까요? 바로 그가 더욱 심층적으로 불평등에 대해 이해할 수 있게 한 것입니다. 전에 그는 사회의 불평등에 대해서는 주로 직관적으로 정치상의 독재, 가족제도의 압박 등으로만 이해하였습니다. 계급론은 보다 더 일반적이고 상대적이며 더 추상적인 것으로, 물론 이런 추상적인 것도 구체적인 것이 있습니다. 마르크스주의는 이러한 특성이 있습니다. 구체적인 것과 추상적인 것을 결합하는 방식은 사회과학 이론의 방식으로서 불평등에 대해 더 깊은 해석을 할 수 있습니다.

저는 이것이 루쉰에게 미치는 영향이 매우 크다고 생각합니다. 그래서 평등에 대해 지속적으로 주목하였고 그가 좌익으로 향하는 결정적인 추진 작용을 하였습니다. 이것의 배후에는 실제로 루쉰이 민중에 대한 아주 복잡한 태도가 있습니다. 그는 당시의 젊은이들처럼 좌익으로 향할 때 아주 낙관적으로 우리의 혁명이 성공했고 모든 문제가 해결됐다고 생각하지 않았습니다. 실제로 그는 이런 대중의 힘에 대해서 기대하기도 하고 주저하기도 하였습니다. 루쉰은 의화단 등에 대해 악감정을 가지고 있었습니다. 그는 의화단이 엉망진창이라고 생각했습니다. 그 이유는 의화단이 정신적인 지주가 있는 민중의 자발적인 운동이 아니었기 때문입니다. 그는 의화단을 하나의 파괴적인 운동이고 건설적이지 않는 운동이라고 판단했습니다. 그의 대중의 힘에 대한 기대와 주저는 방금 전에 재차 언급한 루쉰 사상 속의 심층적인 모순, 개인주의와 인도주의, 바꾸어 말하면 톨스토이와 니체가 그에게 끼친 영향에서 온 것이라고 생각합니다. 그중 하나의 충돌은 그가 일찍이 개성을 강조하면서 평등에 대해 관심을 보이는 것에서 오는 것입니다. 이 두 가지는 루쉰의 사상 속에서 시종 균형을 이루지 못했고 효과적인 타협에 이르지 못했습니다. 오늘날 이런 갈등을 중국의 사상계에서 놓고 말하면 재검토할 가치가 있다고 생각합니다. 오늘날 시시각각 많은 일들이 일어나고 있습니다. 이런 일들을 개인주의, 인도주의, 개성과 평등이라는 환경 속에 놓고 좀 더 생각해볼 수 있을 것입니다. 확정된 답이 있는 것이 아니지만 이런 사고의 과정은 아주 중요하다고 생각합니다.

루쉰의 좌련 가입, 그리고 그 후

이제 루쉰이 좌련에 가입한 후 어떤 일들이 벌어졌는지를 살펴보도록 하겠습니다. 루쉰이 좌련에 가입한 것은 좌익의 혁명 진영에 가입한 것으로 아주 흥미로웠습니다. 그는 처음부터 그들에게 호감을 가져서 바로 가입한 것은 아닙니다. 루쉰은 당시에 유명인이었기 때문에 아주 중요한 문화자본이었습니다. 이런 혁명가는 대중들에게도 아주 중요한 문화자본이었을 것입니다. 그러나 초기의 좌익의 작가단체들은 20여 세의 젊은이들이었고 그중에서 일본에서 유학한 경험이 다수 있었습니다. 그들이 조직한 창조사에는 궈모뤄(郭沫若) 등이 있었고, 태양사에는 아잉(阿英) 등이 있었습니다. 처음에 그들은 1928년부터 루쉰을 공격했습니다. 그들이 루쉰을 공격했던 것은, 자신들이 프롤레타리아 문학의 관점을 받아들인 후 루쉰을 몰락한 부르주아 문학의 대표로 간주하였기 때문입니다.

당시 그들에게는 "문학혁명으로부터 혁명문학까지"라는 구호가 있었습니다. 여기서 혁명문학은 선진적이고 진화적인 것이라는 것을 알 수 있습니다. 계급론은 실제로 진화론의 시야 속에 두고 볼 수 있습니다. 계급론도 진화론의 하나입니다. 문학혁명부터 혁명문학까지, 지금 업그레이드된 혁명문학을 제창해야 하므로 예전에 선진적이지만 지금은 몰락한 문학혁명을 타도해야 합니다. 하지만 지금 이미 몰락한 문학혁명의 가장 중요한 대표 인물은 누구일까요? 아무리 찾아도 루쉰밖에 없는 겁니다. 그래서 그들은 당시에 루쉰을 공격하는 글을 엄청나게 써댔습니다. 다들 아시다시피 루쉰의 고집은 아주 셉니다. 비록 젊은이들은 그와 나이 차이가 많지만 그는 그들에게 대응을 해줍니다. 그래서 1927년 말 루쉰은 이미 상하이로 간 뒤인데, 그 상하이의 문단에서 일단의 젊은이들이 중년 작가 루쉰을 집단적으로 공격하는 아주 떠들썩한 현상이 나타났습니다. 당시 좌익의 간행물도 아주 잘 팔렸습니다. 그 이유는 많은 문화계의 인사들도 이 논쟁을 주목하였기 때문입니다. 그러나 1929년 때 당시의 중국 공산당의 조직 내에 이미 여러 개의 버전이 있었습니다. 이를테면 저우언라이(周恩來)가 나와서 간섭을 했다는 소문이 있고 당시 상하이에서 MC 역할을 하는 리리싼(李立三)이 나서서 간섭했다는 소문도 있었습니다. 리리싼은 당시 중국 공산당의 아주 유명한 인사였고 그가 상하이 당 조직 작업의 사회를 맡았습니다. 누구든지 막론하고 그들이 나와서 간섭하고 젊은이들을 찾아서 얘기를 나눴습니다. 그들은 루쉰은 혁명가이기에 루쉰을 공격하지 말라고 하였습니다.

그래서 쌍방이 앉아서 협상을 해서 상대적으로 통일된 혁명 조직을 건립할 것을 결정했습니다. 문화와 관련되기 때문에 작가연맹이라고 하였고 약칭 좌련인 중국 좌익작가연맹을 설립하였습니다. 1930년 3월 2일의 일입니다.

사실 루쉰이 좌련과의 관계가 좋지 않았고 그 젊은이들도 대부분 불만을 가라앉히지 않았으며 그냥 상급의 명령을 받아서 루쉰과 같은 혁명 진영에 있어야 했습니다. 여기서 중요한 중간 조정자 역할을 하는 인물은 취치우바이(瞿秋白), 펑쉐이펑(馮雪峰) 등이 있습니다. 취치우바이는 다들 잘 아시다시피 루쉰과 사이가 좋았습니다. 어느 정도냐 하면 국민당이 그를 잡으려고 할 때 루쉰의 집에서 피난하면서 오랫동안 머물러 있었습니다. 두 사람은 문학적으로 공통적인 취향이 많았습니다. 두 사람의 존재는 루쉰과 좌련의 관계를 유지시켜줬습니다. 그러나 후에 취치우바이와 펑쉐이펑이 잇달아 소비에트 지역으로 떠나자 얼마 안 가서 루쉰과 좌련의 다른 사람과의 갈등이 폭발했습니다. 1936년에 이르러 당시 우리는 공산국제의 구호에 호응하기 위해 "함께 항일"해야 했고 우리 문학부에서도 새로운 구호를 제기해야 했습니다. 당시 좌련의 실제 책임자는 저우양(周揚)인데 신중국이 창건된 후 그는 문화전선의 주요 책임자였고 '국방문학'의 구호를 제기하였는데 루쉰은 동의하지 않았습니다. 루쉰과 후펑(胡風)은 '민족혁명전쟁의 대중 문학'이란 구호를 제기하였습니다. 이래야 국민당에게 사기당하지 않을 것이라고 생각했습니다. 그 이유는 1927년에 청도에서 교훈을 얻었고 우리는 대중과 계급성, 민족성, 특히 계급적인 것을 두드러지게 나타내야 했으므로 '혁명전쟁 대중 문학'이라고 한 것입니다. 그래서 당시 좌익 문단 내부에서 아주 큰 논쟁이 벌어졌는데 논쟁 이후 루쉰의 건강이 많이 안 좋아졌고 후에 1936년 10월에 세상을 떠났습니다.

루쉰은 자신이 좌련에 가입한 경력에 대해 '가로 서기'라고 아주 생동감 있게 비유하였습니다. 루쉰이 중간에 서 있고 그의 왼쪽과 오른쪽에 모두 두 무리의 사람이 있습니다. 왼쪽은 당연히 혁명 진영의 좌익작가연맹의 사람 등을 말하는 것인데 그들도 루쉰을 공격하여서 루쉰은 맞서 대응해야 했습니다. 그럼 오른쪽은 누구일까요? 바로 혁명 진영의 공동의 적, 당시는 주로 국민당 및 국민당이 지지하는 민족주의 문학의 진영들입니다. 그들도 루쉰을 공격했습니다. 그래서 루쉰은 자신이 가로로 서 있는 것인데 왼쪽에도 적이 있고 오른 쪽에도 적이 있는 상황에 처했다고 말하는 것입니다. 이는 일반 대중들이 생각하는 바와 같이, 루쉰은 아주 적극적인 혁명가로서 이미지와 역할을 가졌을 것이라는 것과는 많이 다른 모습이지요.

루쉰 사상의 문제점 : 순환 논법

마지막으로 루쉰 사상의 문제점을 간단히 설명하고자 합니다. 루쉰 사상 속에 순환 논법(circular reasoning)이 있는데 시종 풀리지 않았습니다. 국민성을 개조하는 것과 제도를 개혁하는 것, 둘 사이 관계를 어떻게 처리해야 할까요? 이것은 순환 논법입니다. 이해하시겠는지 모르겠습니다만 사실은 아주 간단합니다. 국민성을 개조하려면 실제로 제도에 일부 변혁이 일어나야 합니다. 제도가 개혁되지 않았으면 핵심적인 것만 주입하는 것은 안 됩니다. 이건 우리 생활에서도 경험할 수 있습니다. 그러나 다른 한편으로는 이 제도가 어떻게 변혁할 수 있을까요? 핵심이 변혁되지 않았다면 제도도 변화하기 어렵기 때문에 일종의 악순환인 것 같습니다. 그러므로 서로 다른 집단, 서로 다른 학문의 사람들이 이 순환 논법을 마주할 때 어떻게 해야 할지는 루쉰도 해결하지 못한 문제입니다.

이런 순환 논법은 그의 작품에서 자주 나타납니다. 『고독자』란 소설에서도 나타난 적이 있습니다. 제가 보기에, 순환 논법을 마주할 때 몇 가지 방법이 있습니다. 가장 믿음성이 있는 것은 현대 정치학의 한 관점인데 인성 혹은 국민성에 얽매이지 말고 이런 제도의 구조, 특히 미시적인 제도의 구축에 더욱 주목을 하는 것입니다. 예를 들면 중국의 개혁개방, 특히 중국이 92년부터 시작한 시장화의 개혁을 시행한 후 중국이 비약적으로 발전하는 것을 볼 수 있습니다. 그렇다면 92년 이전의 중국인의 국민성과 92년 이후의 국민성은 엄청 크게 달라졌나요? 특별히 달라진 것은 없다고 생각합니다. 다만 사람은 배울 줄 아는 동물이기에 이런 거시적이고 미시적인 제도 변화가 일어난 후 사람들은 제도에서 공부해서 하나의 습관을 길렀다는 것이지요. 그래서 저는 이러한 관점은 더욱 중요시할 필요가 있다고 생각합니다. 이는 또한 루쉰의 순환 논법의 문제점을 해결하는 방법 중의 하나입니다.

두 번째는 정치는 필연코 자유로운 인성을 속박하는 족쇄입니다. 서양의 아카데미즘(Academism)이든 좌파의 학술파이든, 그들의 각종 체제에 대한 비판의 이면에는 루쉰의 말처럼 하나의 황금세계를 미리 예상하고 있습니다. 그러나 이런 황금세계는 존재하지 않습니다. 우리는 영원히 족쇄와 자유의 사이에서 중간 상태를 찾아야 할 것입니다.

세 번째는 오늘날 우리는 사회과학이 발달한 시대를 생활하면서 특별하고 급진적이면서 단순한 관점을 믿는 사람이 점점 적어지고 있습니다. 우리는 미시적인 상호작용의 규칙에 더 많은 관심을 가지고 있습니다. 루쉰은 이 문제를 해결하지 못했습니다. 아래에 따옴표를 추가한 것은 모두 루쉰의 말입니다. '동반자', 루쉰은 자신이 동반자로서, 방향을 명확하게 보지는 못하지만 먼저 가면서 본다고 했습니다. '실천'은 우리가 먼저 구체적인 일들을 한 다음 계속 '가는 것'입니다. 마지막으로 그는 "진화의 사슬에서 모든 것은 중간체"라고 했습니다. 루쉰은 자신을 청년의 멘토도 아니고 예언자도 아닌 한 '중간체'로 평가한 것입니다. 그는 사람들에게 많은 문제를 던질 테니 한 세대 또 다음 세대의 사람들이 나아가서 대답하고 문제를 풀어내기를 기대하고 있습니다.

마지막으로 여러분께 쳰리췬(錢理群)의 『마음의 탐구(心靈的探尋)』, 다케우치 요시미(竹內好)의 『근대의 초극(近代的超克)』, 기야마 히데오(木山英雄)의 『문학복구와 문학혁명(文學復古與文學革命)』, 장자오이(張釗貽)의 『루쉰: 중국의 '온화'한 니체(魯迅 : 中國「溫和」的尼采)』 등 몇 권을 추천해드리면서 마치겠습니다.

交流

제4강

새로운 시대에 중국의 대외 개방 이념과 실천

왕잉(王颖)

대외경제무역대학교 국가대외개방연구원 상무부원장

경제사회 발전을 촉진하기 위한 개혁개방

저는 중국 대외경제무역대학의 국가대외 개방연구원(國家對外開放研究院)에 소속으로서, 대외경제무역대학교는 중국에서 경제, 무역 분야를 교육하는 기관으로, 국가대외 개방연구원은 이름에서도 알 수 있듯 학교의 과학연구기관으로서 중국 대외 개방 전략 혹은 정책 관련 연구를 중점적으로 진행하고 있습니다.

아시다시피 한국, 중국 등 각국마다 싱크탱크 기관이 있습니다. 국가대외 개방연구원 역시 교내에 설립된 과학기술 싱크탱크 기관으로서 주로 국가 대외 무역 정책과 정책적 연구를 진행하고 있고 교육 및 정책 연구도 함께 병행하고 있습니다. 오늘 저는 저희 기관의 업무 배경을 토대로, 여러분들과 개혁개방 이후 중국의 대외 개방 실시 전략과 실천, 그리고 중국의 이념을 주제로 이야기를 나눠보도록 하겠습니다. 오늘 말씀드리는 실천 사례들은 신중국 건립 70여 년, 특히 최근 40년 동안에 이룬 객관적인 실천의 성과이며, 저의 주관적인 관점이 아니라는 점을 양해해주십사 부탁드립니다. 오늘 이 시간을 통해서 그 흐름을 함께 살펴보도록 하겠습니다.

전반적으로 현대 문화는 각국의 상호 개방, 교류, 학습을 통해 발전하는 것이며, 각국은 국정에 맞는 발전 단계에 따라 각각 대외 개방 채널과 대외 개방 정책을 실시하여, 이를 통해 자국의 경제사회 발전을 촉진합니다. 이 점은 전 인류와 사회가 공감하는 점이라고 생각합니다. 역사적으로 봤을 때, 개방의 역할은 국가 혹은 하나의 경제체(經濟體)가 번영의 길로 나아가는 데 필수불가결한 요소이며, 국가 발전의 장애 요소를 해결할 수 있는 관건 요소이자 인류 문명을 발전시키는 동력이었습니다. 10년 동안 세계 각국이 대외 개방을 통해 경제 발전을 이룬 사실은 모두가 동의하는 바입니다.

오늘 저는 1) 대외 개방의 개념, 2) 중국 대외 개방 실시에서 적용된 이념 및 이념의 기초, 3) 개혁개방의 성과와 역사적 실천, 4) 현재 직면한 위기와 대응 방안, 5) 오늘날의 기회 그리고 대외 개방의 향후 전망 등 현실적인 중국 상황을 총 5가지 부분으로 나누어서 이야기해 보고자 합니다.

1. 대외 개방의 개념

대외 개방의 의미는 어느 정도 명확하게 나와 있는데, 국가 혹은 지역 등 최소 2개의 경제체가 대외 개방의 주체로서 서로 교류하고, 이를 통해 각자 발전을 도모하는 것을 통상적인 개념으로 생각할 수 있습니다. 그러나 외적으로는 수많은 다양성이 포함되어 있습니다. 먼저 대외 개방의 주체는 거시적, 중시적, 미시적으로 나뉘며, 주체를 이루는 객체 요소를 살펴보면 경제, 정치, 사회, 문화 측면 등 각기 다른 측면에서의 대외 개방이 있습니다.

먼저 대외 개방의 주체에 대해 말하도록 하겠습니다. 거시적 면에서 살펴보면, 지리, 영토 및 주권 등을 기반으로 하는 최소 2개의 경제체가 주체가 되어 그들 사이에서 이루어지는 개방을 말합니다. 예를 들어, 한국과 중국 간 교류 혹은 대외 개방은 각자 영토 주권을 가진 두 나라의 대외 개방이라고 말할 수 있겠습니다. 아시아와 유럽 간의 대외 개방도 두 개 지역

간의 개방이라고 할 수 있습니다.

거시와 미시의 사이인 메조적 각도에서도 살펴볼 필요가 있겠습니다. 하나의 경제체에는 금융, 무역 등 국민경제를 담당하는 유관부처가 존재하고, 이 부처들은 경제체를 구성하는 하나의 기관으로서 역할을 합니다. 농업, 금융, 제조업 유관 부처는 산업 부처라고 할 수 있겠습니다. 그리고 중국에서는 성(省), 시(市), 현(縣) 등 행정 단위에서 실시되는 메조적 측면에서의 대외 개방과 중국 패션산업 대외 개방 및 무역, 은행 금융업의 대외 개방 등이 있습니다.

그리고 미시적 측면에서는 개인 혹은 하나의 기업이 대외 개방을 실시할 수 있습니다. 예를 들어, 중국의 한 기업이 해외 공장 건설 투자를 할 수 있고, 한국의 현대 자동차가 베이징에서 합자 형태로 공장을 건설하고, 삼성과 같은 대기업이 중국과 협력을 진행하는 것처럼 이 모두가 대외 개방 형식으로 진행되는 것입니다. 개인의 경우, 현재 개인이 해외여행을 할 수 있고, 해외 의료 서비스와 종교 서비스를 이용할 수 있는데, 이 역시 미시적 관점에서 보는 개인적 측면에서의 대외 개방이라고 할 수 있습니다. 그렇기 때문에 대외 개방의 주체는 거시, 메조, 미시적 측면에서 봤을 때 서로 분리되어 있지 않고, 상호 교차와 통합이 가능합니다. 두 나라가 자국의 기업, 국민 개인, 혹은 산업을 개방하여 서로 만나고 상호 교차되는 모습을 생각하시면 이해하기가 훨씬 쉬울 겁니다.

저희 연구원에서는 국경 간 경제 개방과 사회 개방 문화 개방을 중점적으로 연구합니다. 정치는 잘 다루지 않는 편인데, 국가의 주권과 관련되어 있고 국가 내부적 요인이 존재하기 때문에 국가의 정치적 개방에 대해서는 어떠한 언급이나 연구를 가급적 진행하고 있지 않습니다. 게다가 정치적 개방의 속도 역시 느립니다. 예를 들어, 세계에서 유럽연합(EU) 통합 추진은 매우 심도 있는 사안으로 유럽연합의 정치 통합 역시 평탄한 길만 걸어온 것은 아닙니다. 우리는 과거에 유럽연합 회원국들이 수많은 헌법 초안을 거부했던 것을 알고 있습니다. 그리고 2016년부터 영국이 브렉시트를 선언하며 2020년 정식으로 유럽연합을 탈퇴했습니다. 그렇기 때문에 정치 통합의 길은 결코 언제나 순조롭거나 자연스러운 사안이 아닙니다.

초국경 경제 개방은 경제 글로벌화, 역내 경제 통합, 무역, 투자, 자유화 등과 같은 개념과 깊은 관련성을 가지고 있는데, 우리가 초국경 경제 개방을 논할 때 해당 분야들이 자주 언급이 됩니다. 사회, 경제, 문화 등의 분야에서의 개방 기회가 많으며 정치 분야는 비교적 적습니다. 아마 이 글을 읽는 모두가 느낄 수 있으리라고 생각합니다. 그래서 저는 여러분들과 개방의 내용과 경제적 측면에서의 이야기를 주로 다루고자 합니다.

2. 중국 대외 개방 실시에서 적용된 이념 및 이념의 기초

대외 개방 정책 연구를 실시함에 있어서 어떤 하나의 이론이 토대가 되고 기초가 되어야 합니다. 사실상 역외 무역의 이론이 대외 개방 이론의 출발점이라고 할 수 있습니다. 과거 국경 간 무역(Cross-Border Trade) 이론은 장기간 화물 무역으로서 유형(有形)의 무역을 주로 다뤘습니다. 그러나 최근 몇 년 동안 주요 경제체들이 서비스 무역을 실시하기 시작했고, 그 비중도 나날이 확대되면서 저 역시 국경을 초월한 해외 서비스 무역을 연구하고 있습니다. 여기서 두 가지 질문을 할 수 있습니다.

첫 번째, 대외 무역의 원인입니다. 우리는 무슨 이유로 국가 간에 위와 같은 형식의 무역을 진행해야 하는 것일까? 두 번째는 서비스 무역을 통한 대외 개방의 결과입니다. 해당 무역이 각국 경제 발전에 어떠한 영향을 미칠까요? 경제 성장 촉진일까요? 아니면 타국의 경제 발전을 제한하는 것일까요? 이와 같은 점을 파악해야만이 비로소 대외 개방이 미치는 긍정적인 영향을 더욱 잘 이해할 수 있습니다.

그러면 우선 무역의 방식으로 대외 개방을 하는 이유부터 알아보도록 하겠습니다. 오늘 이 자리에서 무역의 이론을 모두 다 보여드릴 수가 없어서 제가 몇 가지 중점 이론만을 가지고 설명을 하도록 하겠습니다.

저는 중국 고전 사상과 서양 무역 이론을 여러분께 소개해 드리겠습니다. '회남자-사마천 정리(淮南子 · 司馬遷定理)'가 있습니다. 『회남자(淮南子)』는 중국 서한(西漢) 시대 황족인 회남왕(淮南王) 유안(劉安)과 그의 문객(門客)이 지은 철학 저서입니다. 사마천은 서한 시대의 중요한 사학자이자 문장가로서 『사기(史記)』의 저자입니다. 두 명의 철학 저서에 무역과 관계된 이론이 담겨 있어서 '회남자-사마천 정리(淮南子 · 司馬遷定理)'로 함께 묶었습니다. 중국의 고전사상 부분은 후술하도록 합니다.

그리고 서양의 무역 이론의 기초에서도 중요한 두 사람이 있습니다. 첫 번째 인물은 애덤 스미스(Adam Smith)입니다. 영국의 경제학자, 철학자이자 작가인 그는 자유경제를 대표하는 인물 중 한 명이며, 자유무역, 자유

경제, 노동 분업을 주장했습니다. 그의 저서 『국부론(國富論)』은 매우 유명합니다. 그의 무역사상인 절대우위 이론에 대해 간단히 말해보겠습니다. 두 개의 국가가 각각 두 종류의 재화를 생산하는데, 동일한 재화를 생산함에 있어서 유일하게 다른 점이 바로 생산 비용입니다. 즉, 두 국가가 노동자를 통해 각각 두 가지 재화를 생산하지만 노동 비용이 다르며, 그중 한 국가는 나머지 한 국가가 생산하는 재화와 비교했을 때 절대적인 우세가 있습니다. 즉, 두 종류의 재화에서 한 종류의 재화가 생산 비용 측면에서 절대적인 우위를 가지고 있다는 것입니다. 그렇다면 이를 서로 교환한다는 이론은 두 국가가 각각 보유하고 있는 제품 중 생산 비용이 낮은 재화를 상대방과 교환을 하는 것이며, 이렇게 하면 양국은 무역을 통해 최대의 이익을 얻을 수 있는 것입니다. 이것이 바로 두 국가가 교환을 해야 하는 이유입니다. 교환을 하면서 어떤 재화의 생산 비용이 다른 나라보다 낮을 때, 무역 분업 상 우위를 선점하거나 무역 이익을 얻을 수 있다는 것이 애덤 스미스의 절대우위 이론입니다.

데이비드 리카도(David Ricardo)는 애덤 스미스의 자유주의와 같은 경제사상을 계승했으며, 『국부론』의 영향을 많이 받은 인물입니다. 데이비드 리카도의 대표 저서 『정치경제학과 과세의 원리에 대하여』에는 비교우위 이론이 설명되어 있습니다. 비교우위 이론은 절대우위 이론과 무엇이 다를까요? 두 나라는 두 종류의 재화를 생산하고 있고 한 국가에서 두 종류의 재화가 절대적 우세를 차지하고 있습니다. 즉, 한 국가에서 두 재화의 노동생산성이 상대국보다 더욱 높아지는 상황이 생기기도 합니다. 이러한 상황에서 두 국가가 계속해서 교환하며 무역을 실시해야 할까요? 한 국가는 두 종류의 재화의 생산성이 모두 높고, 나머지 한 국가는 그렇지 못하니 말입니다. 그렇다면 어떠한 방식으로 계속 무역을 실시할 수 있을까요? 바로 한 국가가 자국의 우수성을 최대화한 재화를 가지고 상대국과 교환을 하거나, 상대 국가의 경쟁력이 비교적 떨어지는 있는 제품의 '생산 노동량'으로 교환한다면 양국은 계속해서 무역 이익을 얻을 수 있으며, 무역을 통해 자국의 국제적 업무 배분과 경제 성장을 이끌어 나갈 수 있습니다.

다시 말해 여기에 세 가지 이론이 존재하는데, 구체적으로 이야기하면 '회남자-사마천 정리(淮南子 · 司馬遷定理)'의 이소유역소무(以所有易所無), 이소공역소졸(以所工易所拙), 이소다역소선(以所多易所鲜)으로 "가진 물자를 이용해 없는 물자와 바꾸고, 재주와 부족한 점을 융통하고, 풍부한 물자를 부족한 물자와 바꿔야 한다."라는 의미로 해석할 수 있습니다.

이 세 개의 문장을 통해서 교환 혹은 무역을 통한 경제 성장의 의미를 명확하게 이해할 수 있으며 이것은 매우 평범한 경제 원리입니다. 애덤 스미스의 '절대우위로 재화를 교환하는 방식'은 중국에서 말하는 '이소공역소졸(以所工易所拙)'과 같습니다. 이러한 방식으로 교환 무역을 통해 수익을 얻고 자국에 이익을 가져다줄 수 있다는 것이 애덤 스미스의 주장이었습니다. 데이비드 리카도의 사상 역시 '양이상권취기중, 양폐상권취기경(兩利相權取其重, 兩弊相權取其輕)'이라 할 수 있는데, 다시 말해 "양국이 모두 우수한 재화를 가지고 있다면, 가장 경쟁력 있는 재화와 교환하고, 양국 모두 경쟁력이 떨어지는 재화를 가지고 있다면 덜 취약한 재화로 맞바꿔야 한다. 그렇게 하면, 모든 국가는 무역에서 이익을 얻을 수 있다."라는 의미입니다. 위와 같은 내용들이 역외 무역과 시장 개방의 이유 등을 포함한 대외 개방의 필요성을 설명해주고 있습니다.

앞서 말씀드린 바와 같이, 국가의 경제 발전에서 미치는 대외 개방의 역할을 생각해야 합니다. 중국의 대외 개방에 대하여 이야기하자면, 1949년 중화인민공화국 건립에서부터 70여 년이 지난 오늘날, 중국의 대외 개방과 국내 경제 발전은 매우 긴밀한 관련이 있으며 70여 년 동안 중국 경제 발전에 중요한 추진 역할을 했습니다.

중국 대외 개방 70여 년

70년을 단순하게 나눠보자면, 전반 30년과 후반 40년으로 나눌 수 있습니다. 전반 30년은 1949년부터 1978년까지로 초기에는 러시아로부터 중대한 사업들을 들여오고 그들의 기술을 들여왔습니다. 그 이후, 러시아의 기술 교류 봉쇄로 독일과 일본으로 초점을 돌려 관련 기술을 들여왔습니다. 30년 동안(1949-1978) 부분은 해당 국가들과의 개방을 통해 선진 기술과 설비를 들여와 국가 산업화 기초를 다졌습니다.

신(新)중국 건국 이후 중국은 고도화된 산업 기반이 없었기에 30년 동안의 개방 목적은 산업화 토대를 마련해 현대화 건설을 추진하는 것이었습니다. 그런 다음 1978년 이후부터 중국은 대외 개방 정책을 국가적 정책으로 지정하여, 중국 현대화 건설 추진뿐만 아니라 중국 전역에서 전면적이고 중요한 역할을 하게 되었습니다. 중국은 국내외 자원과 국내외 시장을 활용하여 산업 고도화, 경제 성장 등 기술 발전을 최근 40년 동안 이뤄왔습니다. 중국 대외 개방 정책은 중국 국내 국민들에게 있어서 사상 해방의 과정이었으며, 중국 시스템과 메커니즘 혁신의 과정이었습니다. 그렇기 때문에 중국 발전에서 개혁개방은 필수불가결한 요소로 자리 잡았습니다. 후반 40년 동안의 중점 내용들을 말씀드리자면, 1978년부터 중국 공산당은 집권당으로서 11기 중앙위원회 3차 전체회의(이하 '11기 3중 전회')에서 중국 건설의 초점을 경제 건설로 맞추면서 전 30년 동안의 반(半) 봉쇄 정책은 마무리가 되었습니다. 실제로는 건립 시기부터 1978년까지 반 봉쇄 상태였는데, 이는 중국이 원했던 것은 아니었습니다. 중국은 대외 개방의 필요성은 느끼고 있었지만 당시 국제 상황에 의해서 봉쇄할 수밖에 없었기 때문에 반 봉쇄 상태가 된 것입니다. 그 후, 중국은 11기 3중 전회에서 경제 건설 중심이라는 목표를 확립하고 개방과 발전의 길로 차츰차츰 나아갔습니다. 중국 개혁개방의 선구자 덩샤오핑(鄧小平)을 알고 계실 겁니다.

중국 개혁개방의 설계자라고도 불리는 그는 "중국뿐만 아니라 어떠한 국가에도 문을 걸어 잠가놓거나 고립된 상태로 국가를 건설해선 안 되며, 국제 교류를 강화하지 않고 다른 국가의 선진적인 경험과 과학기술을 받아들이지 않으면 안 된다."라며 대외 개방의 중요한 의미를 설명했습니다. 그렇기 때문에 1978년 1월부터 1979년 2월까지 덩샤오핑은 일본, 말레이시아, 태국, 싱가포르 등 수많은 아시아 국가와 미국을 수차례 방문하며 중국의 개혁개방 실행에 필요한 사상의 토대를 마련했습니다. 실제로도 그는 세계 각국과의 관계에서의 명확한 포지션을 확립하여 중국이 대외 개방과 국가 분업과 같은 전략을 실시할 수 있도록 했습니다.

한 가지 에피소드를 말하자면, 그가 일본을 방문했을 당시 일본 신간선 철도 승차의 소감을 묻는 기자의 질문에 "정말 빠르다."라고 대답했습니다. 신간선의 속도는 실제로도 아주 빨랐는데, 당시 중국은 지금처럼 초고속을 자랑하는 철도도 없었습니다. 신간선에 오른 그가 "빠르다."라고 말한 세 글자 속에는 개혁개방에 대한 결심 혹은 절박한 심정이 담겨 있었습니다. 그 이후에 그는 해외 출국을 하지 않았으며, 1997년 세상을 떠나게 됩니다. 덩샤오핑은 해당 1년의 기간 동안 수많은 장소들을 면밀히 연구하며 개혁개방 사상을 확립했습니다. 해당 기간 동안 중국의 고위급 인사들이 해외 선진 실천 사례와 건설 상황을 파악하기 위해 해외로 출국하는 경우가 매우 많았습니다.

중국이 최초로 대외 개방 정책을 언급한 시기는 1980년, 덩샤오핑이 해외 인사와 접견하며 다른 국가에게 중국의 대외 경제 정책을 발표한 일이 시작점이 되었습니다. 그리고 1982년 중국 공산당 제12차 전국인민대표대회에서 대외 개방을 중국 기본 국책으로 제정했고, 이와 같은 대외 개방이 현재까지 중국 국가 전략으로 실시되고 있는 것입니다. 덩샤오핑의 대외개방 사상은 크게 자원과 시장 즉, 국내 자원과 해외 자원, 국내 시장과 해외 시장으로 나눌 수 있습니다. 해외 시장을 통해 중국의 재화를 대량으로 수출시키는 방법도 포함이 됩니다. 해외 자원은 선진국의 자본을 중국으로 유입시켜 해외 자원을 활용할 수 있게 하기도 합니다. 개혁개방 추진 과정에서 중국은 국내외 자본과 국내외 시장을 활용했습니다.

덩샤오핑의 개혁개방 추진 노선을 한번 살펴보겠습니다. 첫 번째 방법은 경제 특구 건설입니다. 1979년 중국은 동남 연해의 도시 선전(深圳), 산터우(汕頭), 주하이(珠海), 샤먼(廈門)에서 일부 지역을 경제특구(經濟特區) 혹은 시범단지로 건설했습니다. 선전(深圳)은 홍콩과 이어져 있고, 주하이(珠海)는 마카오와 지리적으로 가까운 특징이 있었는데, 그 당시에는 홍콩과 마카오는 중국에 반환되는 시기가 아니었으나, 지리적 강점으로 인해 경제특구로 지정했고, 정책과 세수 혜택을 제공하여 외자가 투입된 중국 현지 공장 건설이 가능해졌습니다. 1970년대 말 작고 오래된 바닷가 어촌이었던 선전(深圳)은 경제특구 개발 이후 완전히 새롭게 거듭나는 계기가 되었습니다. 기회가 된다면 선전(深圳)에서 그 모습을 느껴 보시기를 추천드립니다.

1979년부터 중국은 경제특구를 제정하여, 이곳에서 공장을 짓고, 대외개방 시범단지를 조성했습니다. 경제특구 조성 이후, 강가를 따라 각 성급 도시들이 내륙지역을 개방한 것이 개방의 노선이었습니다. 그리고 개방 과정에서 외자를 활용하여 대외 무역을 발전시키고, 투자협력을 추진했습니다. 이러한 것들이 대외 개방의 사상입니다. 덩샤오핑은 혜안이 있는 분이셨는데 대외 개방의 길에서 중국의 자주성을 계속해서 확립해야 한다고 말한 바 있습니다. 자주독립이란 중국이 외부의 힘만을 의지하는 것이 아니며, 내부적으로도 역량을 강화하여 발전을 이루는 힘입니다. 이것은 국가안보 차원에서 살펴보면 개혁개방의 단계는 덩샤오핑의 시대라고 할 수 있고, 2012년은 시진핑 주석의 시대 혹은 신시대가 펼쳐진 것으로 볼 수 있겠습니다.

시진핑 시대 혹은 신시대로 접어들었던 2012년은 제18차 인민대표대회에서 시진핑 주석이 새로운 지도자로 결정이 되었을 때입니다. 이 시기에는 세계 경제 역시 재조정 기간이었고, 글로벌 환경 역시 큰 변화가 일어나고 있었습니다. 이러한 배경 속에서 중국은 수준 높은 대외 개방의 필요성을 언급하였고, 중국 내부 개혁도 한층 더 심화되어 스스로의 개방을 통해 세계와의 소통을 강화하자는 움직임이 일어났습니다. 2015년에는 중국의 5대 발전이념인 창신(創新)·조화(協調)·친환경(綠色)·개방(開放)·공유(共享)가 확립되었는데, 발전 이념에서 '발전'이 바로 개방 발전을 의미합니다.

시진핑 주석의 경제 사상에서 신시대 개방 발전 이념은 대외 개방의 기반이 되는 국가정책이라고 할 수 있으며, 국내외 환경에서 국내외 시장과 자본을 활용하여 대외 개방의 수준을 한층 더 높인다는 의미입니다. 글로벌 경제 거버넌스(governance)에 적극적으로 참여해야 한다는 내용을 담고 있습니다. 시진핑 주석이 수많은 국제회의에 참석하여 "중국 개방의 문은 닫히지 않을 것이며 점점 더 커질 것이다."라고 강조했던 이유는 중국이 계속해서 대외 개방을 추진하고 대외 개방에 대한 중국의 결심을 보여준 것입니다. 그렇기 때문에 해당 시기는 2017년 중국 공산당 제19차 전국대표대회와 함께 사회주의 건설이 새로운 시대로 접어들었음을 의미합니다. 오늘날 중국 국내에서 '신시대의 대외 개방'이라는 단어가 자주 등장하는데, 모두 위와 같은 측면에서 언급한 말입니다. 그렇다면, 중국의 기본 국가정책, 역사적 실천 등이 포함된 약 40년간의 대외 개방은 지속적인 탐구를 통해 더욱 심도 깊어지며, 계속해서 재조정되어왔습니다. 그래서 모든 시기의 발전 단계가 서로 같은 맥락으로 이어지는 것입니다.

중국의 경우, 5년을 주기로 향후 5년에 대한 계획을 세우거나 단기, 중장기 전략 계획을 제정하는데, 각 5년 주기 계획에 포함된 대외 개방의 의미도 변화했습니다. 1978년에서 2021년까지 중국 개방 전략은 단순 혹은 수동적 교류에서 주동적으로 경제 글로벌화를 추진하는 형식의 중국 대외 개방으로 나아갔습니다. 시진핑 주석 역시 덩샤오핑의 대외 개방 사상을 확장하여 '대외 개방'에서 '개방 발전'으로 그 이념을 심화시켰습니다. 사실 이 '발전'이라는 두 글자 속에 대외 개방 정책이 더욱 주동적이며 심도도 더욱 깊어져야 한다는 의미를 내포하고 있다는 말씀을 드리면서, 중국의 대외 개방 이론의 기초와 최근 몇 년간의 이념을 위와 같이 정리해 봤습니다.

3. 개혁개방의 성과와 역사적 실천

이제 세 번째 부분으로 넘어가서 40년 동안의 실천 경험과 역사적 성과를 정리해 볼 수 있겠습니다. 중국은 개혁개방을 실시한 40년 사이에 2001년 세계무역기구(WTO)에 가입했으며, 글로벌 분업 체계를 파악하여 개도국들에게 발전의 기회를 마련하고, 개방형 경제 발전을 실현시켰습니다. 경제적으로 설명하자면, 무역 규모가 작은 국가가 진정한 개방형 경제체로 거듭난 것입니다. 이와 동시에 기존의 경제, 무역 고속 발전을 고품질 발전으로 전환하여 조방형 발전에서 고품질, 집약적 발전으로 도약했습니다. 저는 중국의 성과를 다음과 같이 몇 가지로 정리하고자 합니다.

첫 번째 성과는 개방형 경제 지표에서 나타난 중국의 성과인데, 대외 무역 발전 속도가 상당히 빠릅니다. 40년 동안 무역 성장의 평균 성장률은 14.5%에 달했습니다. 같은 기간 중국 경제 성장률은 9.6%로 무역 성장 평균 성장률이 경제 성장 속도를 추월한 것입니다. 당시 세계 평균 성장률은 2.9%였습니다. 그렇기 때문에 중국이 경제, 무역 분야에서 세계 경제 성장을 이끌며, 세계 경제에 큰 기여를 했다고 할 수 있습니다. 그리고 2018년 중국의 수출입 총액이 5조 4천억 달러에 달하며 세계 최대 무역국이 되었습니다.

2017년 화물무역 분야에서 중국이 수출입 규모 세계 1위를 차지했는데, 최근 몇 년간 중국의 서비스 무역 역시 빠른 성장을 이루고 있습니다. 그리고 2018년 무역 의존도가 34%를 넘었지요. 무역의존도란 전체 수출입 총액을 국내총생산(GDP)으로 나눈 수치로 '34%'는 중국 대외 무역이 국가 경제 성장에 대한 기여도가 비교적 크다는 것을 의미하여 경제 성장과 대외 무역 관계가 밀접하다는 뜻이기도 합니다. 중국은 현재 평균 국민소득을 포함하여 중등 수입국가 수준으로 다가가고 있으며, 외환비축 규모는 2009년부터 현재 세계 1위입니다. 2010년 중국은 미국의 뒤를 이어 G2 국가가 되었고, 같은 해에 제조업 규모도 미국을 뛰어넘어 세계 최대 제조업 국가가 되었습니다. 2017년 세계에서 두 번째로 큰 외자유치국가 경제체가 되었고, 2018년에는 대외투자 세계 2위, 투자 규모는 세계 3위를 차지했습니다. 이러한 개방형 경제 지표에서 나타내고 있는 수치는 경제 수준이 뒤처졌었던 작은 국가가 거대한 경제체로 거듭남을 의미합니다. 특히, 2020

년 COVID-19와 같은 심각한 상황 속에서 중국은 유일하게 경제 성장을 이뤄낸 국가입니다.

두 번째 성과는 중대 개혁 실시 방안 수립입니다. 간단하게 '세계로부터 받아들이고(引進來) 세계로 뻗어 나간다(走出去)'는 국가 전략입니다. 먼저 인진라이(引進來, 국가 차원의 외자유치사업)을 설명하자면, 현재 중국 국내 일부 시범 구역에서는 '자유무역구(Free Trade Area)'를 조성하고 있습니다. '자유무역 시범구'라고도 불리는 해당 지역은 2013년부터 상하이 지역에 우선적으로 조성되었고, 중국 상하이 자유무역 시범구에는 '외국인 투자 유치 특별 관리 조치(外商投資准入特別管理措施)' 규정이 마련되어 네거티브리스트가 제정되었습니다. 과거의 중국은 대외 개방 과정에서 산업 분야를 가리지 않고, 모든 투자를 받을 수 있는 구조였기 때문에 당시에는 개방 분야를 셀 수 있었습니다. 그러나 대외 개방의 규모와 범위가 점점 더 커지면서 대외 개방 분야를 직접적으로 세는 것이 불가능해졌기 때문에 중국은 반대로 네거티브리스트를 규정하여 중국 진출이 불가한 분야를 선정했습니다. 이것이 바로 네거티브리스트입니다.

2013년에 중국 자유무역시험지구가 상하이(上海)에 설립되었고, 이때 네거티브리스트도 상하이 지역을 대상으로 규정되었습니다. 2016년에는 광둥(廣東), 톈진(天津), 푸젠(福建) 지역에 자유무역구가 설립되었으며, 2016년 저장(浙江), 랴오닝(遼寧), 허난(河南) 등 남동 연해지역에서 내륙 방향으로 추진되는 7개 지역의 자유무역구와 2018년 하이난성(海南省)을 자유무역구로 조성했습니다. 2019년에는 상하이 자유무역구 범위를 더욱 확장하고 6개 자유무역 시범구를 새롭게 조성했습니다. 2020년 하이난(海南)의 자유무역구를 토대로 하이난(海南) 전체 지역을 자유무역도(島)로 제정했습니다. 같은 해에 3개 성(省市)에 자유무역구를 새롭게 조성했으며, 그 중 베이징 역시 자유무역구로 선정되었습니다. 자유무역구는 동부와 연해 지역에 집중적으로 분포되어 있고, 서부와 중서부 방향으로 확대하고 있는 모습입니다. 2013년부터 2020년까지 21개성이 자유무역구를 조성했고, 그 면적은 4만km²입니다. 자유무역구란 중국 국경 내에 위치해 있지만 경내관외(境內關外, 중국 국내에 소재하고 있으나, 관외로 취급되어 국내 모든 세금은 면제)인 세관 특수 감독 관리구역으로 특수한 정책이 포함된 구역입니다. 해당 지역의 목표는 자유무역구 내에 다양한 우대 정책을 실시하여 무역과 투자 편리화와 같은 다기능 경제 특구를 조성하는 것입니다. 이는 현재 선전(深圳)과 샤먼(廈門) 지역에 있는 경제특구의 형태와 가깝습니다. 최근 몇 년 동안은 다른 자유무역구에서도 해당 지역에서 운용하는 우대 정책을 벤치마킹하여 활용하고 있습니다. 이와 같은 모습들이 자유무역구 설립 취지이며, 조금 전 말씀드린 자유무역구의 네거티브리스트가 하나의 예시입니다.

그리고 네거티브리스트를 규정할 때마다 그 범위는 계속해서 축소되고 있습니다. 수년간의 네거티브리스트를 확인한 결과, 현재 금지하거나 제한된 외자투자 분야는 기존 40개 항목에서 33개 항목으로 줄어든 것을 알 수 있었습니다. 즉, 대외 개방의 규모 확대로 네거티브리스트 항목의 범위와 수는 계속 줄어들고 있습니다. 이것이 자유무역구의 역할이며 '인진라이'

측면에서 살펴본 내용입니다.

그렇다면 이제 '저우추취(走出去, 중국 문화 콘텐츠나 상품을 해외로 진출하는 국가 차원의 사업)' 측면에서 이야기를 해보겠습니다. 중국에는 일대일로(一帶一路, 육상 · 해상 실크로드) 전략이 있습니다. 2013년 시진핑 주석이 카자흐스탄을 방문했을 당시 언급한 일대일로 구상은 중국에서 중앙아시아, 그리고 유럽까지 하나의 길로 잇는 육상 실크로드였습니다. 그리고 2015년 중국은 해상 실크로드의 청사진과 도입이 언급되었으며, 이때 육상과 해상 두 가지 방향으로 뻗어 나가는 일대일로 전략이 확정되어, 일대일로 연선 국가들과의 논의가 활발해졌습니다. 2013년부터 2020년 11월까지의 통계에 따르면, 중국은 169개 국가와 201건의 공동협력을 체결한 것으로 나타났습니다.

일대일로 전략의 핵심으로 오통(五通)이 제시되었는데, 다섯 가지 통(通)에는 중국이 다른 국가와 서로 소통하고 상의하여 경제 정책을 마련한다는 '정책 소통'과 무역 편리화를 실시하는 '무역 창통', 그리고 '자금 융통'과 '인프라 연통', '민심 상통' 등이 있습니다. 이와 같은 배경에서 중국은 무역 원활화와 교통 편리화 실현을 위해 중국–유럽 간 국제화물열차(中歐班列)를 운행했습니다. 올해 6월부터 시작해서 4만 회 이상 운행을 실시했으며, 화물 가치는 2000억 달러로 집계되었습니다. 이 열차는 유럽의 22개 국가의 100여 개 도시와 상호 연계되어 있어 무역 원활화에 있어서 큰 역할을 하고 있습니다.

'기업환경(營商環境)' 평가는 해외 경제체의 중국 내 투자, 중국 진입 허가, 운영 등을 유도하거나 해당 기업이 시장에서 철수하는 과정에서 맞닥뜨리는 정무(政務), 인문, 법규, 시장 환경 등의 종합적인 지표를 말합니다. 2019년 세계은행이 발표한 기업환경 평가에서 중국은 31위를 차지했으며, 기업환경 개선은 더욱더 많은 투자자를 유치할 수 있는 기회가 되었습니다. 이렇듯 대외 개방의 주요 성과는 크게 두 가지로 나눌 수 있으며, 첫째는 개방의 지표, 두 번째는 중국과 유럽 간 국제화물열차 운행 등과 같은 주요 실천 사례입니다. 세계은행은 글로벌화 과정에서 많은 이익을 거둔 국가가 중국이라고 말한 바 있으며, 중국 역시 이를 잘 알고 있습니다.

중국은 세계 발전의 큰 동력이 되기도 했습니다. 그러나 아직까지 중국의 개방 수준이 최대치라고 할 수는 없습니다. 200여 개 경제체 중 싱가포르 등 국가가 개방 규모가 최대 수준입니다. 중국의 개방 범위는 다른 개도국들보다 더 크지는 않으나 중국의 개방 범위를 더욱 확장하고 있는 추세입니다. 그렇다면 중국의 개방 수준이 다른 국가보다 더 높지 않았는데, 더 많은 성과를 얻은 이유는 무엇일까요? 바로 중국은 개방과 동시에 개혁을 함께 이루어 낸 개혁개방을 실현했기 때문입니다. 모든 개혁에서 개방을 함께 추진했습니다. "개방이 아니면 죽음뿐이다."라고 말한 덩샤오핑의 말처럼 중국은 계속해서 개방을 해야 하며, 이것이 바로 중국 개혁개방 40주년을 통해 얻은 최고의 실천 경험입니다.

중국 개혁의 여섯 가지 측면

그리고 이러한 중국 개혁은 크게 6가지 측면으로 이야기를 해 볼 수 있겠습니다. 첫 번째는 중국은 체제 개혁 추진으로 대외 개방을 촉진시켰는데, 개혁개방 초기의 대외 무역 체제는 중앙 집권식으로 중국의 해외 무역 경영의 권한을 국가가 통솔했으며, 기업은 해외 무역의 경영의 자율성이 없었습니다. 중국은 계획경제이자 지도적(Guidance) 경제 방식을 택했으며 해외 무역 경영도 정부가 관리했습니다. 그러나 1994년 「대외 무역 체제 개혁 심화 관련 국무원 결정(國務院關於進一步深化對外貿易體制改革的決定)」 발표 후, 점차적으로 해외 무역 경영권에 대한 정부의 역할이 축소되었고, 수출입 세금 환급 제도가 개선되었습니다. 기업의 경영 권한이 확대된 후 정부는 심사, 허가만 담당하게 되면서 기업의 자율성이 확대되었습니다. 그뿐만 아니라 2001년 세계무역기구(WTO)에 가입한 중국은 중국 국내 정책을 대대적으로 수정해야 했고, 30여만 개의 홍두 문건(紅頭文件, 문서 머리말이 붉은색으로 된 중국 공산당의 공식 문서)을 포함하여 2,300여 개 법률을 개정했습니다. 이렇듯 대규모로 개혁이 실시되었고 이에 따라 폐기되거나 수정된 문서들은 수없이 많았습니다.

두 번째는 해외 선진 기술 관리 유입 분야에서의 이념입니다. 해외 자본이 중국으로 유입되면서, 외자 투자에서 중요한 선진적인 기술 관리가 필요했기 때문에, 기술과 인력 자원도 함께 들어오게 되었습니다. 이와 동시에 우수한 관리 인력이 중국에서 업무를 보기 때문에 이 과정에서 로컬 기업도 해외 선진 사례를 학습할 수 있었고, 본토 인재들을 지속 육성하여 해외 인재와 경쟁할 수 있는 수준까지 끌어올리게 된 것입니다.

세 번째 실천 경험은 점진적인 개방 실시입니다. 넓은 국토를 자랑하는 중국은 한 번에 전면적인 개방을 할 수 없었기에 일부 도시와 지정된 산업, 선정된 지역에서 우선적으로 개방을 실시했습니다. 중국에도 "돌을 더듬어 가며 강을 건너야 한다.(摸著石頭過河)"는 옛말이 있습니다. 이처럼 중국은 점진적인 방식으로 개방을 실시했고, 일부 지점에서부터 개방을 시작하여 그 지점을 하나의 선으로 연결하고, 또 그 선들을 연결하여 큰 범위로 만들어 나가는 시범 과정을 거치면서 경험을 쌓아오고 있습니다.

네 번째 실천 경험은 역내 경제 무역과 금융 분야에서 실시하는 적극적인 협력입니다.

중국은 중국-아세안 자유무역지대(CAFTA) 체결과 더불어 일대일로(육상 · 해상 실크로드) 이니셔티브 구축 및 이에 따른 아시아 인프라 투자은행(AIIB) 출범에 앞장서며 아시아 경제체의 자금 융통을 위해 힘썼습니다. 작년 말 아세안 자유무역지대를 토대로 중국, 한국, 일본 그리고 호주와 뉴질랜드 등 15개 국가가 역내포괄적경제동반자협정(RCEP)을 체결했습니다. 역내포괄적경제동반자협정(RCEP)은 사실상 역내 경제 통합 기구이며, 현재 세계 인구와 세계 무역 규모에서 각 30%를 차지하고 있는 무한한 잠재력을 가진 역내 국제기구로서 중국 역시 적극적으로 동참하고 있습니다.

다섯 번째는 중국의 금융 분야 개혁 추진입니다. 이는 위안화의 국제화 이슈도 함께 포함이 되어 있는데, 현재 경상계정에 한해 위안화의 태환(Convertible)을 허용하고, IMF와 통화 스와프 체결도 진행했습니다. 환율 개혁 등 위안화의 국제적 위상 강화와 지속적인 개혁 실시가 중국의 향후 목표입니다.

여섯 번째는 글로벌 거버넌스 개선입니다. 중국은 개혁개방 40년 동안 국제통화기금(IMF)과 세계은행에 가입했습니다. 2001년에는 세계무역기구(WTO)에 가입했고, G20 회의에도 적극적으로 참여했습니다. 그 과정에서 중국은 수많은 국제기구가 가지고 있는 규칙과 관련된 문제들을 언급했는데, 중점 내용은 국제규칙에서 비중성(非中性)이 존재한다는 것입니다. 비중성의 특징은 같은 규칙이라도 국가에 따라 해석이 다를 수 있으며 어떤 국가에는 이익이 되고, 또 다른 국가에는 이익이 없거나 불공평해지는 것입니다. 상황에 따라서는 이러한 규칙으로 인해 국가의 어떠한 분야에서 승패가 나뉠 수도 있습니다. 그렇기 때문에, 중국은 향후 개혁 과정에 있어서 국제통화기금 혹은 국제기구의 규칙이 중성(中性)적으로 발전할 수 있도록 유도하여, 특정 국가만을 위한 혜택이 아닌 대부분 국가에 이익이 돌아갈 수 있는 발전 방향을 지속적으로 제시할 것입니다.

중국은 5가지의 큰 변화를 겪었다고 할 수 있습니다. 1) 선진국과 개발도상국 양측 모두를 개방 대상국으로 포함한 점과 2) 개방 분야 측면에서 제조업뿐만 아니라 서비스업도 개방한 변화를 가지고 있고, 3) 중국 연해지역에서부터 시작하여 국내 전반적 지역으로 대외 개방을 실시한 점이 있습니다. 4) 일방적 개방에서 쌍방 공동 개방으로 변화한 점이 있지요. 그리고 마지막으로 5) 과거 중국이 자본과 해외 기술 관리 경험을 계속해서 받아들이기만 했던 국가였다면, 현재는 중국이 희망한 바와 같이 글로벌화의 흐름에서 국제적 가치를 이끌어 나가는 개방 형태를 띠고 있는 점입니다.

4. 현재 직면한 위기와 대응 방안

그렇다면 이제 중국이 직면한 위기와 기회에 대해 이야기해 보도록 하겠습니다. 최근 몇 년 동안 세계에는 수많은 중대한 사건들이 발생했고 정세 역시 크게 바뀌었습니다. 시진핑 주석의 말처럼 "백 년 만에 나타난 변화"와 마주하고 있습니다. 그러면 이 변화들은 무엇일까요? 한번 살펴보도록 하겠습니다.

먼저 새로운 기술의 혁명입니다. 중국은 혁신적이고 파격적인 역량으로 매 순간의 기술 혁신을 이루었습니다. 역사적으로 산업혁명 250년 동안 영국, 미국 그리고 독일은 산업혁명에서의 기회를 잡았고, 일본 역시 이때 전자 분야에서 혁신을 이루면서 자국의 경제를 계속해서 성장시키고 있었습니다. 중국 역시 현재 인터넷, 5G, 빅데이터, 클라우드 등 차세대 기술 혁명을 이루며 국가 산업 구조의 조정으로 새로운 기술 혁신을 일으키고 있습니다.

이와 동시에 세계 경제 구도의 대규모 재조정과 변화의 바람이 끊임없이 불고 있습니다. 특히 중국 중심의 신형 국가가 점점 더 세계 무대 중앙으로 이동하며 국가 간 관계 역시 변화하고 있습니다. 이에 따라 2017년부터 미국은 중국을 미국의 전략 경쟁 상대로 지정한 대중(對中) 정책을 펼쳤습니다. 그래서 2017년 이후, 중미 양국의 무역 갈등이 생기고, 양국 관계는 세계 경제 구도에도 막대한 영향을 미쳤습니다. 글로벌 경제 거버넌스에도 변화가 나타나기 시작했습니다. 글로벌 경제 거버넌스는 이념과 규칙, 국가기구로 나뉘져 있다고 생각하시면 되는데, 자유 무역 주의를 이념으로 여기고, 세계은행, 국제통화기금, 세계무역기구 등 국제적으로 중요한 국제기구가 있으며 이와 관련된 규칙이 있지요. 세계무역기구는 아주 중요한 기구로서, 국제 협상에서 중요한 역할을 하는데 최근 해당 기구에서도 변화가 일어나고 있습니다. 100여 개의 회원국으로 이루어진 세계무역기구에서 협상을 진행할 때 모두 같은 규칙을 적용하게 되어 있는데, 사실 160여 개 국가가 같은 원칙으로 협상을 진행한다는 것을 정말로 어려운 일입니다. 협의하기도 쉽지 않고, 협상의 효율도 현저히 낮습니다. 낮은 효율 때문에 세계무역기구의 도하 협상에서도 현재까지 결론이 나지 않고 있는 상황입니다. 협상의 역할은 반드시 개혁이 되어야 합니다. 이와 동시에 분쟁 중재 시스템에서 대법관의 부재로 위기에 직면하고 있습니다. 세계무역기구의 혁신 방향은 세계 경제 거버넌스의 다음 방향과도 직결되어 있습니다. 현재 모두가 세계무역기구의 혁신을 주목하여 중국, 유럽, 미국 등 국가가 세계무역기구의 혁신 방안에 대해 의견을 제시하고 있지만 그 방법에 대해서는 합의가 필요하며, 단순히 어떠한 한 국가의 사상과 이념으로 개혁을 추진하기보다는 모두의 지혜를 함께 모아 세계무역기구의 개혁을 위해 토론을 해야 합니다. 이와 같은 문제점들이 우리가 새롭게 맞닥뜨린 위기입니다. 이러한 위기는 현재 글로벌화가 위기에 봉착했음을 말해주는 것이며, 이러한 글로벌 경제의 변화에 대해 새로운 기회를 찾아나서야 합니다. 과거의 기회를 놓쳤을 수 있으나, 우리는 계속해서 미래의 새로운 기회를 지속적으로 모색해야 합니다.

5. 오늘날의 기회 그리고 대외 개방의 향후 전망

향후 새로운 기회는 크게 몇 가지로 나눠볼 수 있습니다. 첫 번째 기회는 먼저 신기술 혁명입니다. 중국 역시 정보 혁신과 신기술, 새로운 산업과 혁신 제품 등 신기술 혁신을 통해 국가 고도화와 같은 전략적 기회를 맞이하고 있습니다. 예를 들어, 디지털 경제는 인류 생활에 크나큰 변화를 가져왔고, 전통 산업을 한층 더 발전시킬 수 있었습니다. 그렇기 때문에 디지털 경제와 같은 거대한 기회를 포착하고 활용하여 고품질 발전을 실현시켜야 합니다. 해외 자본과 기업들을 유치시키는 동시에 인재와 기술, 서비스도 함께 받아들여야 합니다.

두 번째 기회는 인력의 유동 측면에서 살펴볼 수 있습니다. 현재 수많은 유학생들이 해외로 나가 공부를 하고 있는데, 2004년 통계에 따르면 해외로 나갔다가 다시 중국으로 돌아온 유학생 수는 2만여 명으로 집계되었습니다. 그러나 2018년에 이르러서 그 수치는 25배 증가한 50만 명에 달했습니다. 즉, 중국의 경제 발전을 통해 해외 인재를 유치하고 이들을 중국으로 집결시킨 것입니다. 저희 학교에도 한국 유학생들이 굉장히 많습니다. 이 학생들도 공부를 마치고 나면 한국으로 돌아가 국가 발전에 보탬이 되겠지요. 기회가 된다면 한국도 이러한 조사를 해보면 좋을 것 같습니다. 중국도 해외의 관리 분야 인재들이 상당히 많은데, 과거 대외 개방 초기에는 중국에서 외자기업을 설립했습니다. 많은 인력이 대우가 좋고, 환경이 나은 외자기업에서 근무하기를 원했고, 중국 내부에서는 이들에게 중국 인재를 빼앗길까 걱정하기도 했습니다. 하지만 몇 년이 지난 지금, 중국의 개혁개방으로 중국인들의 사상은 더욱더 개방적으로 변했습니다. 현재 중국은 이와 같은 모습에 대하여 연구소나 기업 등 기관이 인재를 육성하는 것으로 여기고, 이러한 인재들은 유동적이기 때문에 지금 외국계에서 근무한다고 해도, 언제든지 중국 기관 혹은 중국 민영 기업에서 근무를 할 수 있다고 생각합니다. 그렇기 때문에 장기적으로 보면 이와 같은 개방은 중국 인재를 육성하는 것이며 이에 따른 기술력도 계속 상승할 것입니다.

중국의 고품질 경제 발전은 장점이 상당히 많기 때문에 현재 중국은 개방적이고 포용적인 태도를 취하고 있는데요. 세 번째 기회가 바로 '저우추취'입니다. 과거에 인진라이 형태의 전략만 있었다면, 현재 중국은 외화 보유량 세계 1위로, 이 자금을 글로벌 자원 및 시장과 결합하여 더욱더 효과적으로 활용하고 있습니다. 과거에 계속해서 국내 비즈니스 환경을 발전시키고, 외자 유치에 힘써왔다면 이제는 이와 동시에 중국 기업의 해외 진출을 지원하고 있습니다. 해외 연구센터를 구축한 중국 화웨이 기업, 중국 지리(Geely) 자동차가 볼보 자동차를 인수한 예를 들 수 있겠습니다. 이러한 해외 인수합병으로 현지 인재와 현지 기술을 도입해 기술 수준을 한층 더 끌어올릴 수 있습니다. 해외 기업을 중국 현지에서 유치시켜서 중국의 기술 수준을 향상시킬 수 있습니다. 한국의 현대 자동차나 유럽의 자동차 기업이 중국 국내에 공장을 건설할 때도 현지화를 위하여 브랜드, 차량 부품 등 중국의 산업 환경을 중심으로 차량 모델을 연구했습니다. 그래서 중국 안으로 받아들이고 해외로 진출하는 양방향 전략이 전체적인 추진 역할을 하고 있습니다.

이제, 앞서 말했던 일부 정책들과 경제 상황을 토대로 중국 향후 방향에 대해 말씀드리겠습니다. 2021년 올해 중국은 2030년 청사진 목표를 포함한 향후 미래 계획인 14차 5개년 계획을 제정했으며, 대외 개방의 깊이와 폭을 한층 더 심화시키는 방안을 제안했습니다. 제안에서는 중국의 이념과 전략의 변화가 보였는데 중국인민의 행복 지수 상승과 탈빈곤 사업을 포함한 소강사회 목표가 작년 연말에 실현이 되었기 때문에, 이제 중국은 향촌진흥(鄉村振興)을 추진하여 중국 전역의 고품질 발전 목표를 실현하고자 합니다.

과거의 중국은 기술과 자본을 들여오면 중국에 유리할 것으로 판단했습니다. 사실 이러한 가치관은 규모가 작거나 약소국가들이 취하는 가치관이었다고 생각됩니다. 중국은 이제 세계 각국과 호혜공영하고 공동의 이익을 도모하는 것이 우리 모두에게 유익하다고 여깁니다. 이것이 바로 중국이 추진하는 정책 이념입니다. 과거 중국은 세계무역기구 등 국제기구에 가입을 할 때, 배우고 습득하는 학습자의 입장으로 참여를 했다면 현재는 세계무역기구의 개혁과 일부 국제기구 규칙 개혁에 적극 참여하는 리더 역할을 해야 한다는 이념으로 바뀌었습니다. 대외 개방과 중국몽(中國夢), 중국 부흥과 인류 운명공동체 등의 4가지 이념을 함께 융합시키고자 하고 있습니다.

두 가지 개방 목표를 위한 여섯 가지 포인트

이 4가지 이념을 실현하기 위해서는 중국의 국가 경쟁력 제고와 호혜 공영하는 글로벌 환경 조성이라는 2가지의 개방 목표가 있습니다. 이 목표

속에 다시 새로운 포인트 6가지가 존재하는데 들어 보셨는지 모르겠습니다.

첫 번째 새로운 포인트는 중국에서 '쌍순환' 전략입니다. 쌍순환 환경 조성을 가속화하며 전면 개방을 실시하는 새로운 구도를 말합니다. 작년 COVID-19 사태로 중국 경제 발전 정세에도 큰 변화가 일어났고, 중국은 이 변화의 과정에서 전략을 재조정하여 쌍순환 전략을 펼쳤습니다. 이것이 바로 국내 대순환을 중심으로 하고 국내와 해외 쌍순환을 촉진하는 발전 구도입니다. 중국은 내부 순환을 더욱 강조하고 있는데, 중국 국내 수요를 나타내는 말입니다. 중국은 계속해서 자력갱생, 자주독립의 이념을 갖고 있고, 시장 규모가 크고, 산업 분야도 비교적 완전한 국내 대규모 시장의 발전을 유지하고 있습니다. 그러나 해외 시장을 고려하지 않아야 한다는 말은 결코 아닙니다. 그래서 글로벌 대규모 시장을 말하는 외순환과 중국을 말하는 내부 순환을 실시하는 쌍순환 전략을 실시하는 것입니다. 중국이 말하는 새로운 구도란 이러한 쌍순환으로 중국이 새로운 경쟁 우위를 선점하는 것을 말합니다.

또 한 가지는 국제협력에서 새로운 강점을 만드는 것인데, 중국의 주력 산업과 기술 집약형 산업을 발전시키는 것입니다. 과거 중국의 자동차 산업과 서비스 무역은 비교적 침체되어 있었는데, 중국의 수준 높은 개방을 통해 첨단 제조업과 서비스업의 발전을 함께 추진하고 있으며, 교육과 의료, 문화 역시 함께 개방 확대하고 있습니다. 교육 분야에서도 과거에는 해외로 나가서 공부를 했지만 향후에는 해외 선진 교육 기관이 중국 국내에서 교육기관을 설립할 수 있을 것이며, 계속 이와 같은 산업 시도는 계속 이어지고 있습니다.

첨단 의료에 대한 수요도 있어 향후 해외 첨단 의료 기관을 중국에 유치해 투자를 진행할 수도 있으며, 보험, 은행업과 같은 금융 산업 역시 대외적으로 서비스를 개방하고 있습니다. 두 번째는 무역에서도 혁신 발전이 이루어지고 있고, 전자상거래의 경우 디지털 발전 상황에 힘입어 계속해서 전략을 추진하고 있습니다. 이러한 산업은 새로 등장한 산업으로 새로운 직업군과 새로운 모델을 창출해 내고 있으며 중국은 이와 같은 새로운 경쟁력으로 국제 사회에서 우위를 선점해야 합니다. 방금 언급한 디지털 경제는 스마트 제조를 통해 중국의 산업 고도화를 추진하는 것인데, 기계가 사람을 대체하는 것입니다. 바로 노동집약적 산업에서 미래에는 기계가 업무를 처리는 것입니다. 마치 자율주행 자동차처럼 말입니다. 중국의 일부 식당에서는 로봇이 음식을 서빙 하는 등 전자동화 시스템의 모습도 볼 수 있습니다. 그렇기 때문에 과거의 노동 집약형 산업이 자본 밀집형 혹은 스마트화로 대체되었습니다. 디지털 경제에서의 중국 해외 직구 전자상거래도 있습니다. 얼마 전 진행한 중국 광시 무역단지 연구를 통해 해외 서비스나 해외 직구 서비스로 생긴 라이브 커머스에 대해 논의를 한 적도 있습니다. 인터넷에서 라이브를 통해 상품을 마케팅 하는 라이브 커머스 관련 직업군이 이러한 새로운 발전 환경에서 등장한 직업군과 관련된 예시라고 할 수 있지요. 이와 같은 발전 방향이 두 번째 새로운 포인트입니다.

세 번째는 개방형 경제와 새로운 메커니즘 구축입니다. 중국에서는 「외상투자법(外商投資法)」 초안이 발표되었고, 곧 시행될 예정입니다. 해당 법안에는 국민 생활 수준 개선과 네거티브리스트와 같은 관리 방식과 기업 환경 개선에 대한 내용도 포함되어 있습니다. 네거티브리스트의 경우 항목의 규모는 점점 더 축소되어 중국 개방의 범위는 한층 더 확대될 것입니다. 중국은 제도적으로도 개방을 지속 추진해야 합니다. 과거 중국은 수출 상품에 대해서만 개방을 실시했지만 현재는 제도적 개방으로 높은 수준의 국제기구 표준에 맞춰서 개방을 실시하고 있습니다. 현재 중국이 가입한 역내포괄적경제동반자협정(RCEP)의 경우, 세계 경제 무역 규칙이 가장 높은 수준은 아닙니다. 중국은 향후 더 높은 경제 무역 규칙을 적용하는 포괄적 · 점진적 환태평양 경제 동반자 협정(CPTPP)에 가입하여 더 높은 차원에서의 메커니즘 개혁에 힘쓸 것입니다. 그리고 반대로 중국 내부 개혁도 추진을 할 예정인데, 개방을 통해 개혁을 촉진하고, 개혁을 통해 개방을 추진하여 대외 개방을 심도 있는 수준으로 끌어올릴 것입니다. 그리고 중국의 자유무역구는 자율성을 한층 더 확대할 뿐만 아니라 현재 자유무역구는 동부와 서부에 집중되어 있는데 향후 서부지역으로 확대할 것입니다. 현재 120km^2인 해당 영역의 규모를 더욱 확대할 예정인데, 중국 국토 면적이 960만km^2이고, 자유무역구를 전국 범위로 확장할 수 있다면 개방 범위의 가능성도 훨씬 더 확대될 것입니다.

이제 네 번째 새로운 포인트는 글로벌 경쟁력을 가질 수 있는 기관, 기업을 육성하는 것입니다. 중국 국유기업 개혁 강화와 함께 국제적인 대기업의 해외 진출로 해외 투자와 공장 건설을 지원하는 것이며, 이를 통해 글로벌 경쟁력을 키우는 것이 목표입니다.

다섯 번째 새로운 포인트는 호혜공영(互惠共赢)하는 새로운 환경을 조성하는 것입니다. 일방적으로 이익을 얻는 것이 아니라 모두가 함께 호혜공영을 이루어야 합니다. 글로벌 경제 거버넌스 체계에 더욱 적극적으로 동참하는 동시에 중국의 일대일로 이니셔티브 구축을 지속적으로 추진해야 합니다. 현재 글로벌화가 발전하지 못하고 있는 상황이기 때문에 이러한 상황 속에서 중국은 한중일 자유무역 협정과 같은 역내 국가와의 협력에 적극 참여해야 합니다.

당연히 중국은 대국과의 경제 무역 관계에 있어서도 타협점을 찾아야 합니다. 현재 중국 국내에서는 중미 무역 관계에 대해 계속 논의가 되고 있는데, 전체적으로 보면 중미 양국은 무역, 경제 그리고 국민 간 매우 복잡한 관계에 있다 보니 완전히 따로 떼어놓을 수 없는 관계입니다. 그렇기 때문에 중국은 이러한 국가들과 우호적인 협력을 해야 하며 국제적인 의무를 다해야 합니다.

마지막 새로운 포인트는 혁신 주도형 전략 추진입니다. 중국은 제조업 강국 전략, 혁신 주도형 전략 등 강국의 전략을 도입하고 있습니다. 기술적 측면과 기술 혁신 측면에서는 과학기술의 규칙을 준수하여 기술혁신 발전을 해야 하며, 창의력이 있는 인재도 육성해야 합니다. 종합해 보면 모든 것을 한 글자로 설명할 수 있습니다. 바로 변화의 '변(變)' 자입니다. 세계 각국이 변화하고 있고, 세계 정세가 변하고 있습니다. 변화의 과정 속에서 중국은 시대 흐름에 발맞춰 전략을 세워야 하며, 개방 전략도 점진적으로 계속 추진되어야 합니다. 새롭게 변화하는 과정에서 수준 높은 발전을 계속해서 실현해야 합니다.

벌써 시간이 다 지나갔네요! 오늘 내용이 조금은 복잡하고 많았던 탓에 충분히 이해가 되셨을지 궁금합니다. 양해 부탁드립니다. 감사합니다.

交流

제5강

문화 지향과 직업 유형 : 재한 중국 조선족의 다국적 문화 정체성 분화

천지(陳紀)

난카이대학교 주은래정부관리학원 교수

이 연구의 세 가지 출발점

오늘은 '문화지향과 직업유형: 재한 중국 조선족의 다국적 문화정체성 분화'를 주제로 이야기를 해보고자 합니다. 해당 주제는 한국과 중국 양국 모두와 관계가 있는 주제라고 생각합니다. 저는 2016년부터 2017년까지 방문학자로 서울대학교 중국연구소에서 연구를 진행했었는데, 오늘의 과제 주제가 바로 당시 진행한 연구 사업 중 일부였고, 그중 한 가지 연구 성과를 함께 이야기해 보고자 합니다. 어떻게 하면 여러분에게 더욱 자세하고 명확하게 해당 주제에 대해 설명할 수 있을까 생각한 끝에 '사회 과학 학술 논문 작성 방법'이라는 부 주제를 더하게 되었습니다. 당연히 기본 큰 주제에 대해 심도 있게 이야기할 것이지만, 해당 연구의 진행 과정을 더욱 쉽게 이해하실 수 있도록 부 주제 관련 내용도 설명하고자 합니다.

보편화된 사회과학 연구법을 살펴보면, 연구 단계와 연구 성과 도출 작성 전에 서론을 작성해야 합니다. 즉, 가장 먼저 서론 단계에서 연구 주제 출처에 대한 고찰이 필요합니다. 해당 단계를 연구 배경이라고도 할 수 있습니다. 수년간 전문적으로 연구를 진행한 저는 이 주제의 출발점에 대해서 크게 세 가지로 나눌 수 있다고 봅니다.

첫 번째는 국가 중대 정책에서 제시된 중요한 이론적 판단과 이론의 혁신입니다. 이는 사회 과학 연구 주제 선정과 관련하여 매우 중요한 출발점이 됩니다. 저와 소통했던 한국의 여러 교수님들 역시 비슷한 생각을 하시리라 생각합니다. 중국도 마찬가지입니다. 예를 들어서, 우리가 민족 정치학 혹은 정치학, 사회학을 전공했다고 생각하면 당과 국가에서 제시한 중대 정책과 이념에 대한 판단이 중요한 시작점으로 자리하게 됩니다. 또 다른 예시로 중국 국내에서 저의 전공 분야에 속해 있는 농촌진흥, 민족 공동체 의식 등에 대해서 국가 거버넌스 체계와 거버넌스 능력의 현대화가 국가 중대한 사업이 될 것이며, 현재 학자들도 해당 주제에 대해서 연구를 하고 있습니다. 이러한 것이 중요한 출발점이 됩니다.

두 번째는 '사회적인 문제'입니다. 어떠한 사회적 문제, 사회적 쟁점에 대해서 자신만의 연구 주제를 찾을 수 있는데 자신만의 주제를 찾는 것이 매우 중요한 출발점이 됩니다. 사실 이러한 사항은 오늘 제가 발표할 강의 주제 역시 오늘날의 사회적 이슈, 그리고 문제점과 관련이 있습니다. 예를 들어, 중국의 이민 문제인데, 사실 한국의 이민 문제이기도 하지요. 바로 중국 조선족과 관계된 매우 특수한 이민 형태를 연구하고자 했습니다. 또 다른 예를 들면, 중국 국내에서 주목하고 있는 인터넷 폭력, 인터넷 트래픽(Traffic) 등은 사회 과학 분야에 종사하시는 분들이 현재 관심을 갖고 있는 문제입니다.

세 번째는 일반적으로 해당 학문에 대한 가장 기초적인 이론과 방법을 재 연구하는 것입니다. 사회과학 분야 발전이 상대적으로 빠른 서양 국가들을 살펴보면 한 가지 분야에 대한 연구가 상대적으로 활발합니다. 마르크스주의 이론을 예로 들면, 마르크스주의 이론이 있고, 진화론, 신(新) 진화론이 있는 것처럼 일련의 이론 체계들이 등장합니다. 이러한 연구는 기존 학문 분야에서의 기초 이론과 방법을 재연구하는 것입니다.

중국 조선족이 한국에서 느끼는 민족 정체성

오늘 발표할 내용은 앞서 말한 두 번째 방법인 사회적으로 주목받고 있는 문제에 대한 탐구해 보도록 하겠습니다. 2016년 서울대학교에서 해당 국제 사업을 신청할 때 당시의 주제가 바로 '재한(在韓) 중국 조선족 취업 문제와 사회 적응 조사연구'였습니다. 한국에서 저는 해당 연구를 진행하기 위하여 방대한 자료를 조사했었습니다.

여기에는 핵심이 되는 두 가지 요인이 있었는데, 하나는 취업 문제이고, 나머지 하나는 사회 융화였습니다. 어떠한 방법으로 이 두 가지 변수 사이를 연결하면 좋을까 고민하던 시기에 자료 수집 과정에서 '민족 정체성'이라는 요소에 주목하게 되었습니다. 이를 중점적으로 두고 수많은 국내외 자료를 수집하는 과정 중, 제가 저와 동료가 흥미롭게 여길 만한 주제를 찾게 되었습니다. 2012년부터 2016년까지 한국 법무부 외국인 출입국 통계 연간 보고서 자료를 수집했는데 이러한 자료 정리를 통해서 2012년부터 2016년 5년간의 한국의 장기 체류 중국 조선족의 비자 발급 규모를 확인할 수 있었습니다. 여기서 이들이 취득한 비자 유형이 상당히 다양했습니다.

H2 비자의 경우 2007년 한국 법무부가 제정한 '방문취업 비자'이며, F4 비자는 1999년 한국에서 실시된 「재외 동포의 출입국과 법적 지위에 관한 법률」과 관련되어 있는데, 2004년이 되어서야 중국 조선족에 해당 법률을 적용할 수 있는 자격이 부여되어 F4 비자 발급의 수가 상당히 많아졌습니다. F5 비자는 영주자격을 부여받은 그룹입니다. F2, F1 비자 그룹도 있습니다. F2 비자 그룹의 경우, 한국인의 배우자에게 부여되는 비자이며, F1

비자는 한국인과 한국인 배우자 사이에서 태어난 자녀 혹은 부모 부양 시 취업에 필요한 비자입니다. 그렇다면 자료 수집 과정에서 H2 비자 혹은 F4 비자 그룹이 다른 비자 그룹보다 규모가 더욱 크다는 사실을 발견했습니다. F5 비자 그룹 역시 나날이 규모가 확대되고 있습니다. 중국 조선족 중에서 세 개 비자 그룹이 차지하는 비율은 각각 42.8%(H2), 38.5%(F4), 11.4%(F5)입니다. 이와 함께, 한국 이민정책 규정에 따라 H2 비자와 F4 비자 그룹의 직업군 역시 다른 비자 그룹과 직업군이 상이했습니다. 이민정책 규정에 따라 H2 비자는 제조업, 건축업, 어업, 농업, 패션업, 및 양식, 운송업 등 32개 산업에서 자유롭게 취업을 할 수 있습니다. 반면, F4 비자에는 자격 조건이 있는데, 고등 교육을 받은 자로서 대학 졸업자여야 합니다. 직업 역시 법인 대표, 관리자급 직원 및 상대적으로 높은 자영업자 및 국영기업 종사자 및 패션 업계 종사자, 변호사, 의사 등등이 있습니다.

저는 중국 조선족이 한국에서 느끼는 민족 정체성에 대해 주목했고, 앞서 말한 내용을 결합하여 연구 주제로 선정했습니다. 저의 연구 주제는 중국 국내와 해외에서 중국 조선족이 한국 사회에서 느끼는 민족 정체성 문제 관련 내용으로 수집된 자료를 모아 조사하며 두 가지의 논점을 나눌 수 있습니다. 첫 번째는 한국의 중국 조선족과 한국인 사이의 문화 정체성의 상황이 어떠한지, 많은 학자가 언급한 것처럼 한국을 조국으로서 뿌리를 찾아가는 과정으로 여기는지에 대한 조사를 하고 싶었습니다. 그리고 문화적인 동일한 정체성을 가지고 있는지 혹은 공통의 역사, 문화만으로 국한되는지 혹은 현대 문화적 요인에서도 민족 정체성을 형성할 수 있는지가 첫 번째 논점이었습니다.

두 번째 논점은 서로 다른 유형의 정책에 따라, 한국의 중국 조선족 직업군이 나뉘어졌습니다. 사회적 측면에서 접근해서, 직업군에 따라서 민족의 정체성에 대해 서로 다른 정체성으로 분화(分化)되는지 여부입니다. 예를 들어서 한국의 중국 조선족은 해외에서 넘어온 민족으로 사회적 측면에서 모두 동일하게 민족 정체성이 형성되는지, 아니면 직업군 유형으로 인해서 민족 정체성에 대한 생각도 서로 달라질 수 있는지에 대한 주제입니다. 그래서 저는 이 두 가지 논점을 가지고 연구를 시작하게 되었습니다.

연구 주제에 내포된 문제의식을 드러내는 제목 정하기

제목을 정할 때는 일반적으로 세 가지 사회 과학 방법을 활용합니다. 평소에 학부생과 석 · 박사생들과 수업을 할 때, "좋은 제목은 연구에서 절반의 성공을 차지할 수 있다."라고 말합니다. 그러나 많은 학생들이 제목을 정할 때 연구 주제에 생각이 치우쳐져 있어 연구 주제에 내포된 문제의식이 두드러지지 않는 경우가 있습니다. 그래서 저는 오늘 발표 제목을 예시로 제목을 정하는 세 가지 방법에 대해서 말씀을 드리고 싶습니다.

첫 번째는 연구 주제와 연구 측면의 결합입니다. 예를 들어, 이번 연구는 민족 정체성 이론 중 서양에서 제시된 구조론(Constructivist theory)적 측면에서 진행된 연구입니다. 두 번째는 연구 주제와 연구법의 결합입니다. 동일 민족 정체성 문제에 대해서 새로운 연구법을 활용했는데, 순수한 이론 연구가 아닌 조사 연구 방식을 활용했습니다. 이를 통해, 연구 주제에 포함된 문제의식을 더욱 명확시할 수 있었습니다. 세 번째는 연구 주제와 구체적인 문제점을 결합하는 방법입니다. 이번 연구 주제인 '재한 중국 조선족의 다국적 문화 정체성' 연구는 연구 주제를 위한 연구이며, 제목에서 문제의식은 크게 두드러지지 않은 편입니다

저는 늘 문제점에 대해서 더욱더 초점을 맞춰야 하고 연구에서 나타는 문제점들이 잘 나타나야 한다고 말합니다. 중국 국내의 학술 논문을 발표하거나 국가적 사업 보고를 하는 등 상황에서 역시 마찬가지로 문제 도출 방향으로 나아가야 합니다. 오늘 강연 제목은 앞서 말한 방법 중에 세 번째 방법이라고 할 수 있고, 문화 지향과 직업 유형 요소를 활용했습니다. 실질적으로 해당 연구에 있어서 더욱 구체화했고, 유형 분류, 분화에 초점을 맞추어 진행했습니다. 방금 제가 말씀드린 내용에 대해서 관심 있으신 분들은 다음번에 해당 내용에 대해서 계속 탐구해 보는 자리를 갖도록 하겠습니다.

연구 서론의 문헌 총론에 대하여

보통 연구 서론의 문헌 총론에서도 문제점이 나타납니다. 논문을 작성하는 과정에서 문헌 총론이 제대로 작성되지 않았거나, 누락된 경우가 있습니다. 이런 경우, 해당 내용은 규범적인 측면에서 사회과학 연구라고 할 수 없습니다. 그래서 저는 이러한 문제점들에 대해 제가 연구하면서 느꼈던 생각들을 여러분과 함께 간략히 이야기하고자 합니다.

첫 번째, 문헌 총론에는 대표성이 있어야 합니다. 예를 들어, 한중 조선

족 민족 정체성 문제에 대한 연구에서 문헌 총론을 작성할 때는 중국 전역 범위의 조선족 취업, 중국 조선족의 사회적 융합과 사회 적응 그리고 중국 조선족의 경제 수입 등과 같은 문제들은 제 문헌 총론에서 핵심 자료가 되지 않습니다. 그 이유는 논문을 쓰는 학생들이 문헌 총론에서 연구 주제와 관련된 모든 문서를 적어 넣고 싶어 하기 때문인데, 그럴 필요가 없으며 대표성을 띠는 게 중요하다는 말을 하고 싶습니다.

두 번째는 두드러지게 나타나는 문제점을 제시하는 것인데, 문헌 총론의 올바른 작성 방법은 방향을 제시하면서 평론을 해야 합니다. 평소 많은 학생들이 "어떤 사람은 이런 말을 했다." 또 "누구는 다음과 같은 말을 했다."라며 기계적으로 인용만 하는 경우가 많습니다. '방향을 제시해야 하는' 글쓴이의 연구 주제와 밀접한 관련이 있는 문헌이 아니라면, 우리는 해석과 평론을 동시에 진행해야 합니다. 이것이 바로 문헌 총론입니다.

세 번째, 총론은 목표 지향적으로 작성해야 합니다. 즉, 해당 연구의 후속 연구를 위한 것입니다. 연구에 새로운 의미를 추가하거나 혁신적인 근거를 마련해야 합니다. 서술을 통해 앞으로 계속 나아가고자 해야 합니다. 문헌 총론의 틀은 매우 엄격합니다. 여기서 주의할 것은 문헌 총론과 그 후 제기된 문제, 그리고 논문 전체 논리 관계가 일치해야 하며, 두서없이, 논리 구조 없이 쓰는 것은 피해야 합니다.

일반적으로 문헌 총론 다음에 종합평가도 있습니다. 종합평가 과정 역시 매우 중요한데 문헌 총론의 목적은 기존 연구와 다른 점, 예를 들어 어떠한 새로운 의미가 있는지 등에 대해서 설명이 되어야 합니다. 어떤 학생의 연구가 기존에 있던 연구라면 아마 중복된 연구일 것입니다. 이것은 사회과학 분야에서 금기시되는 부분입니다.

여기까지가 문헌 총론에 대한 저의 생각이었습니다. 기회가 된다면 다음에 함께 토론을 해봐도 좋을 것 같습니다. 새로운 의미 부여와 혁신 관련해서 모든 사람의 연구 각도와 이론 관점이 다를 수 있고, 연구 주제도 다 다를 수 있습니다. 혹자가 어떠한 관점을 응용했다고 하더라고 나의 문헌 총론에서는 다른 관점을 활용에서 작성할 수도 있고, 해당 관점으로 토대가 되는 이론의 큰 틀을 잡거나 주요 흐름을 잡아갈 수 있습니다.

도출하는 결론과 판단이 달라질 수 있는 연구법

큰 범위에서 보는 연구법은 이론 시각이라고 할 수 있는데, 다양한 분석법이 있습니다. 이러한 방법이 다르면, 같은 문제일지라도 도출하는 결론과 판단이 다릅니다. 이것이 바로 새로운 의미를 부여하는 것이지요. 연구 방법에는 도구적(工具性) 방법과 같은 방식을 활용할 수 있는데 실질 연구조사 혹은 현장실사 등을 활용하는 것입니다. 사례 측면에서는 같은 문제에 대해 실증을 하더라도 도출하는 결론과 판단이 상이할 수 있습니다. 연구 내용의 혁신은 다른 이가 다국적 민족 정체성 문제를 연구할 때 저는 기존과 똑같은 연구를 진행하기보다 다민족성을 연구하고자 했고 이러한 점이 연구 내용에서의 혁신이라고 할 수 있습니다.

연구에서는 이론, 연구법, 연구 내용, 연구 대상으로 나눌 수 있는데, 이러한 요소들은 기존 연구 문헌 총론과 차별화할 수 있는 중요한 초점이 될 수 있습니다. 연구 대상의 경우, 만약 서양의 이민 문제에 대해 연구한다면 우리는 '중국 혹은 한국의 이민 문제는 어떨까?'와 같은 새로운 관점을 얻을 수 있고, 같은 유형의 관점이라도 서로 다른 국가를 연구 대상으로 할 수 있습니다. '중국의 이민 문제', '한국의 이민 문제', '유럽과 미국의 이민 문제' 등을 대상으로 연구할 수 있겠습니다. 또 같은 관점으로 개발도상국도 같은 결론을 도출할 수 있는지 연구해 볼 수도 있습니다. 이와 같은 내용이 문헌 총론에서 충분히 설명되어야 하는 부분입니다. 이러한 내용을 바탕으로 재한 중국 조선족 민족 정체성 문제에 대한 문헌 총론을 정리했습니다. 연구 주제에 대한 총론은 문헌 수집을 통해서 재한 중국 조선족의 정체성 문제를 발견했는데, 크게 1) 중국이라는 국가 정체성, 2) 중국 조선족의 민족 정체성, 3) 다국적 민족 정체성 총 세 가지 측면으로 살펴볼 수 있습니다. 즉, 다국적 민족으로도 불리는 중국 조선족이 한국으로 넘어간 후, 한국에서 형성되는 민족 정체성에 대한 내용입니다. 그래서 총론에서 재한 중국 조선족 민족 정체성에는 이 세 가지 정체성이 제시된다는 점을 언급할 필요가 있습니다.

해당 주제에 대한 연구 과정 중, 어떤 관점으로 연구를 했는지도 설명할 필요가 있습니다. 일반적으로 많은 학자들이 조선족이 한국으로 넘어가기 이전에 다국적 민족 정체성 의식은 매우 강하다고 보는데, 이는 뿌리를 찾기 위함일 수도 있고, 조선족에게 있어서 한국은 아버지와 같은 매우 친근한 관계이며 부모의 나라, 자신의 고향이라고 여길 수 있다는 것입니다. 문화적 측면에서 보면 한국으로 넘어가기 전 상황에서 다국적 민족 정체성이 강할 것이라고 생각됩니다. 그러나 연구 결과, 조선족들이 한국으로 이민을 간 이후에 중국이라는 국가 정체성과 중국 조선족의 민족 정체성이 더욱 강화되고, 다국적 민족 정체성은 오히려 약화된 모습으로 나타났습니다.

그렇다면 이와 같은 자료 수집 과정 중에서 많은 학자가 해당 연구를 토대로 명확하거나 잠정적인 관점을 보일 수 있습니다. 이러한 관점을 기초로 이와 같은 관점에 대한 연구 내용의 기본 가설을 마련하고, 수집한 자료를 근거로 이론의 기초를 응용하거나 이론을 활용할 수 있습니다. 그렇다면 어떠한 방식으로 연구를 할 수 있을까요? 우리의 사례와 관찰 경험을 통해 이론적 측면에 부합시키고, 이론적 판단을 내려 이론에 대한 분석의 기틀을 마련하는 것입니다.

연구 과정 중에서 이론 기초 응용은 필수적입니다. 적지 않은 연구원들의 논문을 읽었을 때, 이론의 깊이가 깊지 않다는 느낌을 받은 적이 있습니다. 학술성과 이론의 깊이가 겉도는 경우가 있습니다. 일반적인 사회 과학 연구에서 이론 연구 혹은 개인 연구 등 연구의 유형을 막론하고 이론의 응용은 충분히 발현되어야 합니다. 이론 응용은 당신의 연구 주제를 중심으로 분석의 기틀을 마련하는 중요한 토대가 됩니다. 이것이 이론 응용의 첫 번째 의견입니다.

두 번째 의견은 이론 응용이 여러분이 쓰는 논문에서 중요한 구성 요소 혹은 중요한 내용이 됩니다. 예를 들어 제 연구 글에서 융화 문제를 언급할 때 전체적으로는 '정체성' 요소를 생각하고 '정체성 이론'을 참고할 것입니다. 정체성 내용에 있어서는 사회적 교류가 언급될 텐데 사회적 교류는 중국 조선족과 한국 사회에서의 정체성 확인에서 매우 중요한 요인이 됩니다. 이때 교류 관련 이론을 참고할 수 있습니다. 그래서 이러한 이론의 응용은 사회 과학 연구에 있어서 필수 불가결한 요소입니다.

세 번째는 글 속에 반드시 학술계의 이론과 연결되는 대화, 즉 교류가 필요합니다. 예를 들어 어떠한 이론을 응용할 때, 자신의 연구 주제 혹은 관찰 사례를 바탕으로 해당 이론을 더욱 견고히 하거나, 개선하거나 검증하는 방법이 있습니다. 이러한 부분은 사회 과학 연구에 있어서 매우 중요한 부분입니다. 해당 내용에 있어서 관심이 있으신 분은 향후에 저와 계속 탐구를 해 볼 수 있겠습니다.

다시 돌아와서, 제 연구에서는 민족 정체성 이론을 참고했습니다. 과거 민족 정체성 이론에 대해 서양 학술계에서는 크게 '원생주의(Primordialism)'와 '구성주의(Constructivism)' 나누어졌습니다. 원생주의 대표 인물들은 미국의 사회학자와 미국의 인류학자였고, 대표적인 인물로는 앤서니 스미스(Anthony Smith)와 에릭 홉스봄(Eric Hobsbawm)으로 이들은 민족과 민족주의에서 원생주의 개념을 제시했고 원생주의를 통해 민족 정체성이 나타난 이유에 대해 주장했습니다. 또 후기에는 피히테(Johann Gottlieb Fichte), 아이젠슈타트(N. Eisenstadt) 등이 있습니다. 이들이 주장한 원생주의의 핵심 관점은 무엇이었을까요? 바로 민족 간에는 민족에서부터 발현된 정체성이 있다고 주장했으며, 그 주요 요인으로 민족 공통의 혈연, 지역, 언어, 문화, 신앙, 출산과 육아 등으로부터 비롯되었다고 말합니다. 이러한 객관적인 요인으로 인해 민족 정체성이 발현되었다는 주장입니다.

구성주의에서 가장 대표적인 인물은 막스 베버(Max Weber), 베네딕트 앤더슨(Benedict Anderson)이며, 그는 『상상의 공동체』라는 저서를 집필하기도 했습니다. 구성주의의 가장 중요한 이론은 민족의 정체성이 공동의 언어, 문자, 지역, 신앙, 문화 등 객관적인 요소에서 비롯되었음을 부정하고, 사회적 환경 변화와 정책의 변화, 제도적 실시로 인해 특수한 집단에서 정체성이 발현된 것이라고 주장했습니다. 이들의 주요 관점이 바로 오늘날에도 자주 언급되는 정치성과 사회성 구조를 통해 정체성이 나타났다는 의견입니다. 제 연구는 민족 정체성 이론의 이 두 가지 관점 중 구성주의를 참고했고, 해당 이론에 대해서 의견을 보충하기도 했습니다. 이것이 바로 이론 응용이자 이론과 연결 짓는 방법입니다. 다국적 민족 정체성은 아직까지 하나의 이론이라고 볼 수는 없으며 하나의 관점으로 볼 수 있습니다.

다국적 정체성의 관점을 간단히 정리해 보면, 역사적으로도 동일 민족인 사람 간에는 각자의 문화를 공유할 필요가 없지요. 이것이 바로 첫 번째 관점인데, 사회학자 바르트(Fredrik Barth)의 저서 『Ethnic Groups and Boundaries』에서 언급된 말입니다. 두 번째 관점은 일본 학자가 제시한 내용으로 역사적으로 봤을 때, 동일한 민족이 서로 다른 국가의 사회 제도나 민족 정책, 문화적 환경에서 생활하게 되면 두 개의 다른 민족이 될 수 있다는 주장입니다. 세 번째는 베이징대학교 마룽(馬戎) 교수가 제시한 관점으로 다국적 민족이 한 국가에 새롭게 모이게 되면, 동일한 역사, 문화적 특징만 공유할 수 있으며, 문화가 기반이 되어 새롭게 형성되는 민족 정체성은 발현되기 힘들다는 의견입니다. 저는 이러한 이론들을 기초로 해당 연구 글에서 가장 기초가 되는 자신의 관점을 제시할 수 있습니다. 실질(實質) 연구라고 할 수 있고, 혹은 기본 가설이라고 할 수도 있습니다. 만약 순수한 이론 연구라고 한다면 해당 연구 글이 분석의 기틀이 될 수도 있습니다. 그래서 서로 관점이 다를 수 있다는 것을 설명한 것입니다.

여기서 우리는 기초가 되는 두 가지 큰 관점을 제시할 수 있겠습니다. 첫 번째는 문화 측면에서 중국 조선족의 다국적 정체성이 강화되었거나 약화되었다고 말할 수 없다는 것입니다. 실제로 자료 수집 과정에서 많은 연구원이 재한 중국 조선족의 다국적 민족 정체성이 약화되고 있다는 의견을 제시했지만, 소수 학자들의 경우, 한국의 엔터테인먼트 문화, 패션 문화 등 분야에서는 중국 조선족의 정체성이 강화되고 있다는 의견이었습니다. 위와 같은 의견들은 전방위적이지 않으며 다양한 측면에서 나누어진 특징들입니다. 그래서 제 연구의 사전 사례들과 한국 서울과 경기도 방문 연구를 통해서 관점을 설명할 수 있었습니다.

문화 측면에서의 정체성은 방금 말씀드렸던 민족 정체성의 원생주의와 구성주의에 따라 문화적, 사회적, 정치적 측면에서 정체성이 발현될 수 있습니다. 그리고 조금 전 제시되었던 이론들을 근거로 다음과 같은 판단을 내릴 수 있겠습니다. 즉, 공동의 역사 문화, 한국의 패션 문화 및 한국인의 사상, 가치관 그리고 중국 조선족의 음식 문화 측면에서 서로 다른 문화 지향에 따라 나타나는 정체성의 깊이는 아마도 상이할 것이며 분리가 이뤄진다는 점입니다.

두 번째는 사회적 측면에서의 관점입니다. 사전 자료 수집 업무를 통해 각각 다른 이민 정책을 확인할 수 있었고, 이에 따라 한국의 중국 조선족 직업 유형도 상이한 점을 확인했습니다. 제 연구팀은 사회적 측면에서의 세 가지 요인을 결정했는데, 크게 1) 신분 소속, 2) 사회 교류, 3) 심리적 인지 요인으로 나눌 수 있습니다.

이제 연구법에 대해 설명해 볼 텐데, 연구법에 있어서는 도구적(工具性) 방법이 주로 언급이 됩니다. 분석법은 앞서 말한 이론 분석 및 이론 기초와 모두 관련이 있습니다. 분석법은 분석적인 방법으로 연구하는 방법이며 방법론, 분석 방법, 도구적 방법 등 크게 세 가지로 나누어 진행합니다. 방법론의 경우, 일반적인 글에서는 잘 나타나지 않으며 분석적 방법과 도구적 방법을 중점적으로 볼 필요가 있습니다. 해당 연구 글에서는 구조주의와 원생주의 등을 응용한 분석적 방법입니다. 분석적 방법은 사회 과학에서 가장 기초가 되는 이론으로 이를 바로 분석법이라고 하는 것입니다. 그리고 도구적 방법은 관찰법, 설문법, 탐색조사법 등이 있습니다. 실질적으로 구체적인 연구 진행 과정에서 이론의 분석적 방법과 도구적 방법들이 종합적으로 응용되며 해당 방법을 통해서 연구를 진행했습니다.

사전 준비와 자료 연구, 출처

그러면 다음 단계로 자료 출처를 설명드리도록 하겠습니다. 2017년 1월부터 6월까지 서울 영등포구의 중국 조선족 밀집 구역인 대림동과 가리봉동, 금천구 그리고 경기도 안산시와 수원시 등 지역을 중심으로 실사를 나갔습니다. 저희는 참여관찰법 그리고 설문법 및 인터뷰 조사법을 활용했습니다. 최종적으로 확보한 방문조사법은 총 51건이었고, 당시에 설문지 총 1,500부를 보냈는데 최종적으로 확보한 유효 설문지는 총 1,492부였습니다. 해당 자료가 자료 출처이며 위와 같은 사전 준비 작업을 진행했습니다. 사회 과학 연구에서 주제의 시작점은 문제 제기, 문헌 총론, 연구법, 이론 기초와 기본적 논리 및 자료 출처에서 시작되며, 사회 과학 연구에 있어서 이와 같은 요소들은 가장 기초가 되는 필수 요소입니다.

우리가 연구를 진행할 때, 위와 같은 요소들을 크게 두 개의 항목으로 나눠서 작성할 수 있습니다. 첫 번째 항목은 서론이나 문제 제기가 되겠습니다. 만약 당신의 연구가 순수 연구라면 이론 구성에서는 서론에서 말하고자 하는 부분이 모호할 수 있기 때문에 다른 항목을 단독으로 추가해서 연구 주제와 참고한 이론 관점을 기초로 당신만의 관점과 판단을 제시할 수 있습니다. 만약 실질 연구를 한다면 일반적으로 사용하는 두 번째 항목에 이론 기초와 자료 출처를 작성합니다. 여기서 실질적으로 이론 기초와 이론 연구법으로 도구적 방법을 추가할 수 있습니다. 내용을 정리하자면, 저는 오늘 이 자리에서 우리의 연구 배경과 문제 제기 요소에 있어서 연구의 배경이 바로 문제의 시작점이 되고 문제 제기, 문헌 총론, 연구법과 이론 기초, 분석 토대, 자료 출처 등은 사회과학 연구에서 반드시 포함되어야 하는 기본적인 과정이라는 점을 말씀드리고 싶어서 이렇게 내용을 종합적으로 정리해 보았습니다.

사실 연구를 시작하기 전에 사전 준비를 굉장히 많이 해야 합니다. 수많은 문헌을 읽어야 하고, 직접 현장으로 나가 확인도 해보고, 경험과 사례를 빌리기도 합니다. 또 실제 현장 연구 조사를 진행하여 문제가 되는 부분을 해결하기도 합니다. 이러한 과정을 거친 후, 뒤이어서 주체(主體)에 대해 생각해야 합니다. 만약 주체에 대한 내용이 이론 연구라면 이론 분석과 논증을 제시해야 합니다.

이 부분이 매우 중요합니다. 전문적 논증은 전문 용어나 학문에서 가장 기초가 되는 지식을 활용하여 인증을 해나가는 것입니다. 예를 들어 당신이 실질 연구를 한다면 가장 중요한 것은 사실 열거와 정확한 내용을 서술해야 하며 이 사실은 자료 통계를 통해 확인할 수 있습니다. 일반적으로 해당 통계는 그저 하나의 논증으로 활용될 수 있습니다. 다시 말해, 순수한 실질 연구에서는 자료 통계가 필요한데, 통계자료를 통해 연구 추론이 가능하기 때문입니다. 그렇다면 실질 연구에서 가장 기초가 되는 사실이 마련된 것이라고 볼 수 있습니다. 마찬가지로 자료를 분석하면서 자신이 설정한 기본 가설을 확인할 수 있습니다. 그렇다면 실질적 연구 과정에서 비순수(非純粹)의 일반적인 실질 연구를 진행한다면 첫 번째 항목이었던 이론 분석 인증을 진행할 수 있겠습니다. 이론 분석 인증 과정을 거친 후에 탐방자료나 데이터를 활용할 수 있습니다. 그러나 이러한 자료는 확실한 통계자료로 볼 수 없으며, 통계 연구를 위한 자료이지 추론을 위한 연구 자료가 아닙니다.

한국에서 존재하는 중국의 역사 문화에 깊은 공감대

이러한 내용을 바탕으로 필요한 내용을 설명해 보았습니다. 이제 서론에 대한 이야기는 끝났고 주제 부분에 대해 이야기를 나눠보도록 하겠습니다. 여기서 주제에 대한 내용을 검증하고 확인하겠습니다. 주제는 '문화 지향: 재한 중국 조선족의 다국적 민족 정체성의 다차원적 분화'입니다. 다차원적 분화와 관련해서 앞서 진행한 기본 설정과 기본 관점에 따라 판단해 보면, 한국에서 존재하는 중국의 역사 문화에 깊은 공감대가 형성이 되어 있다고 할 수 있습니다. 판단의 근거는 조사 연구를 통해 도출할 수 있었는데, 총 1,492건의 응답 관련 사항에서 대분류, 중분류, 소분류 중 중분류에 해당하는 2단계 측량 지표인 '공동의 역사 문화' 사항을 확인 할 수 있습니다. 언어 문화, 음식 문화, 사교 예의, 전통 습관, 명절 문화, 혼인 세습, 제사 문화 등등이 역사문화 영역의 3단계 지표에 포함됩니다. 해당 사항들에 대한 정체성 인지 관련 질문을 질문지에 포함시켰고, 방식은 다지 선다형 질문이었습니다. 그 결과, 총 1,492건 중 1,150명이 언어 문화를 선택했으며, 음식 문화 역시 높은 응답률을 기록했습니다. 이 응답률은 매우 많은 응답률이며 각 항목의 비율도 각각 약 16.6%, 14.7% 등으로 이어서 다른 문화들과 함께 나열되어 있습니다. "모두 받아들일 수 없다."라고 응답한 사람은 극소수였습니다.

저는 이러한 설문 형식을 이론 근거로 하고, 재한 중국 조선족이 공동의 역사 문화에 대한 깊은 인지 정도를 논증했습니다. 이와 함께, 51건의 탐방 조사를 보충 논거로 활용했습니다. 마찬가지로 이와 같은 일반적인 탐방

자료를 논거로 공동의 역사 문화 정체성이 상당히 높다는 관점을 드러냈습니다.

두 번째로는 패션 문화 영역에서 이들이 깊은 공감대를 형성하고 있다는 점입니다. 예를 들어 한국의 패션 문화를 2단계 측량 지표라고 보고, 더욱 세분화된 3단계 지표로 영화, 유행 제품, 댄스와 가요, 술집 문화, 뷰티, 레저 및 스포츠 등등 영역을 선택할 수 있었습니다.

1,492명의 응답자 중 정체성 관련 항목에 긍정적으로 대답한 응답자 수는 각각 1,381명, 1,456명, 1,276명, 1,367명, 759명, 1,152명이었습니다. 앞서 말한 것처럼 저희 팀은 기본 가설을 확인해야겠는데, 분석 과정 중 역사 문화는 배경 환경을 근거로 한 부분이기 때문에 원생주의적 관점이라고 할 수 있습니다. 그렇다면 패션 문화는 일종의 사회적 구조인데 해당 패션 문화는 한국의 사회 문화적 배경과 긴밀한 관계가 있기 때문에 사회 구조적으로 관련이 있다고 할 수 있습니다. 실제로도 중국 조선족이 한국 패션 문화에 대한 상당한 정체성을 형성하고 있습니다. 연구 글에서는 자료와 탐방을 논거로 보는 것 이외에도 여러 논거가 있습니다. 젊은 층의 중국 조선족이 중국 대학 재학 시절 세밀하게 묘사되는 한국의 멜로물을 매우 좋아했다는 의견을 남기기도 했습니다. 저희 팀은 계속해서 이러한 관점을 증명하기 위해 노력했습니다.

그렇다면 여기서 아마도 여러분들은 사전에 바로 기본 가설을 세웠고, 이미 해당 연구에 대해서 연역법(演繹法, 일반적 사실이나 원리를 전제로 하여, 개별적인 특수한 사실이나 원리를 결론으로 이끌어 내는 추리 방법)

을 활용한 것으로 생각할 수 있습니다. 실제로는 사전에 초기 탐방을 진행할 때 초반 이해가 필요합니다. 수많은 문헌자료를 읽고 나서 사례에 빗대어 논리가 형성이 된 다음에야 비로소 관점이 생기고 관점을 제안할 수 있습니다. 관점이 생긴 후에는 현장으로 가서 심도 있는 연구를 통해서 해당 관점을 증명하는 것입니다. 이렇게 논리 구조로 진행이 되는 것입니다. 단편적으로 해당 연구 글의 내용이 연구자의 관점과 바로 딱 맞아떨어진다는 개념은 아닌 것입니다. 국내외 모든 연구의 사고와 논리 구조가 위와 같은 순서와 절차대로 진행됩니다.

세 번째는 재한 중국 조선족의 사상이나 관념에서 정체성이 현저히 낮아, 사고방식, 가치 관념, 행동 습관 등 세 가지 항목으로 자세히 나누었는데, 해당 항목을 선택한 응답자의 수도 매우 적었습니다. 이 점은 저희가 각자의 사상 관념의 장단점 파악보다 객관적으로 드러난 결과라고 할 수 있습니다. 무려 1,300여 명의 조선족이 "해당 항목에 대해 정체성을 가지고 있지 않다."라고 응답했습니다. 저는 탐방 과정에서 각자 가지고 있는 이미지에 대해 확인할 수 있었습니다. 여기서 말하는 조선족의 이미지는 "성실하지 않다."라는 등의 인식이 박혀 있기도 했습니다. 이것은 매체와 긴밀한 관련이 있으며, 1980년대에 나왔던 영화 등 자료를 참고하기도 했습니다.

네 번째는 음식 문화에 대한 조선족의 관심이 상당히 깊습니다. 간단히 설명하자면 이들이 중국으로 들어오기 전, 그러니까 1945년 당시의 조선인이 중국 둥베이 지역으로 건너왔습니다. 그리고 일본 패전 후 약 70여만 명의 인구가 이주를 했는데, 한국 본토와 북한으로 돌아간 조선인 그리고 중국에 남은 조선인들로 나누어진 것입니다. 당시 중국의 제6차 전국 인구조사에 따라 270만의 인구는 3등분 되어, 한국으로 이동한 인구 60여만 명, 중국 국내에 남은 인구 60여만 명, 기존 고향으로 돌아간 인구 60여만 명이었습니다. 이러한 관찰을 통해서 중국 음식 문화를 보는 한국인의 관심 역시 많다는 것을 알 수 있었으며, 저 역시 서울 영등포구, 구로의 가리봉동 지역을 탐방한 기억이 있습니다.

그때 해당 지역에서 조선족의 음식 문화를 표현하는 다양한 중국 음식도 먹었는데요. 음식 문화 역시 문화의 주요 요소 중 하나입니다. 탐방 조사를 통해 중국 음식 문화에 대해 느끼는 정체성은 원생주의에서 비롯된 것은 아닐 것입니다. 조선족 음식 중 중국식 냉면이나 양 꼬치 같은 음식은 중국 음식에서 영향을 받았습니다. 이렇게 총 네 가지 부분으로 나누어서 확인을 했습니다.

논증 과정에서 발견한 사회적 측면에서의 정체성 확인

이제 다음으로 넘어가서 논증 과정에서 발견한 사회적 측면에서의 정체성을 확인해 보겠습니다. 이론에 근거한 이민정책은 1994년부터 시작되었고, 특히 1999년부터 2004까지 본격적으로 실시되었는데 해외에서 중국 조선족의 법적 지위가 적극적으로 인정받게 되는 시기였고, 수많은 중국 조선족이 한국으로 이민을 갔습니다. 2004년 고용 허가제도 및 2007년 방문취업제도 등 정책은 H2 비자에 해당하는 정책이었습니다. H2 비자의 경우, 중국 국내에서 지식과 기술 수준이 비교적 낮은 산업에서의 농민공(農

民工, 도시로 이주해 노동자의 일을 하는 농민을 가리키는 용어) 등이 해당 비자를 발급받습니다. F4 비자의 경우, 앞에서 제시한 분석과 법적 근거에 따라서 '소수의 F4 비자'를 받은 사람들은 법적으로 한국에서 높은 수준의 기술과 지식을 요하는 첨단 산업에서 근무합니다. 그리고 F5 비자의 경우, 중고급 인재로 분류했고, F5를 받은 일부 사람들은 2년 후에 자동적으로 영주자격 신청 조건이 주어집니다. F2, F1 비자는 배우자 비자입니다. 이렇듯 직업 유형을 첫 번째 부분으로 선정했습니다.

계속 말씀드리겠습니다. 비자 유형에 따라 차지하는 비율을 확인했을 때, 재한 조선족 중에 H2 비자를 가지고 있는 비율은 42.8%를 차지합니다. 저희는 2012년부터 2016년까지 한국 법무부 통계 자료에 따라 다시 정리를 했는데, 당시 중앙대 박사생이 한글 공부에 대한 도움을 주며, 자료 정리를 했습니다. F4 비자(38.5%) 중의 '대부분의 F4 비자'는 69.6%를 차지하는데 여기서 '대부분 F4 비자'라고 따로 나눈 이유는 이주 노동자에 해당하는 비율로서 불법적이거나 해외 추방과 관련된 사람들도 포함이 되며, 이들 그룹을 주목해야 합니다. F2, F1 비자의 비율은 상대적으로 적은 편입니다. 그리고 '소수의 F4 비자'는 30.4%로 적은 편인데 앞서 설명 드린 바와 같이 대학 고등 교육을 받은 자에 해당하는 조건이 있는 중고급 인재 그룹입니다.

저는 위와 같은 비율에 따라서 응답자 1,492명을 대상으로 표본조사를 진행했습니다. F5 비자는 최근 몇 년 들어서 많이 증가했는데, 특히 2014년 한중 우호 관계가 최고조에 달했을 때, 11.4%로 증가했습니다. 소수의 F4와 F5 비자의 주요 직업 유형은 대기업 직원, 교육 서비스 분야 등등이 있습니다. 이러한 내용을 토대로 확인한 사실은 이민 정책이 직업 간의 분화를 형성한 것입니다. 직업의 분화는 재한 중국 조선족의 민족 정체성에 영향을 끼쳤다고 할 수 있습니다. 그리고 현재 다국적 정체성이라는 단어 역시 바로 재한 중국 조선족을 대상으로 말하고 있는 것입니다. 제가 방금 간단하게 설명했는데 사실 하나의 사례를 이야기한 것입니다. 직업 분화는 민족 구조적 분화를 결정짓는 가장 관건적 요소로서 막스 베버(Max Weber)의 사회 계층론을 차용했습니다. 여기서 사회 계층론은 기본 이론이며, 원생주의와 구조주의가 전체적인 이론입니다.

세 가지 측면의 논증 : 신분 소속, 사회 교류, 심리적 인지

일부 논증을 위해서 막스 베버의 사회 계층론을 활용했습니다. 이를 통해 직업 문화는 민족의 문화 구조를 결정하는 핵심적 요소라고 판단했습니다. 전문적인 지식과 기술이 필요한 중고급 취업자 그룹과 중국 연변대학교 교수님들이 자주 쓰는 표현인 3D(Dirty, Difficult, Dangerous)직업 그룹 간의 분화는 사회 측면에서 다국적 민족 정체성 형성 분화의 주요 원인이 됩니다.

해당 분야에서는 신분 소속을 첫 번째 요소로 다뤘습니다. 신분 소속의 의미는 해외 동포와 중국 조선족에서 나타난 분화입니다. 현재 한국인들은 중국 조선족들을 패션, 행동, 말투 등 외관상 특징으로 구분하는데, 한국에서 인터뷰한 중국 조선족 말에 따르면 많은 한국인이 조선족을 중국인으로 여긴다고 합니다. 제가 경기도 안산시에 탐방을 갔을 때, 조선족들이 말하길 한국인들은 조선족을 보고 '한글을 하는 중국인'이라고 말하지, 해외 동포라고 말하는 사람은 극히 드물다는 말을 전했습니다.

그럼 여기서 분석을 통해 발견한 사실이 있습니다. 한국인이 비교적 낮은 비율을 차지했던 소수의 F4와 F5 비자 종류를 지닌 중고급 직업군에 속한 조선족에게는 "해외동포"와 상응하는 호칭을 부르고 있는 것입니다. 바로 많은 비율을 차지했던 H2, 대부분의 F4 조선족과는 신분에 따른 분화가 생긴 것입니다. 서로 다른 집단에 따른 다른 명칭을 사용합니다. 자료는 총 665명의 H2 비자 소지자 중 조선족은 521명, 30명의 F2 비자 소지자 중 조선족은 22명이었고, 이들이 한국 현지에서 조선족이 "한국인" 혹은 "그들"로 불리는 경우였습니다. F5 비자 178명 중 131명과 대다수의 F4 598명 중 232명이 "동포" 혹은 "친구"로 불립니다. 이러한 내용은 자료를 통해 진행한 검증 과정입니다.

두 번째는 사회 교류입니다. 사회 교류 측면에서 살펴본 결과 한국 다국적 민족 정체성의 민족성 분화에는 '수용'과 '구분 짓기'의 두 가지 상태가 있습니다. 전반적으로 연구 과정 중에서 서로 다른 직업에 이 두 가지 형태가 존재한다는 사실을 발견했습니다. 간단히 설명하면 H2 비자와 대다수의 F4 비자 그룹은 한국인 동료와 동등한 직업군에 참여하며 한국인들은 '수용'적 형태를 보입니다. 한국인들이 F5와 소수의 F4 비자 소지자와 함께 근무를 할 때도 '수용'적 형태를 보이는 것을 발견했습니다. 재미있는 현상은 H2 비자와 대다수의 F4 비자 그룹을 하나로 묶고, F5 비자와 소수 F4 비자를 하나의 그룹으로 나누어 봤을 때, 그룹 간에도 '구분 짓기'가 형성되어 있습니다. 또 다른 흥미로운 사실을 말하자면, 확실하지는 않지만 대부분 한국인의 직업 중에 많은 지식이나 기술을 요하는 직업이 많다고 생각됩니다. 그렇다면 이러한 한국인들은 직업 유형의 이유로 H2와 대다수의 F4 그룹을 만날 기회가 상대적으로 적다는 것입니다.

정리를 해보자면, 일부 동일 직업군에서는 중국 조선족에 대하여 '수용'적 상태가 가능하지만, 전체적으로 보면 중국 조선족이 차지하는 비중이 매우 큰 대다수의 F4 그룹과 H2 비자는 한국인들과의 교류가 상대적으로 부족해서 서로 '거리감'이 형성된다는 의미였습니다. 저는 탐방을 통해서 1) 동종업계에서의 '수용'과 2) 공통의 취향(趣緣)에 따른 '수용' 두 가지가 있는 사실을 발견했습니다. 여기에서도 '수용'과 '분화'로 나누어집니다. '수용'의 경우, 같은 업무, 동일 업종에서의 '수용'입니다. H2 비자 그룹과 현지 한국인이 근무를 할 때는 똑같이 대학을 나오지 않은 비슷한 상황 때문에 친구로 여겨집니다. 이러한 민족 관련 연구는 우수 학술지에 등재되기도 했는데, 여러 가지 사례들이 포함되어 있습니다. 한국인들과 어울리는 방법 역시 해당 글에 포함되어 있습니다. 저희의 추측으로는 공통 취향에 따른 수용에서도 비자 그룹에 따라 다른 형태를 보입니다. 대부분의 H2, F2, 대부분의 F4 비자 그룹의 경우, 술집이나 회식, 카드놀이, 노래방 등을 통해 수용적으로 교류를 하고, 기술과 지식 수준이 높은 F5 비자와 소수의 F4 비자 그룹의 경우, 등산과 낚시, 여행을 통해 친분을 쌓는 것으로 보입니다.

세 번째는 심리적 인지입니다. 심리적 인지에는 불평등 대우와 존중, 두 가지 차이가 있습니다. 취업과 종교 신앙 측면에서 해당 문제가 발생합니다. 취업 문제에 있어서 불평등 대우가 상당히 많고 공정한 대우를 받은 경우가 적은 편입니다. 예를 들어, 우리가 일을 할 때는 근무시간, 환경, 대우 등 여러 가지 요소를 고려합니다. 한국 중소기업에서 근무하는 중국 조선족들에 대한 문제입니다. 당시 한국 정부가 이와 관련된 정책을 많이 제정했는데 해당 정책의 목표는 중소기업 노동력 부족 문제를 해결하기 위함도 있었습니다. 저희가 탐방을 할 때, 업무의 시간, 환경, 대우 측면에서 낮은 대우, 높은 강도, 근로 보장 미적용 문제 등 불공평한 문제들이 많이 발생한다는 의견을 많이 받았습니다. 해당 조사는 검증을 위한 조사였으며, 실질적으로 조사를 하면 수치가 조금 더 낮아질 수는 있으며, 해당 조사는 상대적인 판단이지 절대적인 내용은 아니라는 점을 말씀드리고 싶습니다.

불평등한 대우도 마찬가지로 조금 더 상대적인 내용입니다. 그렇다면 종교 활동에 있어서 나타나는 요소는 서로 '존중하는 태도'를 보이는 것입니다. 제가 서울대학교에 있을 때, 종교 신앙 관련 내용을 접한 적이 있었는데, 해당 부분에 흥미를 느껴서 종교 활동을 할 때는 어떤 이유로 1) 서로 존중하는 태도를 보이며 2) 서로의 생활에 대해 관심을 갖는지에 대해서 연구 및 설문 조사를 하면서 심도 있는 대화와 경험 사례를 관찰할 수 있었습니다. 이와 같은 방법이 바로 도구적 연구법이라고 할 수 있겠습니다. 그래서 앞서 말한 문화적, 사회적 요인에 대하여 기본 가설을 세우고 검증을 진행한 것입니다.

재한 중국 조선족과 한국인 사이에서 형성된 민족 정체성의 특징

이제 연구의 마지막 부분인 결론을 말하겠습니다. 연구에서 결론은 매우 중요한 부분입니다. 앞서 말한 관점을 정리하는 것만으로는 조금 부족할 수 있는데 두 가지로 생각할 필요가 있습니다. 첫 번째는 연구에서의 학문적 발견을 발현시키는 것입니다. 즉, 자신의 문장의 학술적 가치 혹은 연구 이론의 의미를 발현시키는 것입니다. 유명한 학술지에 등재된 글의 마무리 부분에서 연구 주제만 단순히 중복한 경우가 있는데, 이러한 글은 연구 분야에서 학술적인 교류를 했다고 할 수는 없습니다. 제가 계속 강조하는 것은 사회과학 연구이지 인문과학 연구는 아닙니다.

사회과학과 인문과학은 다른데, 사회과학 연구는 반드시 자신의 학술적 발견이 있어야 하고 역사적이거나 철학적 연구가 아닙니다. 설령 이러한 분야로 연구를 하더라도 반드시 학술적 발견이 있어야 합니다.

두 번째는 연구가 실제로 활용될 수 있다는 가치를 설명해야 합니다. 현지 정부 혹은 사회에 어떠한 결정적 참고 사항이 될 수 있는지를 설명해야 한다는 말인데 이러한 내용이 결론 혹은 마무리에서 잘 드러나야 합니다. 당연히 이러한 설명을 종합적으로 이야기해도 좋으며 앞에서 말했던 내용을 토대로 마무리 부분에서 언급이 되어야 합니다. 즉 재한 중국 조선족의 다국적 민족 정체성은 서양 연구의 다국적 민족 정체성 관점과 비교했을 때 완전히 같다고 할 수 없으며 어떤 점이 상이한지 설명해야 합니다. 기존 학술계의 일반적인 생각은 중국 조선족의 민족 정체성이 약화된 상태에서 한국으로 넘어간 후 민족 정체성이 강해질 것이며, 같은 뿌리를 가진 동족을 찾고 아버지의 나라를 찾는 심정으로 다가갈 것이라는 의견이 많았습니다. 그러나 이들이 한국으로 넘어간 이후 민족 정체성이 약화되었는데, 앞서 총론에서 말한 바와 같이 재한 중국 조선족은 한국인과 문화, 사회적으로 민족 정체성이 나눠지는 분화 상태가 생겼습니다.

첫 번째 부분이 학술의 혁신이라면, 두 번째는 관점의 혁신이라고 말씀드릴 수 있습니다. 관점의 혁신이란 재한 중국 조선족과 한국인 사이에서 형성된 민족 정체성이 공통의 역사 문화에만 국한되어 적용되지는 않습니다. 사실 공통의 문화를 매개로 하여 한국의 패션 문화와 음식 문화, 사상 관념 등의 요소가 다문화 특징을 발현시켰다고 할 수 있으며, 이들 또한 각각이 하나의 발견이라고 할 수 있습니다.

두 번째는 중국 조선족과 한국 사회 측면에서의 민족 정체성은 이민정책 구조의 결과로서, 민족 정체성의 구조론을 한국으로 이민을 간 당사자들을 통해서 검증을 했습니다. 앞서 설명했던 내용들입니다. 신분 소속, 사회 교류, 심리적 인지 등 세 가지 측면에서 발현이 되었고 민족적 분화가 생기면서 한국의 중국 조선족이 모두 다 똑같은 민족 정체성을 가지고 있지는 않음을 발견했고 다원화된 분화의 특징이 있다는 점을 발견했습니다.

세 번째로 발견한 사항은 중국 조선족 문화와 사회 측면의 정체성이 한국 사회와 융화되는 모습으로서, 이는 매우 중요합니다. 서양 학술계는 이민의 융화 주제에 대해서 이론적 논의를 진행했었던 바, 고든과 파커 등 학자들은 동화론(同化論), 다문화론(多元文化論), 구별과 융화론(區隔融入論) 등을 제시했었습니다. 이러한 이론의 주요 관점은 이민한 자들이 구미(歐美) 국가의 주류 사회에 융화되기 위해서는 문화 정체성 문제를 해결했어야 했습니다. 그런데 해당 이론 사례들을 보면, 서로 나눠지는 분화 특징도 있었습니다. 이 점이 바로 다국적 민족 정체성을 지닌 재한 중국 조선족에게 해당되는 사례입니다. 이들에게 있어서 사회 측면에서의 정체성이 존재하며, 이것이 한국 주류 사회와 융화되는 데에 장애로 작용합니다.

네 번째로, 위의 분석에 따라서 제언을 하고자 합니다. 한국 정부의 경우, 재한 중국 조선족과 해외 동포에 대해서 전문적인 사회적 우대 정책을 제시해야 합니다. 사실 이러한 의견은 한국 정부가 이미 정책을 시행하고 있고, 지식이나 기술 수준이 낮은 직업군, 특히 3D산업에 종사하는 중국 조선족을 위해 취업 환경을 개선하고 수입과 사회적 지위를 제고시켜 해외 동포가 마땅히 누려야 할 대우를 받을 수 있도록 노력하고 있습니다. 이러한 문제는 사실 중국의 농민공 문제와도 같다고 할 수 있습니다. 중국 정부의 관련 부처 역시 농민공의 사회 보장 보호와 권익 문제를 위해서 일련의 정책을 제정하고 있습니다.

또 한 가지는 중국의 관련 부처가 교육 홍보를 강화하여 조선족의 이성적인 해외 이민을 돕고, 이민 지역에서 다문화가 될 수 있도록 해야 합니다. 한국 이민을 준비하는 조선족은 중국 국내에서 직업 교육을 실시하여 한국 사회에서 적응하는 능력을 강화해야 합니다. 한중 양국의 공동 노력을 통해 조선족이 중국 혹은 한국에서 더 나은 생존과 발전의 기회를 누릴 수 있어야 할 것입니다. 다국적 민족은 양국과 주변 관계 나아가 동북아 안정을 수호하는 특수한 역할을 하고 있습니다.

저의 강의는 여기까지 마무리하도록 하겠습니다. 저는 구로구와 영등포구, 안산시, 금천구, 대림동 등 지역을 방문했었습니다. 대림동은 직업 교육소가 있는데 이곳에서 H2 비자를 신청한 분들이 시험을 보기도 합니다. 당시 설문조사를 이곳에서 진행했었습니다. 서비스 기관과 중국에서 지정한 아시아 동포 지정병원 등 지역을 방문했고, 사회적으로 결성된 재한 조선족 모임 장소인 가리봉동, 또한 식료품점과 음식점들도 방문했습니다.

저는 한국에 1년 동안 있으면서 15만 글자가 되는 연구 보고서를 제출했었습니다. 귀국 후에 저는 아시아연구센터에 관련 사업을 신청했고 한국에 대한 연구 성과를 《민주연구》, 《서남 민족대학보》, 《당대 한국》 등에 투고하였습니다. 시간상의 제약으로 전방위적으로 모든 부분을 다 이해하지는 못해서 아마 부족한 부분도 있을 것이고 정확도가 떨어지는 부분도 있을 것입니다.

몇 년 전 저는 해당 지역의 민족 발전 문제를 주목하게 되었고, 지금은 동북의 조선족과 중국 징진지(京津冀, 베이징, 톈진, 허베이) 지역 민족 발전 문제를 연구하고 있습니다. 2015년의 중국 정책 발표에서는 징진지(京津冀) 발전 요강도 포함이 되어 있었고, 2017년 당의 제19차 보고에서 중국은 해당 지역의 조화 발전을 중국 7대 전략 중 하나로 지정했습니다. 저는 해당 지역의 민족 발전 문제를 계속해서 주목하며 연구하고 있습니다. 앞으로 많은 토론이 있기를 기대해 봅니다.

交流

제6강

중국인이 '한류'를 바라보는 문화적 심리

피아오광하이(朴光海)

중국 사회과학원 정부관리학원 교수

‘한류’ 현상은 한중 관계에서 매우 중요한 문화 요소

저는 주로 한국 문화 연구와 한중 문화 비교연구를 하고 있습니다. 최근에는 한중 관계, 북한 문제와 동북아 국제정치 등 분야를 연구하고 있고, 해당 분야의 연구 경력도 다수 있습니다.

제 생각에, ‘한류’ 현상은 한중 관계에서 매우 중요한 문화 요소가 됩니다. 2022년은 한중 수교 30주년이 되며, 또 2021년과 2022년은 ‘한중 문화 교류의 해’이기도 합니다. 오늘날 한중 관계에 있어서 한류는 필수불가결한 구성 요소로 자리 잡았습니다. 특히 한류는 양국 관계 우호 발전 추진과 촉진에 있어서 윤활유 역할을 하기도 했습니다. 저는 오늘 강연에서 한류를 바라보는 중국인의 시선을 알아보기 위해 1) ‘한류’의 중국 전파 및 특성 2) ‘한류’를 바라보는 문화적 심리 3) 중국의 시각으로 보는 한류의 한계(限界)와 문제점, 4) 양국 관계에 가져다준 영향 등 크게 네 가지로 나누어 여러분들과 함께 이야기를 해보고자 합니다. 중국인이 한류에 대해 어떻게 생각하고 바라보는지에 대한 참고 사례가 되길 바랍니다.

1. ‘한류’의 중국 전파 및 5가지 특성

한류의 의미를 찾아볼 때, 한류의 중국 전파 및 특성을 살펴보면 정확하게 알 수 있습니다. 유학생 혹은 한국 학생 등 보통 사람이 생각하는 한류는 ‘한국 문화 유행’을 지칭하는 말입니다. 한류의 주요 콘텐츠는 드라마, 영화, 패션, 게임, 음식, 성형 수술, 만화, 애니메이션, 뷰티, 의료, 유통 등 분야이며, 중국, 동남아 등 지역에서 이와 같은 콘텐츠가 유행하는 사회문화 현상을 일컫는 말이 바로 '한류'입니다. 중국의 한류 발전, 전파 과정은 몇 가지 단계를 거쳐 왔습니다. 초창기에는 90년대 중반을 기점으로 한국 대중문화 열풍이 불기 시작했습니다. 그리고 이러한 문화는 단순한 엔터테인먼트 형식에서 방대한 문화사업으로 전환되면서 중요한 시점을 맞이했습니다. 다음 단계는 문화 산업 수준으로 도약한 이후에는 한국 문화 소프트파워를 구성하는 주요 요소이자 매개체가 되었습니다. 그러고 나서 또 한 단계 상승하여 문화 소프트파워를 토대로 국가 브랜드, 이미지 제고 측면에서 중요한 역할을 했습니다.

이러한 점이 한류의 중국 전파 과정과 하나의 특징입니다. 중국 또는 동남아시아 등을 비롯한 지역에는 다섯 가지 측면으로 한류의 특징이 나타나는데, 제가 특징들을 다음과 같이 종합하여 정리해 보았습니다.

첫 번째 특징은 단일 문화 장르에서 방대한 문화 산업으로 확장한 점입니다. 한류는 1990년대 중후반 한국 드라마와 음악, 댄스 등의 단일 문화 형식에서 유행하기 시작했고, 2000년대 들어서 하나의 문화 산업이 되었습니다. 즉, 단일 문화 장르에서 하나의 문화 산업으로 거듭나기까지 중국이 중요한 역할을 하였는데, 한류가 영향력을 발휘할 수 있는 기회의 장이 바로 중국에서 펼쳐진 것입니다.

두 번째 특징은 차별화 전략으로 각 연령별 팬을 확보하여 한류 영향력과 팬 층을 확장시켰습니다. 중년층이 좋아했던 〈대장금〉, 〈보고 또 보고〉 등과 같은 드라마는 모두 2000년대 초기에 유행했습니다. 화장품은 젊은 여성층에게 인기가 많았고, 중년 여성층 역시 패션과 화장품에 관심이 많았습니다. 그리고 한국 드라마와 한국 드라마에 나오는 배우 전지현 등과 같은 한국 배우들이 젊은이들 사이에서 사랑을 많이 받았고, 많은 젊은 층 사이에서 인기가 많은 한국 예능 프로그램과 한류의 영향으로 한국 여행을 꿈꾸는 이들이 많아지기도 했습니다. 이러한 차별화 전략을 매우 높은 수준으로 활용한 것입니다.

세 번째 특징은 강한 파급력으로 소비를 유도하고 경제적 효과를 본 특징이 있습니다. 한류는 파생성이 대단한데 한국 대한무역투자진흥공사와 한국문화산업교류재단이 발표한 보고서에 따르면, 한류로 거둔 경제적 이익이 대단히 많다는 발표를 내놓기도 하였습니다. 중국에서 〈대장금〉이 방영된 이후 한국 요리가 많은 이의 사랑을 받았고, 〈겨울연가〉 방영 후에는 남이섬이 중국 관광지의 성지가 되었습니다. 또 〈별에서 온 그대〉 방영 후, 극중 전지현이 썼던 선글라스 브랜드의 판매 실적이 매우 좋아졌습니다. 또 설화수 같은 한국 화장품 브랜드도 많은 인기를 누렸던 사례를 들 수 있겠습니다. 이처럼 한류의 파생성은 매우 강합니다.

네 번째 특징은 한류의 주요 특징 중 하나인데, 바로 창의성을 강조하는 특징입니다. 계속해서 새로운 콘텐츠를 창조해내어 대중들에게 신선함을 선사하는 이러한 특징이 한번 반짝하고 사라지는 한류가 아닌 계속해서 콘텐츠의 에너지와 힘을 갖게 하는 동력이 된다고 생각합니다. 그러나 2005년부터 2010년까지 한중 양국의 문화유산과 역사 등 부분에서 나타난 일부 갈등과 한류 소재와 콘텐츠 고갈로 인하여, 한류 문화에 대한 중국인의 싫증이 점차 커지면서 한류 발전에 슬럼프와 정체기가 시작되었습니다. 그리고 다시 2010년 이후, 중국에서의 한류 문화가 다시 살아나기 시작했습니다. 예를 들어 가수 싸이의 '강남 스타일'과 같은 K-pop, 〈런닝맨〉, 〈태양의 후예〉, 〈별에서 온 그대〉와 같은 예능 혹은 드라마 등 콘텐츠 문화들이 새로운 형식으로 나타나 중국 대중에게 더욱 신선하게 다가왔습니다. 이를 통해 한류가 침체기를 벗어나 다시 반등하기 시작했습니다.

다섯 번째는 한류의 특징에서 매우 중요한 부분입니다. 한류는 이상적인 삶과 물질만능 주의를 추구하며, 선구적이고 우아하며 풍족한 생활 방식을 지향합니다. 한국 드라마, 영화, 혹은 다른 여러 한류 문화 콘텐츠의 주요 내용은 긍정적이고 아름다우며 적극적이고 올바른 방향으로 비춰집니다. 또 반대로 일부 한국 유학생 혹은 한국에서 거주했던 중국인들의 말을 들어보면 한국이 드라마처럼 모든 것이 아름답지는 않으며 어두운 면도 있다고 전했습니다. 일부 한국 영화에서는 정치적 부패나 사회의 어두운 면을 담기도 한 것처럼 말입니다. 그래서 일부 사람들이 실제 한국의 모습과 한국 콘텐츠의 차이가 너무 크다고 느낄 수 있습니다. 이러한 점도 중국인이 생각하는 한류의 이미지입니다. 그러나 인류가 아름다운 생활과 인생, 물질을 추구하는 것은 만국 공통이라고 생각됩니다. 그리고 이러한 측면에서 한류가 중국인들에게 해당 모습과 생활 방식으로 나타낸 것입니다.

2. '한류'를 바라보는 문화적 심리 : 6가지 측면

이제 두 번째 부분으로 넘어가서 '한류'를 바라보는 문화적 심리에 대해 이야기해보도록 하겠습니다. 제 논의에서 매우 중요한 내용이 되겠습니다.

실제로 1990년대 중후반부터 한류가 중국 대륙으로 유입되었고 20여 년이 흘렀습니다. 20여 년 동안 다양한 발전 과정을 거쳐 왔는데, 이 발전 과정에서 한류를 바라보는 중국인의 시선에 대해 6가지 측면의 문화적 심리로 정리해 보았습니다.

우선, 한류 유입 과정에서 나타난 중국인의 심리는 인정하고 본받고자 하는 정서입니다. 특히 청소년의 경우, 이와 같은 특징을 보이는 집단입니다. 이들은 한류에서 나온 갖가지 형식, 콘텐츠, 심미적 취향을 적극적으로 받아들이고 공감하여 적극적으로 따라 하며 스스로 충실한 한류 팬이 되고자 합니다. 중국에서는 이러한 팬층을 가리켜 하한(哈韓)족이라고 합니다. 아마 여러분들도 하한족에 대해 들어보셨으리라 생각됩니다. 한번은 제가 상하이 지역으로 출장 갔을 때, 한국 가수 김준수가 상하이에서 뮤지컬을 하기 위해 온 적이 있었습니다. 그때 마침 공연을 보게 되었는데요. 당시 무대 앞에는 그의 팬들로 가득했고 모두가 흥분 속에 있었습니다. 어린 팬들이 공항에서 뮤지컬 공연장까지 함께했는데, 위와 같은 심리적 작용이 청소년에게 매우 큰 영향을 미쳤습니다. 이러한 현상은 중국 사회 발전 단계의 모습과도 같습니다. 일반적으로 청소년은 감각적, 선구적, 격정적이며 심미하고 새로운 요소 등을 좋아합니다. 그리고 마침 한류, 한국의 인기가요 등 요소들이 이들에게 신선한 자극이 되었고, 청소년의 심리적 특성과 수요를 만족시킨 것입니다. 또한 해당 요소가 이들에게는 그동안 쌓여왔던 스트레스와 억압된 감정을 풀 수 있는 중요한 매개체가 된 것입니다. 그래서 이렇게 열성적인 팬이 생겨난 것이며, 한류 팬 중에서 일부는 매우 적극적으로 열광하는 모습을 보이기도 합니다. 2000년 초반부터 2010년까지는 베이징, 상하이 등 주요 도시에서 수많은 청소년이 한류 스타일의 옷과 액세서리를 한 모습을 쉽게 볼 수 있습니다. 또 다른 예로는 한류의 영향으로 중국인이 한국으로 넘어가 연습생 훈련 기간을 거쳐서 연예인으로 데뷔하는 경우도 있었습니다. 한국에서 연습생 생활을 했던 사람이 인기가 많아지기도 했습니다. 예를 들어 가수 한경(韓庚)의 경우, 중국 헤이룽장성 무단장(黑龍江牡丹江人) 출신으로 2005년 한국 가수 그룹 슈퍼주니어(Super junior)의 유일한 중국인으로 데뷔를 했고, 한국에서 정식으로 데뷔한 첫 번째 가수였습니다. 현재 그는 중국 엔터테인먼트 분야에서 상대적으로 높은 인지도를 자랑하고 있습니다. 가수 한경의 경우 현재 중국 연예계에서도 계속 활동 중입니다. 또 유명한 가수는 베이징 출신의 루한(鹿晗)입니다. 그는 2012년 한국 남자 아이돌 그룹 엑소(EXO)로 데뷔하였고, 현재는 중국 연예계에서 활동을 이어나가고 있습니다. 연예인 빅토리아(宋茜) 역시 그룹 f(x) 리더로 가수 데뷔를 하였고, 2008년 배우로서 중국과 아시아 지역에서 활동을 하며 많은 사랑을 받고 있습니다. 이 모든 것들이 한류의 영향으로 중국인이 한국으로 건너가 연습생 경험을 한 뒤에 다시 중국으로 돌아가 중국 연예계 활동을 하고 있고, 아시아 지역 연예계에서도 성공을 이룬 연예인들입니다.

두 번째, 한류를 바라보는 중국인들의 심리는 체험과 느낌에서 오는 심리적 요인입니다. 한중 양국의 수교가 92년에 수립되었지만, 사실 1945년 이후, 두 국가의 이데올로기 문제 혹은 양국 수교가 제대로 이루어지지 않은 상태에서 반세기가 넘는 기간 동안 한국에 대한 중국인의 이해도는 완전히 백지 상태였습니다. 그래서 한류 문화가 중국으로 유입되었을 때 중국인들은 신선함을 느꼈습니다. 사실 한중 양국은 지리적으로도 매우 가깝고, 같은 문화를 공유하고, 국민 간 정서도 우호적이었습니다. 그러나 약 50년의 기간 동안 서로 다가가지 않고 서로 이해하지 못했던 상황 속에서 한류 바람이 불었고 중국인들은 친근하면서도 해외 문화를 체험해보고자 하는 마음이 생기기 시작했습니다. 그래서 한류에 대한 중국인의 심리가 다른 국가의 문화를 체험해보고 느껴보고자 하는 마음이 반영된 것입니다. 베이징, 상하이 등 지역에서는 코리아 타운의 한국 식당을 쉽게 볼 수 있고, 한국으로 여행을 떠나기도 하며 해외 문화를 즐겼습니다. 해외 문화를 체험하는 느낌으로 여행을 떠나는 것입니다.

최근 코로나 바이러스 사태로 인해 양국의 해외 출국이 더욱 어려워졌지만, 코로나 바이러스가 종식된 후에 한국 여행을 하는 중국 여행객인 요우커(遊客)들이 훨씬 더 많아질 것입니다. 한국과 중국은 거리가 매우 가까워서 주말에도 넘어갈 수 있으며 제주도 등 지역을 구경할 수도 있기 때문에 많은 중국인이 선호하는 국가입니다. 물론 너무 많이 가면 반감이 생길 수도 있겠지만, 그렇다 하더라도 한국은 중국인이 좋아하는 여행지 중 한 곳입니다.

제가 도표를 하나 준비했습니다. 2015년까지 중국인의 한국 여행 데이터인데 2005년부터 계속해서 상승하는 모습을 보이며 2012년 이후 대폭 증가한 추세입니다. 2014년에 최고 절정에 달했는데, 여행객수가 600만 명을 초과하였습니다. 그리고 2016년 2017년 이후 한중 양국 관계가 교착 상태에 빠지면서 해당 수치는 다소 감소하였고, 작년 코로나 바이러스 사태로 인해 더욱 더 감소했습니다. 제 기억으로 2014년 상호 관광 방문자 연인원이 무려 1,000만 명을 돌파했기 때문에 코로나 바이러스가 종식된 후에는 방한(訪韓) 요우커의 숫자는 다시 증가할 것으로 보입니다.

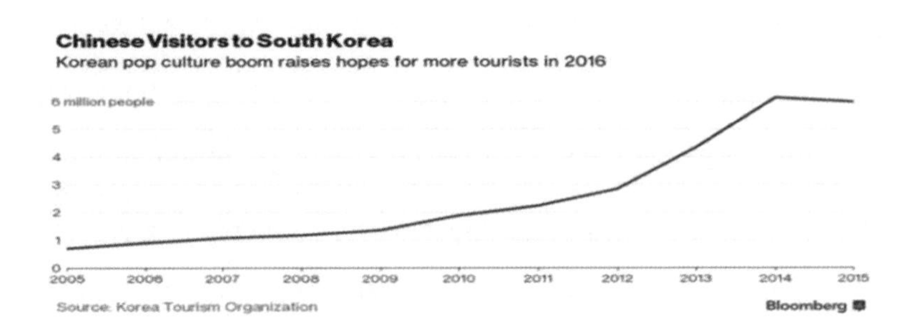

세 번째는 장점을 배우고 벤치마킹을 하고자 하는 심리입니다. 중국의 일부 지식인과 문화 산업 종사자들이 한류의 성공한 원인, 경쟁력 요인 분석 등 한류 문화에 대한 분석을 목적으로 한류를 바라봅니다. 당연히 한류에도 단점은 있겠지만 일부 지식인들은 중국의 문화 산업 발전을 위해서는 한국의 우수한 경험 사례와 노하우를 본받고 배워야 한다고 제안합니다. 중국은 중국 문화 산업 추진과 문화 소프트파워 발전 및 강화를 위해서 한류의 장점을 배울 필요가 있습니다. 대표적인 자료로 저우샤오밍(周曉明)을 포함한 여러 작가의 저서 『한류로 본 중국 문화 산업의 발전 출로』와 루어위안위안(羅媛媛)등 작가들의 『한류 열풍이 중국 문화 산업진흥에 주는 시사점』 등 다양한 서적이 있습니다. 이렇듯 중국이 한류와 같은 한국의 문화 산업 추진을 바라보며 어떠한 방식으로 이를 배울 수 있을 수 있는지 연구하고자 하는 심리가 작용한 것으로 보입니다.

네 번째는 한류는 일시적인 문화 유행 현상이며 일시적인 열풍으로 지속 가능성이 부족하다고 보는 심리입니다. 특히 중장년층과 고학력 남성 그룹의 경우 이와 같은 생각을 하는 사람이 많았습니다. 그들은 한류는 내포된 의미가 부족하며 잠재력이 약하다고 생각하며 청소년과 젊은 여성에 부합하는 문화라고 여깁니다. 또한 청소년 사이의 유행, 여성문화, '패스트푸드' 문화로 봅니다. 이들이 이와 같이 생각하는 이유는 과거 1980년대 일본 드라마, 일본 영화 등 일본 문화가 중국에서 상당히 유행한 적이 있었습니다. 당시에 제가 어린 나이였을 때에는 일본 드라마를 봤었고, 배우 야마구치 모모에(山口百惠)와 미우라 도모가즈(三浦友和) 그리고 드라마 〈혈의(血疑)〉, 〈배구여왕(排球女將)〉 등 기억이 선명합니다. 또한 1990년대 중후반부터 2000년 초반에 한류의 열기가 식어 갔기 때문에 이들은 한류 역시 마찬가지로 일시적 열풍으로 오래가지 못하고 금방 사라질 것이라고 생각했습니다. 특히 중국 문화 엔터테인먼트 산업의 발전으로 한류 흐름이 끊기는 것은 시간문제라고 생각했습니다.

다섯 번째는 한류를 일종의 문화적 침략으로 보는 시선입니다. 중국의 일부 영화감독과 배우 등 문화 산업종사자와 일부 문화학자 사이에서 이와 같은 시선과 심리가 존재합니다. 루가오펑(陸高峰)의 저서 『경계 한류 문화 침략(警惕韓流文化入侵)』와 『성병세계(聲屏世界)』 2007년 제6판, 66페이지에서는 "사실상 한류는 중국 문화와 중국인 정신에 깊숙이 파고든다. 이러한 침략은 엔터테인먼트 분야뿐만 아니라 경제 분야에서도 적용된다. 그렇기 때문에 국가문화안보적 시선에서 생각하면 한류 침략과 중국인의 하한(哈韓) 현상에 대한 경계를 강화해야 한다"고 언급한 바 있습니다. 저 역시 관련 글들을 많이 살펴봤는데, 경제 측면을 염려하는 내용들이었습니다. 한류 영화와 드라마가 중국에 상륙된 이후 많은 이들이 그들의 작품보다는 한국 드라마나 영화를 선택했기 때문에 중국의 영상 매체 업계들은 큰 타격을 받을 수밖에 없었고 이러한 상황에서 위와 같은 생각을 가지게 된 것입니다. 또한 문화 안보 측면에서는 보면, 한류의 중국 진출은 청소년에게 상당한 영향을 미쳤는데, 이 역시 하나의 문화 안보 침략으로 보이기 때문에 경계해야 한다고 주장합니다.

여섯 번째는 혐오와 반감 심리입니다. 구체적으로 몇 명이 이러한 의견을 가지고 있는지 수치를 따로 따져보지는 않았으나 실제로도 이런 생각을 가진 중국인이 있기도 합니다. 말 그대로 한류를 그닥 좋아하지 않는 사람들입니다. 그 이유는 다양한데 2005년에서 2006년에 한중 양국 간에 단오제(端午祭) 등과 같은 문화유산 갈등과 역사적 인지 차이가 있었으며, 일부 매체의 부적절한 보도, 민족주의 정서, 양국 경제력 변화 등 요인이 있습니다. 1992년 한중 수교 당시에 한국 경제는 '한강의 기적'과 88 올림픽 등을 맞이하며, 중국 경제보다 더욱 발전된 상황이었습니다. 그러나 2010년 중국이 일본을 넘어 세계 제2의 경제대국이 되었지요. 이러한 상황 역시 또 다른 하나의 중요한 원인이자 기점이 되었습니다. 1992년 한중 수교 시절, 한국을 우러러보는 중국인들이 상당히 많았습니다. 솔직히 말하자면 중국 여행을 한 한국인들을 포함하여 한국인 스스로도 중국과 비교했을 때 상대적인 우월감을 갖고 있었습니다. 그러나 2010년 이후 중국 경제 발전은 급속도로 발전하여 한국을 넘어 G2국가이자 세계 제2의 경제국이 되었고, 중국인의 심리적 변화가 생긴 것입니다. 마찬가지로 한국인의 심리 역시 미묘한 변화가 나타나기도 했습니다. 그래서 이때 중국인들이 한류를 무시하는 등 중국에서의 한국 위상이 떨어졌습니다. 한류를 욕하는 등 비하 발언들은 양국 관계에 영향을 주는 좋지 않은 발언입니다. 특히 인터넷에서도 한류와 한국을 비방하는 글이 많이 나왔고 이 때문에 양국 간의 이해에도 변화가 생겼습니다. 특히, 2008년 베이징 동계 올림픽 개최 리허설 당시의 모습과 관련하여 인터넷에서 양국 네티즌 사이에서 설전이 벌어지기도 했습니다. 이처럼 양국 간 문화 갈등, 문화유산 갈등 등은 상호 간 반감을 야기하고 혐한 현상으로까지 이어지는 심리적 상태를 초래했습니다.

3. 중국의 시각으로 보는 한류의 한계(限界)와 문제점 : 5가지 한계

이제 다시 세 번째 내용으로 넘어와서 중국의 시각으로 바라보는 한류의 한계성과 한류의 문제점을 여러분과 함께 공유하고자 합니다. 해당 내용 발표를 준비한 이유는 제 연구 성과이자 연구를 하면서 깨닫게 된 부분이기도 합니다. 한류는 문화적으로 중국에 신선함을 선사했고 중국 문화 산업 혹은 중국 문화 소프트파워 등 분야에서 긍정적인 영향을 미쳤습니다. 또 다른 한편으로는 한류 전파와 유행을 이야기할 때는 부정적인 영향을 미칩니다. 이러한 부정적인 영향과 한류의 한계를 크게 5가지로 나눠보았고, 혹시 잘못된 부분이 있다면 말씀 부탁드립니다.

제가 느끼기에 한류는 과도한 상업주의와 이익 추구 경향이 뚜렷하다고 여겨집니다. 한류의 중국 진출 초창기에는 이러한 이익 추구 경향이 그다지 강한 편은 아니었기 때문에 모두가 신선함을 느끼며 긍정적으로 바라보았습니다. 그러나 한류를 통해 한국 정부, 엔터테인먼트 회사 및 연예인들이 큰 수익을 거두게 되자 경제적 이익을 추구하는 경향이 매우 뚜렷해졌습니다. 실제로 한 한국 연예인이 경제적으로 여유가 없어지면, 바로 중국으로 넘어가 일한다고 발언한 일도 있었습니다. 이러한 모습을 통해 한류 관련 주체들이 중국을 큰돈을 벌 수 있는 시장, 경제적 이익을 확보할 수 있는 비즈니스 시장으로 여겼다고 할 수 있습니다. 당연히 일종의 문화 산업으로서 한류가 상업적 이익이 우선적으로 고려되어야 하는 사실은 어느 정도 당연하다고 볼 수 있습니다. 그러나 과도한 상업주의 경향과 눈앞의 이익만을 채우려는 모습에 중국인의 반감을 사기 시작했고 배척하기 시작한 것입니다. 그렇기 때문에 중국에서 한류가 지속적으로 발전하기 위해서는 경제적 이익과 문화 교류 간 관계의 균형을 맞춰나가는 것이 한류 문화에서 해결되어야 하는 중요한 과제가 되었습니다.

두 번째, 한류의 한계는 문화 교류의 비대칭이라고 할 수 있습니다. 한중 양국 문화 교류와 문화 산업 무역의 상황으로 살펴보면, 한류 중심의 한국 문화가 중국 사회와 중국인 소비력에 미치는 영향이 한풍(漢風)을 중심으로 중국 문화에 대한 한국 사회 혹은 한국인의 문화 소비보다 월등하게 앞서고 있습니다. 즉 양국 간 문화 교류와 문화 산업 무역에 비대칭 현상이 뚜렷하다는 것입니다. 2002년 자료에서는 한국 문화의 무역 흑자가 10대 1의 비율로 나타나기도 했습니다. 2002년 67편의 한국 드라마가 중국으로 수출되었고, 2005년에는 150편으로 증가하였습니다. 또한 드라마 〈대장금〉의 경우, 중국 시청자는 1억 8천 명을 기록 하였습니다. 그러나 중국은 드라마, 중국 영화가 한국에서 방영되거나 상영이 되면 당연히 인구수와 규모 측면에서 상황이 다르긴 하지만, 한류와 상응하는 많은 관객수를 동원하지 못했습니다. 그렇기 때문에 한중 간 문화 교류에 비대칭이 존재한다고 말하고 있습니다. 향후 양국이 함께 노력해서 문화 교류 비대칭 문제를 해결하는 방안을 함께 모색해야 할 것입니다. 이밖에도 2014년 한국에서 성형 수술을 한 중국인 수는 연 인원 5억 6천 명으로 2010년부터 2014년까지 20배나 증가하였습니다. 많은 사례가 있는데, 한 젊은 여성이 한국에서 성형 수술을 한 다음 중국으로 귀국하려고 하자 출입국 심사 직원이 여성의 얼굴이 갈 때와 달라졌다고 이야기한 사례도 들은 적이 있습니다. 제가 거주하고 있는 베이징에는 왕징(望京) 등 한국인이 많은 곳에는 성형외과가 많습니다. 한국의 성형 기술은 중국의 젊은 여성층에게 매우 큰 영향력을 미쳤다고 할 수 있습니다.

세 번째로 생각되는 한류의 한계는 '문화민족주의' 정서가 여전히 있다는 점입니다. 한중 양국은 2,000여 년의 역사를 거치며 같은 문화를 공유하며 유교 문화 등 여러 면에서 문화적 뿌리가 같습니다. 그러나 단오제와 같은 문화유산 문제와 김치, 한복 등 각 측면에서 한중 양국 간 서로의 문화를 부정하는 경향과 심리가 작용했고, 심지어 극단적인 민족주의 정서를 내비

치기도 합니다. 이러한 현상은 바람직하고, 긍정적인 한중 교류에 부정적 영향을 끼칩니다. 한류 문화에서는 이러한 극단적인 문화민족정서를 주의해야 합니다. 또 일부 한국 드라마나 사극, 영화에서 중국인에 대한 왜곡되고 폄하한 모습을 담아내기도 했는데 이로 인해 중국인에게 부정적인 느낌을 강하게 심어주어 중국인의 반(反) 한류 정서를 야기하기도 했습니다. 그렇기 때문에 이러한 부분과 극단적인 문화민족주의 정서를 조심해야 할 필요가 있습니다.

네 번째 한류의 한계는 문화 우월주의 심리입니다. 객관적으로 봤을 때, 한류 중심의 한국 문화 산업은 중국 문화 산업을 앞섰는데 콘텐츠 제작 수준이나 제품 포장, 시장 마케팅 등 분야에서 중국이 배워야 할 점이 많습니다. 하지만 이런 사실만으로 한류 문화가 중국 문화보다 우월하다고 말할 수는 없습니다. 특히 한국 매체에서 해당 분야를 더 잘 다뤘어야 한다고 생각합니다. 한국 매체가 중국의 한류 현상을 보도할 때, 한류가 문화적으로 우월한 위치에 있는 형태로 묘사되고, 중국 대중문화는 패션 유행을 선도하는 주요 요소들이 부족하고, 보수적이고 폐쇄적이기 때문에 한국 대중문화의 진보성과 우월성으로 중국에서 크게 흥행을 거두었다는 메시지를 전하였습니다. 이러한 태도와 오도는 중국의 현지 상황을 잘 알지 못하는 한국인에게 문화적 우월감을 심어주었습니다. 그래서 이러한 매체 보도를 접하고 마음속 깊은 곳에 문화 우월감을 가진 한국 연예인들이 중국 예능 프로그램에 참여하여 부적절한 언행을 하기도 하였습니다. 한류가 진정한 의미에서 문화 소프트파워로 거듭나고 많은 이의 인정을 받기 위해서 이러한 미성숙한 문화적 정서를 방지하는 것이 가장 좋습니다. 계속해서 이러한 문화 우월주의가 이어진다면 향후 한류 유행에 큰 걸림돌이 될 것입니다. 한국 언론에서는 한류 열풍을 '중국정벌', '대륙정벌'이라도 보도하였는데 적절한 표현은 아니라고 생각됩니다. 작년에 한국학중앙연구원 임현진 이사장의 논문 「한국학, 세계화를 위한 방법론적 전략 : 한류가 주는 교훈」을 읽었습니다. 최근에 저는 해당 저서가 중국 간행물에도 등재되었으면 하는 마음으로 다른 선생님과 함께 해당 논문에 대한 중문 번역 업무를 진행하고 있습니다. 해당 논문에는 과거 20여 년 동안 한류의 발전 흐름과 한류로부터 얻은 교훈들을 심도 있게 다룬 연구인데, 한류의 해외 진출 전략과 세계인들에게 보편적인 문화로 자리할 수 있게 된 요인 등을 분석했습니다.

최근 한국 매체들은 일제히 방탄소년단(BTS) 관련 소식을 전하고 있습니다. 방탄소년단(BTS)의 팬인 아미(Army)가 전 세계에 분포되어 있고, 3,000만 개 팬클럽이 형성되어 있다고 합니다. 방탄소년단을 포함한 한류 문화가 중국과 전 세계를 무대로 더욱 더 발전하기 위해서는 한류가 가지고 있는 문화 보편성 의미를 먼저 생각하여 접근을 한다면 한류의 영향력은 더욱 더 커질 것입니다. 여기까지가 중국의 시선에서 보는 한류였습니다.

4. 한류가 양국 관계에 가져다준 영향 : 전반적으로 긍정적

이제 네 번째 부분입니다. 한류가 양국 관계에 가져다준 영향에 대해 간단하게 이야기를 하고자 합니다. 전반적으로 봤을 때 한류가 양국에 끼친 영향은 긍정적이라고 말할 수 있겠습니다.

첫째는 한류는 한국과 한국 문화에 대한 중국인의 이해, 인지 측면에 긍정적인 역할을 하였습니다. 실제로 많은 중국인이 한류를 통해서 현대적이고 발전하는 한국 모습을 접했습니다. 또한 한류로 인해 한국 음식 문화를 체험하고, 한국으로 관광을 가고, 삼성 휴대폰 혹은 현대 자동차를 사용하거나, 한국 화장품과 패션을 선호하는 등 한국과 한국 문화를 이해하는 데 매우 긍정적인 추진 역할을 하였습니다.

두 번째로 한류는 양국 관계 발전 및 교류의 윤활유가 되었습니다. 과거 한중 합작 영화였던 배우 정우성 주연의 〈무사〉는 당시 중국에서 큰 사랑을 받았습니다. 또한 200여 개 대학교에서 한글을 가르치는 학과를 개설했고 현재 한글 학습자는 3만 명에 달합니다. 한글의 중요성이 인정되면서 중국 인사부(人社部)에서 작년부터 한글을 중국외문국(中國外文局)의 외국어 시험인 'CCATTI' 시험의 시험 언어로 선정하였습니다. 이러한 내용이 매우 핵심적인 내용입니다. 한국 유학생도 7만 명 가까이 되는 것으로 알고 있습니다. 그러므로 한류와 한국 문화가 우호적인 관계를 추진하는 윤활유 역할을 한 것입니다. 작년 3월에 드라마 〈대장금〉의 주인공이었던 배우 이영애가 싱하이밍(邢海明) 주한 중국대사와 함께 중국 코로나 극복을 위한 중국 의료진 응원 영상을 촬영하여 중국인의 마음을 따뜻하게 하기도 했습니다. 또한 중국에서 큰 사랑을 받은 가수 장나라는 과거 후진타오(胡錦濤) 주석과 악수를 하기도 했습니다. 이렇듯 한중 양국 교류에 있어서 이점이 많습니다. 또한 문재인 대통령 방중 기간에 배우 송혜교가 함께 참여하여 문화 대사로서 역할을 다하였고, 중국에서 많은 사랑을 받았습니다.

이러한 모습들이 모두 양국 관계에 미친 긍정적인 영향들입니다.

세 번째는 특히 2020년 2월과 3월, 주중 한국대사관이 "중국의 어려움은 우리의 어려움"이라는 현수막을 걸어 양국을 응원하면서 많은 중국인이 감동을 받은 일이 있습니다. 2020년 2월, 당시 중국 우한(武漢) 지역에 수많은 어려움이 있었고, 주중 한국대사관에서 이와 같은 문구를 걸면서 중국인 사이에서 한국에 대한 우호적인 감정이 많이 생겼습니다. 또한 한국 대구 지역의 코로나 바이러스가 심각해졌을 때도 중국이 통일신라 시대 학자인 최치원의 시구 '도불원인 인무이국(道不遠人, 人無異國, 도는 사람과 멀리 있지 않고, 사람은 나라에 따라 다르지 않다)'이라는 말과 조선 시대 문인 김정희의 세한도에 나오는 구절 '세한송백 장무상망(歲寒松柏 長毋相忘, 추위에도 의연한 소나무와 잣나무처럼 오래도록 서로의 우정을 잊지 말자)'을 담은 메시지를 보내어 양국이 슬픔과 고난을 함께하고 코로나 바이러스 극복을 위해 함께 싸우는 것은 두 나라가 동일한 문화권에 있고, 문화적으로 같은 공감대를 형성하고 있다는 것을 의미합니다. 이러한 한류 혹은 문화 공통점 등 요인이 양국 관계에 긍정적인 영향을 미친 것입니다.

문화적 갈등, 역사 문제들이 문화 민족주의 정서로 확산되지 않고 양국의 관계에 긍정적인 바람이 불도록

네 번째는 앞에서 언급했던 문화 민족주의 정서를 이야기할 수 있겠습니다. 이는 실제로도 양국 관계에 부정적인 영향을 미치기 때문에 저 역시 한중 문화 간 갈등 완화와 갈등 발생을 방지하기 위한 방안 마련을 계속해서 연구하고 있습니다. 그러나 사실 한국과 중국은 2000년의 역사 속에서 교류하고 왕래했던 사이로서 수많은 문화유산들을 함께 공유했다고 할 수 있습니다. 명확하게 선을 그어 자신의 것이라고 주장하기에는 우리는 너무 많은 문화를 공유했고, 뿌리도 같다고 할 수 있습니다. 그렇기 때문에 문화민족주의에서도 특히 극단적인 문화민족주의가 나타난 원인은 서로에 대해 잘 알지 못해서이기 때문입니다. 비록 중국의 14억 인구와 한국의 5100만 인구 사이에서 연 인원 1,000만 명의 관광객이 두 나라를 오가고 있지만 서로에 대한 이해도는 현저히 낮다고 할 수 있습니다.

또한 광활한 국토 면적을 가진 중국의 남방지역에 있는 많은 중국인이 한국이 어디 있는지도 잘 모를 수 있고, 심지어 춘추전국 시대 전국칠웅(战国七雄)의 일곱 제후(诸侯)국 중 한(韩) 나라를 연상하기도 했습니다.

또 과거에는 한국인들이 한국에 있는 중국 유학생이나 중국인에게 중국에 대한 오해를 품은 갖가지 질문들을 하기도 했었습니다. 지금은 상황이 많이 좋아졌지만 말입니다. 그렇기 때문에 한중 양국과 양국의 국민이 서로에 대한 이해가 매우 부족하다고 생각합니다. 뿐만 아니라 서로를 대하는 태도 역시 매우 중요합니다. 중국의 경제력, 국력이 강화되면서 세계 무대에서 중국의 영향력이 점점 커졌을 때 한국은 해당 현상을 그다지 반기지 않았다고 생각됩니다. 게다가 중국 발전에 대한 염려 섞인 감정들도 생겨났지요.

2015년 한국 공영방송 KBS에서는 〈슈퍼 차이나〉라는 제목의 다큐멘터리를 총 7편으로 제작한 적이 있었습니다. 해당 다큐멘터리 속에는 중국 발전을 바라보는 한국의 시선 등에 대해 다뤘는데, 이러한 종합적인 요소들이 합쳐서 한중 문화, 역사적 인지 등 분야에서 격한 갈등이 일어난 것입니다. 그렇기 때문에 문화적 갈등, 역사 문제들은 학술 범위 내로 국한하고, 이러한 갈등이 문화 민족주의 정서로 확산되지 않도록 방지해 양국의 올바른 관계에 악영향이 되어서는 안 된다고 생각합니다. 이러한 문제가 계속된다면 작은 요인들로 양국 간 관계가 악화될 수도 있기 때문에 이러한 정서는 반드시 없애거나 피해야 합니다.

우리는 2022년 한중 수교 30주년을 바라보면서 계속해서 양국 관계의 비약적인 발전을 거둬왔습니다. 중국은 2012년에 이미 일본과 미국을 추월하여 한국의 최대 무역국과 최대 수출시장이자 최대 수입국으로 자리매김하였습니다. 한국 역시 중국의 3대 무역국이자 2대 수입국이 되었지요. 2015년에는 한중 자유무역협정(FTA)을 체결하였습니다. 이렇듯 양국 관계는 세계가 주목하는 성과를 거두었습니다. 학술계와 외교계에서는 한중 양국 관계가 양자 관계의 모범이 될 정도로 한중 관계는 서로가 매우 가까우면서도 중요한 사이로 거듭났습니다. 그렇기 때문에 중국인의 시선에서 바라보는 한류와 중국인의 정서가 양국 관계의 발전에 실질적인 효과로 반영이 됩니다. 그래서 저는 한중 문화 연구 혹은 한중 관계 문화학자로서 양국 관계가 지속적으로 긍정적이고 올바른 방향으로 발전하기 위한 헌신을 아낌없이 다할 것이며, 양국 국민이 서로를 이해하고 알아가는 데에 더 유익하고 긍정적인 바람을 불러일으키게 할 수 있습니다. 이것이 제가 바라는 점입니다. 경청해주신 여러분께 감사의 인사를 드립니다. 감사합니다.

交流

제7강

린위탕(林語堂)과 한국

뉴린졔(牛林杰)

산둥대학교 외국어학원 교수, 한중일협력연구센터장

20세기 전반의 중국과 한국 문인 사이의 교류 : 량치차오, 루쉰, 린위탕

오늘 '링위탕과 한국'을 주제로 그의 작품에 대한 번역과 소개, 인문 교류 등을 중심으로 이야기를 해보겠습니다. '린위탕과 한국'에 대해 말씀드리기 전에 20세기 전반의 중국과 한국 문인 사이의 교류를 돌이켜보면 비교적 많은 교류를 한 문인으로 세 명을 들 수 있을 것 같습니다.

한 명은 량치차오(梁啓超)라고 하는데, 20세기 초에 이미 한국에 소개되어 많은 영향을 끼쳤습니다. 당시 한국은 개화기, 즉 계몽운동 시기였습니다. 량치차오는 중국의 아주 유명한 계몽운동가이면서 사상가입니다. 무술변법(戊戌變法)이 실패한 후 그는 일본으로 망명했고 일본의 요코하마에서 《청의보(淸議報)》·《신민총보(新民叢報)》·《신소설(新小說)》 등을 창간했습니다.

그래서 당시 그가 제기한 시계혁명(詩界革命), 문계혁명(文界革命), 소설계혁명(小說界革命)은 중국뿐만 아니라 20세기 초의 한국을 포함한 동아시아 나라들에게도 큰 영향을 미쳤습니다. 그 이유 중의 하나로 한국에서 그에 대한 소개가 상당히 많았기 때문입니다. 당시 한국의 일부 신문잡지에서 신채호, 현채, 장지연, 박은식 등 계몽사상가들은 량치차오의 저서들을 빌어서 그의 사상들을 한국에 광범위하게 소개하고 선전했으며 한국의 계몽운동을 추진했습니다. 량치차오는 중국 문인으로서 20세기 초에 한국에 가장 큰 영향을 미쳤다고 생각합니다.

그리고 한국에서 비교적 많이 소개된 두 번째 중국인은 루쉰(魯迅)일 겁니다. 루쉰의 소설, 이를테면 『아큐정전』, 『광인일기』 등은 중국에서 발표되

자마자 바로 한글로 번역되었고 한국에서도 상당한 영향을 미쳤습니다. 또한, 그의 소설집은 끊임없이 한글로 번역되어 한국에서 어렵지 않게 볼 수 있습니다. 많은 문인들도 루쉰과 관련된 것을 많이 썼고 전문적으로 루쉰을 연구하는 전문가들도 있습니다. 루쉰의 영향력이 아주 크다는 것은 두말할 나위가 없습니다. 그렇지만 루쉰과 한국의 문인 사이의 상당히 많은 교류는 아마 여러분들이 잘 모르실 겁니다.

여기 사진 몇 장이 있습니다. 예를 들어, 한국에 오공초란 시인이 있습니다. 이 사진은 1923년 때 루쉰의 집에서 찍은 사진입니다. 이분이 바로 한국 청년 오공초입니다. 여기에 루쉰과 러시아의 시인 바실리 에로센코도 보입니다. 이들은 어떠한 조직의 구성원입니다.

一九二三年四月十五日，前排左起：王玄、吳空超、周作人、張禪林、愛羅先珂、魯迅、索福克羅夫、李世璋；後排左起：謝鳳舉、呂傳周、羅東傑、潘明誠、胡企明、陳昆三、陳聲樹、馮省三。

一九二三年四月，周作人(前左一)與魯迅、愛羅先珂等攝於北京世界語學會。

이 사진도 루쉰의 집에서 찍은 건데 오공초가 있습니다. 뒷날 오공초는 한국에 돌아온 후 한국의 여러 잡지, 유명한 문학잡지의 편집과 발행에 참여했습니다. 이 사진은 그가 60년대에 찍은 것이고 후에 그는 여러 시집을 출판한 적이 있습니다.

오공초의 본명은 오상순이고 공초는 호입니다. 다들 잘 모르시겠지만 실제로 루쉰은 많은 한국 청년, 한국의 문인들과 직접적인 교류를 했습니다. 루쉰은 한국에 큰 영향을 끼쳤습니다.

량치차오, 루쉰, 그리고 그 후에도 많은 중국 문인들이 한국에 소개되었지만 영향력이 가장 큰 인물은 린위탕이라고 생각합니다. 이 세 분은 20세기의 백 년 동안 한국에 소개되고 가장 많은 영향을 끼친 중국 문인이라고 생각합니다. 오늘은 린위탕을 중심으로 이야기를 하겠습니다.

40~50년대 : 린위탕의 주요 작품이 한국에 소개되다

우선, 린위탕이 한국에서의 번역되거나 소개된 점에 대해서 말씀드리겠습니다.

린위탕의 작품만 한국으로 번역되고 소개된 것이 아닙니다. 그는 한국과 직접적으로 교류를 했고 한국에 두 번이나 방문한 적이 있습니다. 그는 한국에서 회의에 참석하고 많은 활동을 했습니다. 한국 문단의 그에 대한 평가들을 소개해드리겠습니다.

앞에서 말씀드렸듯이 량치차오의 한국에서 번역 · 소개(譯介)와 그의 영향에 대한 연구는 매우 많으며 저도 관련 연구를 하고 글도 썼습니다. 루쉰의 한국에서 번역 · 소개 현황에 대해 연구하는 학자들은 아주 많습니다. 한국외국어대학교의 박재우 교수, 이화여자대학교의 홍석표 교수 등이 있습니다. 많은 한국 학자, 중국 학자들이 루쉰의 한국에서 번역 · 소개와 전파에 대해 연구하고 있습니다. 하지만 린위탕 연구는 별로 없습니다. 한중 양국의 학술계의 학술 논문을 검색해봤는데 참으로 적습니다. 한국도 마찬가지입니다. 그러나 자료들을 고찰해 보면 린위탕의 한국에서 번역 작품이 많고 영향도 상당히 큽니다. 앞으로 관심이 있는 학생은 자료를 찾아보고 관련 연구를 하시길 기대해 봅니다.

린위탕은 중국 현대에서 매우 중요한 문인으로서 저명한 문학 번역가이자 이중 언어 작가이면서 언어학자입니다. 그는 미국에서 영어로 작품을 창작했습니다. 당시 중국 근현대 시기 많은 중국 문인들은 영어를 잘했습니다. 린위탕은 영어로 창작할 수 있을 뿐만 아니라 중국어로도 창작할 수 있었습니다. 그리고 세계 문단에서 큰 반향을 일으켰습니다. 그래서 그를 "중국과 서양 문화에 모두 발을 들여놓고 한마음으로 우주의 문장을 평한다."라는 평가를 받기도 했습니다. 이 평가는 그의 사상, 문학 창작과 문학 번역 생애를 보여주었습니다. 또한 그도 여러 작품들을 번역하였고 많은 작업을 했습니다. 린위탕이 한국에서 번역되고 소개된 지 80여 년의 역사를 가지고 있습니다. 상당히 긴 시간입니다. 그가 글을 발표한 후부터 한국에서 그의 작품을 소개하기 시작했고 한국에서 광범위한 독자층을 확보했습니다. 많은 사람들은 린위탕을 알고 있습니다. 문학이든 현실 생활이든 린위탕은 한국 문단과 한국인에게 중요한 영향을 끼쳤습니다. 그는 한국 대중의 사랑과 존경을 많이 받은 중국 현대 문인이라 할 수 있습니다.

린위탕의 작품은 사실 처음에는 영어로 쓰였습니다. 영어로 쓴 작품이 아시아로 소개되었는데 일본에서 가장 먼저 소개되었습니다. 1940년에 린위탕의 작품은 일본어로 번역되기 시작했습니다. 당시는 아직 중국어로 번역되지 않았습니다. 그때 『생활의 발견(The Importance of Living)』으로 번역되어 도쿄소겐샤에서 출판되었고 같은 해에 『Moment in Peking』은 도쿄 카와대쇼보출판사에서 번역해서 일본에 소개되었는데 『북경호일(北京好日)』로 번역되었습니다. 린위탕의 작품이 처음으로 한국으로 번역될 때도 1940년이었습니다. 이건 무엇을 설명할까요? 린위탕의 작품이 한글로 번역될 때도 아직 중국어로 번역되지 않았고 중국에서 그의 중국어 작품 대신 영어로 된 것만 볼 수 있다는 것을 의미합니다. 최초로 그의 작품을 번역한 한국인은 구인회의 박태원입니다. 아시다시피 박태원도 한국 근현대의 가장 유명한 작가입니다. 《삼천리》 잡지에서 『경화연운』의 일부를 게재하였죠. 그래서 린위탕의 작품은 1940년에 처음으로 한국에 번역되었습니다.

1954년에 그의 작품은 처음에는 단행본의 형식으로 한국에 소개되었습니다. 그의 작품이 한국의 잡지에 게재된 것입니다. 단행본 출판은 1954년 이종열이 번역한 한글 버전인 『속 생활의 발견』입니다. 이 문집들은 한국에서 비교적 일찍 소개되었습니다. 1940년부터 따진다면 지금까지 무려 80년입니다. 한국과 일본에서 린위탕의 이 두 작품에 대한 번역은 모두 중국어 역본보다 오히려 앞섰다는 사실은 주목할 만합니다. 중국은 1941년에 린위탕의 작품을 중국어로 번역했고 처음으로 상하이 서풍출판사에서 『The importance of living』을 『생활의 예술』로 번역했습니다. 장진옥(張振玉)은 1941년에 이것을 중국어로 『경화연운(京華煙雲)』이라고 번역했습니다. 이 그림은 영어 버전이고 이 그림은 중국어로 번역된 『경화연운』입니다.

그럼 박태원이 번역한 린위탕의 작품은 어디서 번역한 걸까요? 일본 식민지 시기에 많은 한국 문인들은 일본으로 유학해서 일본으로 소개된 중국 현대 문학을 접하게 되었습니다. 박태원은 고등학교를 졸업한 후 도쿄 호

세이대학교로 유학을 갔습니다. 그 후에 중국 소설 번역에 열중하게 된 것입니다. 그래서 제 생각에는 박태원이 린위탕의 소설을 번역할 때 아마도 일본어로 된 『북경호일』을 저본으로 삼은 것 같습니다. 물론 영어 원본에서 번역한 것인지 일본어 버전을 보고 번역한 것인지 좀 더 자세히 읽어야 할 필요가 있습니다. 고증이 필요하겠지만 저는 일본어 번역본을 저본으로 하여 번역했을 가능성이 더 높다고 생각합니다.

1950년대에 이르러 린위탕의 몇 편의 주요 작품은 모두 한국에 소개되었습니다. 방금 문집, 단행본의 형식으로 소개되었다고 말씀드렸는데 1954년, 이종열은 『생활의 발견』을 번역하였고, 56년, 57년에 이명규는 『마른 잎은 굴러도 대지는 살아있다』, 『폭풍속의 나뭇잎』를 번역했으며 1957년에 김신행은 『린위탕 수필집』을 번역했고 1959년에 김용제는 『붉은 대문』을 번역했습니다. 이렇게 린위탕의 몇 개의 주요 작품은 50년대에 이미 한글로 번역되어 한국에 소개되었습니다. 한국에 소개된 후 한국은 이 작품들을 상당히 주의 깊게 살펴봤습니다. 예를 들어 비교적 유명한 중문학자 차주환 교수님은 전문적으로 관련된 글을 썼습니다. 그는 1957년에 김신행이 번역한 린위탕 수필집에 대한 소개 글을 써서 〈동아일보〉에 실었습니다. 이건 신문의 원문입니다. 그는 이렇게 평가했습니다.

"이 17편의 수필은 우리들로 하여금 린위탕의 지성에 대해 더 깊이 이해할 수 있게 하였고 글에는 린위탕의 지성, 기지와 유머 속에 발산하는 온정이 가득 담겨 있다."

정말 잘 썼습니다. 그리고 "즐거운 향연을 준비했다."라고 썼는데 린위탕에 대한 평가가 상당히 높다는 것을 볼 수 있습니다.

"린위탕의 수필은 이국적 색채를 가득 나타났다기보다는 우리나라의 실정을 토로한 것이다. 이는 우리나라 독서계, 특히 대학생 및 독서 욕구가 왕성한 고등학생들이 읽을 책이다."

이 말에서 린위탕의 글에는 이국적 정취로 가득하고 그는 중국의 것을 쓴 것이지만 '우리나라', 즉 한국의 실정을 표현했다고 보았습니다. 한국의 문화 배경과 유사해서 읽을 때마다 한국의 실정을 느꼈다는 뜻입니다. 그래서 그는 특별히 대학생과 고등학생에게 추천했습니다. 이건 1957년에 린위탕의 수필에 대한 평가입니다.

60년대 : 한국에서의 본격적인 번역과 연구, 전파

60년대에 이르러 린위탕의 작품은 본격적으로 한국으로 소개되기 시작했습니다. 1968년에 『린위탕전집(林語堂全集)』 총5권이 출판되었습니다. 한국에서 그의 전집을 번역했는데 산문, 소설, 기행문 등이 수록되어 있습니다. 역자 중에 린위탕 작품을 번역한 분들로는 윤영춘, 주요섭, 차주환 등이 있습니다. 이분들은 당시 한국에서 유명한 중문학자이고 중국학을 연구하는 조예가 깊은 학자들입니다. 윤영춘, 주요섭을 보시면 주요섭은 당시 일본 식민지 시기에 상하이에 유학하러 가기도 했습니다. 차주환 교수,

양병탁 등도 아주 유명합니다. 전집에 대해 그분들은 기존 번역했던 작품을 재번역했을 뿐만 아니라 『내 나라와 내 민족』 등 린위탕의 소설, 산문을 처음으로 한국으로 소개했습니다. 윤영춘은 『The importance of living』을 『생활의 예술』로 번역했고 1968년에 주요섭은 『The vigil of a nation』을 『새벽을 기다린다』로 번역하셨으며 정동훈이 번역한 『린위탕수필집-공자』도 있습니다.

60년대는 린위탕의 작품을 번역하는 수량이 끊임없이 증가하였고 전집까지 출판되었습니다. 그리고 새로운 린위탕의 작품들도 추가했으며 한국의 영향력도 갈수록 확대되었습니다. 1963년 여름방학 때, 추천도서 목록은 주로 젊은이, 학생, 중학생, 고등학생과 대학생을 상대로 만들었습니다. 한국의 젊은이에게 린위탕의 한글 버전인 『생활의 발견』을 추천하면서 린위탕의 『The imoprtance of living』를 "동양 문화와 교양을 돌아보게 하고 유구하고 무한한 인생철학에 취해서 동양의 인생을 통찰하고 유머로 가득찼다."라고 높이 평가했습니다. 특별히 한국의 젊은이에게 이 책을 추천하는 이유는 "오늘날의 젊은이들은 우리 동양 문화를 쉽게 경시하고 오로지 서양 문화에 취해" 있기 때문이라고 지적했습니다.

여기서 한국에서 린위탕에 대한 평가를 볼 수 있습니다. 당시 한국 사회뿐만 아니라 중국 사회도 예전에 서양의 문화, 서양 학문이 동양으로 점차 들어와서 우리들은 서양의 문화를 받아들이면서 우리 자신의 동양 문화를 경시하게 됩니다. 린위탕은 중국과 서양의 학문에 통달하여 그는 서양인의 시점에서 중국의 동양 문화를 바라보게 되므로 많은 견해와 새로운 의견이 있으며 우리들로 하여금 많은 깨달음을 얻게 했습니다.

1963년에 한국의 동아일보는 청년 학생들에게 린위탕의 작품을 추천하기 시작했습니다.

70~80년대 이후 : 린위탕 문학의 보편화

70년대 때는 전성기로 볼 수 있는데 당시 60년대를 시작으로 다시 많은 양의 번역이 이루어지기 시작했습니다. 그때 『생활의 발견』을 보더라도 9차례 번역되었고 9개 버전의 역본이 있습니다. 한 작품을 9차례 번역했다는 것은 정말 보기 드문 현상이입니다. 그만큼 린위탕이 인기 많고 그의 독자층의 범위도 아주 넓고 보편적이라는 것을 설명합니다. 70년대에 번역된 산문 작품들로는 『공자의 사상』, 『처세론』, 김광주가 번역한 『생활의 지혜』, 윤영춘이 번역한 『시공을 넘어서』 등이 있습니다. 1977년 김학주 교수님은 서울대학교 중문학과의 아주 유명한 교수입니다. 그 분은 『이교도에서 기독교도로』를 한국으로 번역하였습니다. 이 번역은 77년에 한국에서도 커다란 반향을 일으켰습니다. 한국 신문 〈매일경제〉는 당시 판매량에 대해 통계를 발표했습니다. 당시는 오늘날처럼 판매량을 통계하는 것이 아니라 해당 주의 베스트셀러를 통계하는 것이 당시의 best sale 이었습니다. 당시 『이교도에서 기독교도로』의 판매량은 해외 비소설 부문에서 3위를 차지했습니다. 꾸준히 상위권을 차지한 이 작품은 한국에서 인기가 꽤 많았습니다. 70년대의 린위탕이 공자, 노자, 장자 등의 철학과 종교사상에 대한 탐구는 린위탕 작품을 번역 · 소개하는 중요한 측면이 되었습니다. 다시 말하면 70년대부터 린위탕이 동양철학, 동양 종교, 동양 사상 등과 관련된 작품에 관심을 갖기 시작했다는 겁니다.

80년대에 들어선 후 그의 판매량은 또 70년대보다 더 늘어났으나 작품의 종류는 비교적 적었습니다. 여전히 『생활의 발견』의 번역이 주를 이루었고 이때 또다시 11차례나 번역되었습니다. 그만큼 『생활의 발견』이 인기가 아주 많았다는 것입니다. 〈경향신문〉은 1980년에 고등학생 독서 실태에 대해 조사를 했는데 경복고등학교에서 선정한 50권 필독도서 목록을 보면 『생활의 발견』이 포함되어 있습니다. 서울대학교의 구인환 교수는 "『삼대』와 『천하태평』을 읽지 않으면 어떻게 식민지 시대의 한국을 이해할 수 있으며 린위탕의 『생활의 발견』을 읽지 않으면 어떻게 인생과 생활을 통찰할 수 있겠느냐."라고 여러 차례 말한 적이 있습니다. 이분의 『삼대』와 『천하태평』은 식민지 시기의 한국을 이해할 수 있는 중요한 작품입니다.

린위탕의 『생활의 발견』을 읽지 않으면 인생과 생활을 통찰할 수 없다고 주장한 것입니다. 이건 1982년에 쓰인 논평입니다. 1986년에도 한국 도서저널 주간지에 대학교수, 문인들과 사회 각계 인사들이 공동으로 선정한 청소년 필독 도서 목록 30권을 발표한 적이 있었습니다. 그 중에서 두 편은 중국 작품이었습니다. 한 편은 린위탕의 『생활의 발견』이고 다른 한 편은 『채근담』이었습니다. 중국 고전 『채근담』은 조지훈이 번역한 것인데 아주 유명합니다. 현대 작품으로는 린위탕의 『생활의 발견』이 있습니다. 90년대는 린위탕에 대한 번역 · 소개는 폭발적으로 늘어나는 시기였습니다. 린위탕의 모든 소설과 산문 작품이 해당되었습니다.

이때 그의 번역되지 않는 작품들이 상당수 번역되었고 린위탕의 작품은 거의 모두 번역되었습니다. 예전에는 관심이 없었던 전기 작품들, 이를테면 『소동파 평전: 그는 누구인가』, 『여걸 측천무후』, 『소동파평전: 쾌활한 천재개제』 등이 모두 번역되었습니다. 또한 『생활의 발견』은 지속적으로 번역자들의 주목을 받아서 90년대부터 지금까지 10여 차례나 중역되었고 새로운 역본들이 끊임없이 나타나고 있습니다. 이건 산문 작품 측면입니다. 2003년에 김영수는 『여인의 향기』와 『유머와 인생』 등 린위탕의 산문선을 번역하고 출판했습니다.

90년대 이후 산문을 선별하고 편찬하는 것이 린위탕의 작품을 번역 · 소개하는 주요 형식이 되었습니다. 산문을 선별하고 편찬하는데, 그의 작품을 분야별로 나눠서 작은 문집으로 만드는 식입니다. 이를테면 1998년에는 『린위탕의 웃음』을 출판했고 2003년에 『여인의 향기』와 『유머와 인생』을 출판했습니다. 『유머와 인생』, 『여인의 향기』, 『린위탕의 웃음』 등은 끊임없이 출판되었습니다.

21세기에 이르러서도 여전히 끊임없이 출판되었으며 그에 대한 번역은 비교적 완전하고 많다고 할 수 있습니다. 번역의 품질을 보면 『생활의 발견』은 60, 70년대에 10여 차례 번역되었고 90년대에 들어선 후도 10여 차례 번역되었습니다. 만일 번역을 연구하는 학생이라면 이 역본들을 가지고 왜 여러 차례 번역했는가, 번역에 어떤 변화가 있었는지 등을 세심하게 연구할 가치가 있습니다. 시간상 관계로 여기에서 많이 논의하지 않겠습니다.

린위탕과 한국의 직접적인 인문 교류 : 세계대학총장대회

두 번째로 린위탕과 한국의 직접적인 인문 교류에 대해서 설명하고 싶습니다. 아시다시피, 린위탕은 동양과 서양 문화를 융합할 것을 주장합니다. 1968년 6월 18일부터 21일에 이르기까지 제2기 세계대학총장대회가 한국 경희대학교에서 개최되었는데 옥스퍼드대학교, 미국 시카고대학교, 일본 도쿄대학교 등 세계 31개 나라의 154명 대학교 총장 및 유명 석학들을 대회에 초청했습니다. 성황리에 열린 대회의 주제는 ① 대학교는 세계의 진정한 평화를 위해 어떤 기여를 해야 하는가, ② 동양과 서양 문화의 융합점은 어디에 있는가, ③ 대학교육은 개발도상국의 발전을 추진할 수 있는가, ④ 대학생의 현실 참여 문제였습니다.

이번 대회에서 중국의 린위탕, 필리핀국립대 총장 C. P. 라오므 박사, 파리대학교의 드몽 교수, 태국의 외상 타낫 코만 박사, 한국의 백낙준 교수 등 다섯 명 교수도 대회에 참석했습니다. 당시 1968년에 중국 대륙은 아직 한국과 외교 관계를 수립하지 못했고 직접적인 왕래가 거의 모두 단절된 상태였습니다. 린위탕은 미국에서 타이완으로 가서 생활하였기에 그곳에서 중국 대표로 이 대회에 참석하게 됐습니다. 당시 〈경향신문〉의 지면 제1면에서 회의에 대해 소개를 합니다. 박정희 전 대통령이 특별히 축사까지 발표했습니다. 대회 장소는 엄청나게 컸고 "세계대학교 총장 회의 개막, 사흘 동안 계속"과 같은 신문 기사들도 아주 많았습니다. 이렇게 많은 대학 총장들, 유명 학자들이 40분간의 강연을 하는 게 쉽지 않았습니다. 오늘날 우리가 학술회의를 진행할 때 한 학자에게 15분을 주는데 최대 20분만 줍니다. 그런데 당시 린위탕에게 40분을 준다는 것은 상당히 배려를 한 걸로 볼 수 있습니다. 린위탕은 "전 인류를 위한 공동유산"을 주제로 강연을 하였습니다. 그의 강연 요점은 6월 18일의 〈경향신문〉에 게재되었습니다. 그가 발표한 내용의 요점은 바로 이곳에 발표되었으니 자세히 알고 싶으신 분이 한번 찾아보시길 바랍니다.

1968년 6월 18일의 〈경향신문〉 외에 기타 신문에서도 보도를 했는데 이 기사가 비교적 완전합니다. 그는 강연에서 그의 '중서융합론'의 중서문화관을 충분히 구현하였고 『중서 사상방식의 차이를 논하여』와 『중국과 외국의 국민성을 논하여』 등 60년대에 동양과 서양 문화를 논의하는 작품의 정수를 융합시켰습니다. 동양 문화와 서양 문화에 대해서 린위탕과 기타 학자들은 어떻게 서로 배워야 하는지를 탐구했습니다. 동양과 서양의 문화는 차이점이 존재하므로 우리는 차이점을 중시해야 하고 아울러 동양과 서양 문화의 상호 융합성을 긍정했습니다. 상통된 관점에서 동양과 서양 문화를 바라보고 동양과 서양이 서로 학습하며 서로 보완해서 조화로운 세계를 창조할 것을 주장한 것입니다. 그러나 이런 것들은 오늘의 우리에게도 시사하는 바가 있고 참으로 의미가 있다고 생각합니다. 그의 동서문화융합관은 당시 "문화를 논하지 않는 자가 없고 동양과 서양을 논하지 않는 자가 없는" 환경에서 동양 전체가 동양 문화와 서양 문화를 어떻게 해야 할지, 완전히 서양화할지 아니면 융합해야 할지, 혹은 동양의 문화를 지키고 서양의 문화를 배척해야 할지 등에 대해 많은 논의가 있었습니다. 그래서 그는 동양과 서양문화에 대한 강연은 한국 사회에서도 똑같은 문제에 직면해 있었습니다. 서양 문화의 침투와 충격에 대해 한국 사회는 어떻게 자국의 문화를 발양하고 서양 문화의 정수를 흡수해야 하는가에 대해 아주 중요한 의미가 있을 수 있어서 많은 인기를 끌었다고 합니다.

대회 기간에 린위탕은 많은 한국 학자들과 직접적인 교류를 했습니다. 저는 먼저 그와 한국 작가 최인훈의 직접적인 교류에 주목했습니다. 당시 신문을 보시면 최인훈은 아직 청년 작가였고 아주 젊었습니다. 68년에 최인훈 작가는 린위탕과 직접 만나 진지한 대화를 했습니다. 그는 여러 문제들을 제기했고 린위탕은 그의 문제들에 대답했습니다. 그리고 이것들의 요점이 신문에 실린 겁니다. 최인훈 작가와 린위탕의 대화 내용은 열심히 읽고 분석할 가치가 있다고 생각합니다. 또한 린위탕은 한국을 위해 '한국은 언젠간 동양의 강자가 될 것이다(韓國必有一日為東方之雄)'라는 기념사를 썼는데 당시 신문에도 기재되었습니다.

1968년만 해도 한국은 지금과 같은 선진 국가가 아니었습니다. 한국은 60년대 후기부터 경제가 발전하기 시작했으나 아직 '아시아 네 마리의 용'은 아니었습니다. 한국의 전반적인 사회가 발전하고 경제도 좋아졌지만 아직 높은 수준에 이르지 못했습니다. 하지만 린위탕의 관찰력과 판단은 아주 정확했습니다. 그는 한국이 언젠간 동양의 강자가 될 것이라고 생각하였는데 한국에 대한 평가가 상당히 높았다는 것을 의미합니다. 그 결과 70년대 후반기부터, 특히 80년대에 한국은 정말 아시아 네 마리 용의 선두주자가 되었고 경제 발전, 문화 발전, 전반 사회의 각 영역의 발전이 있었습니다.

다시 되돌아와서 60년대 말기를 보시면 린위탕이 한국에 대해 이런 판단을 내린 것은 아주 정확했습니다. 대회 기간을 이용하여 린위탕은 대회에서 연설보고를 했고 한국의 일부 문인들과 대화를 했습니다. 또한, 대회 기간에 서울시는 린위탕을 서울시민회관에 초청했습니다. 대회 2일째인 6월 19일 오전에 그는 서울시민회관의 대강당에 초청되어서 연설을 했습니다. 연설의 제목은 "전진 전진 전진"이었습니다. 당시 약 5천 여 명의 서울 시민들이 현장에 모여들어 그의 강좌를 경청했습니다. 이건 〈조선일보〉에 그다음 날 6월 20일에 실린 내용입니다. 그러니까 6월 19일에 강좌를 마친 후 6월 20일에 바로 신문에 린위탕이 서울시민회관에서 강연했다는 내용이 실렸다는 것입니다. 강연은 9시 30분부터 시작해서 약 한 시간 동안 이어졌습니다.

린위탕은 강연에서 오늘날의 아시아와 아프리카는 가진 것이 없어서 개발도상국이라고 불리고 당시 아시아에서 일본 외에는 모두 가난하다고 지적했습니다. 그래서 그는 "오늘의 아시아와 아프리카는 가진 것이 아무것도 없지만 개발도상국이라고 불린다. 하지만 그들은 미래에 반드시 부유한 나라가 될 것이라고 확신한다"고 하였습니다. 오늘날 린위탕의 관찰력, 멀리 내다보는 안목이 훌륭하다는 것을 느낄 수 있고 그는 정말 매우 정확하게 보고 판단을 했다는 것을 알 수 있습니다. 그리고 오늘날 우리 아시아는 발전했고 한국도 발전했으며 중국도 발전했고 동남아시아도 발전한 것을 볼 수 있습니다. 우리의 생활은 나날이 좋아지고 있었습니다. 그는 68년에, 즉 50여 년 전에 이 지역은 앞으로 부유한 지역이 될 수 있다고 판단했고 아시아 지역은 그의 판단을 실현한 것으로 볼 수 있습니다. 앞으로 아프리카도 몇 십 년, 20년, 30년을 지나면 발전할 것입니다.

그리고 그는 동서양의 문화와 철학도 거론하였습니다. 그는 "동양은 정신적인 것이고 서양은 물질적인 것"이라는 관점은 잘못된 것이라고 주장했습니다. 그는 자신이 동서양 문화와 철학에 대한 판단을 강조했습니다. 당시 "동양은 정신적인 것이고 서양은 물질적인 것"이라고 주장하는 사람들이 많았습니다. 그는 이런 관점에 동의하지 않았습니다. 그래서 그는 "국가의 근대화는 산업화의 발전 속도 및 과학기술을 효과적으로 응용하는지에 달려 있다"고 강조하였는데 방금 그가 쓴 기념사와 유사하였습니다. 즉, "머지않아 꼭 부유한 나라가 될 것이다."라는 의미입니다. 68년에 이 말을 하고 나서 한국은 정말로 부유한 나라가 되었습니다. 마지막으로 그는 한국의 젊은이에게 "선진 국가에서 태어나지 않고 빈곤한 개발도상국에 태어난 것에 한탄하지 말라. 빈농의 아들처럼 열정과 시간을 의미 있는 일에 투자해서 전진, 전진, 전진하라"고 격려했습니다. 그래서 그는 강연의 제목처럼 한국의 청년들을 격려한 것입니다.

당시 한국은 아직 크게 발전하지 않았고 부유하지도 않았습니다. 그래서 한국의 청년들은 많은 고민이 있었을 겁니다. 어떻게 할까? 미국이나 유럽으로 이민해서 나가야 하나? 그곳에서 어떻게 생활할까? 그래서 그는 탄식하지 말고 열정과 시간을 의미 있는 일에 투자하라고 격려한 것입니다. 이는 한국에게 크나큰 영향을 미쳤습니다. 그의 강연은 한국에게 비교적 큰 영향을 미쳤다고 할 수 있습니다.

린위탕에 대한 한국의 반응과 그 영향력

린위탕의 작품들이 한국에서 많이 번역되었고 그는 한국에 두 번 방문했습니다. 한국에서는 그에 대해 여러 가지 반응을 보였습니다. 그가 세계대학총장대회에서 행한 강연은 당시뿐만 아니라 뒤로도 계속 사람들 사이에 많이 회자되었습니다. 한국의 일부 신문이든 사람들이 쓴 글에서든 린위탕의 영향력이 상당히 크다는 것을 볼 수 있습니다. 당시 경희대학교는 린위탕에게 명예박사학위를 수여했습니다. 그의 전집도 이 시기에 출판되었고 집중적으로 린위탕의 생애와 사상을 소개했습니다.

그가 세계대학총장대의에 참가한 관련 기사도 꽤 많았습니다. 이 외에도 〈조선일보〉, 〈동아일보〉 등을 보시면 모두 린위탕의 강연들을 소개한 기사를 볼 수 있습니다. 그의 사상, 강연, 그와 한국의 교류 등은 모두 린위탕에 대한 보고입니다. 6월 19일, 20일 등 일자의 신문에 실렸습니다.

60년대 시기에 린위탕의 많은 작품이 한국에 소개되었습니다. 그래서 한국의 대중들은 이미 그에 대해 어느 정도 이해할 수 있었고 그의 책을 읽어서 그의 유머, 그의 동서양 문화관을 알게 되었습니다. 그러니까 그런 그가 직접 68년에 회의에 참가하러 오니 린위탕 열풍이 일어난 것입니다. 이 시기에도 계속 그의 작품이 번역되어 더 많이 읽히게 되었습니다. 2년이 지나 1970년에 이르러 제37회 국제작가협회(PEN, 世界筆會) 한국대회가 서울에서 일주일간 개최되었습니다. 이 대회는 "동서양 문학의 유머"를 의제로 하였고 그 아래에 또 세 개 소제로 분류했습니다. 이번 대회를 계기로 서울시에서는 아시아번역센터까지 설립했습니다. 린위탕은 "동서양 문화의 유머를 논하여"란 제목으로 대회에서 강연했습니다. 미국 소설가 존 업다이크는 "소설 속의 유머"를 제목으로 대회에서 강연을 하였는데 두 사람은 모두 유명한 문인이었습니다. 이번 대회를 통해 린위탕은 한국과 아주 두터운 인연을 맺었습니다. 이번 대회에 특별히 설립한 아시아센터는 린위탕이 주도한 것입니다. 린위탕은 한국에서 아시아번역센터를 설립해서 세계문학, 서양의 문학을 아시아 언어로 번역하고 아시아의 문학을 영어, 세계 각 나라 언어로 번역해야 한다고 주장했습니다.

회의 기간에 린위탕은 한국의 더 많은 문인들과 더 많은 교류를 했습니다. 당시 국제작가협회는 해마다 한 번 개최되었는데 36차 회의는 1969년에 프랑스에서 진행되었습니다. 당시 한국은 1970년의 국제작가협회를 유치하였는데 동유럽의 일부 나라들은 분단국가에서의 개최를 이유로 반대를 했습니다. 하지만 린위탕은 끝내 지지를 철회하지 않았습니다. 결국 한국은 순리롭게 대회 유치에 성공했습니다. 대회를 마친 후 한국은 일본의 뒤를 이어서 두 번째로 국제작가협회를 개최하는 아시아 국가가 되었습니다. 일본은 앞서 개최한 적이 있었습니다.

그의 추진 하에 특별히 아시아번역국을 설립했고 한국 작가 정인섭이 회장직을 맡았으며 린위탕은 부회장직을 맡았습니다. 아시아번역국의 설립은 한국에게 많은 도움을 주었습니다. 이때 린위탕이 한국을 방문해서 한 강연의 제목은 "동서양 문학의 유머"입니다. 린위탕이 말한 유머와 관련된 서적은 한국 독자들이 읽기를 즐겼습니다. 산문이든 수필이든, 린위탕은 본인의 유머관을 드러냈습니다. 중국이든 영어권 나라이든 관계없었고 한국도 마찬가지였습니다. 그는 유머를 마음의 빛과 풍부한 지혜로 간주했습니다. 이번 강연도 아주 큰 반향을 일으켰습니다. 그래서 마지막에 그는 생동한 사례로 그의 유머를 해석하여 청중들의 한결같은 호평과 인정을 받았습니다. 한국의 〈경향신문〉은 린위탕의 이때 강연을 선현과 철학자들의 일화가 포함된 정신의 청량제이고 이성과 감성적인 시각으로 동서양의 유머를 해석한 것이라고 평가하였습니다. 그에 대해 상당히 높게 평가한 것입니다.

대회 기간 린위탕은 또 서강대학교의 초청을 받아서 서강대학교에 가서 강연을 했습니다. 린위탕은 처음 한국에 왔을 때 경희대학교에서 세계대학총장대의에 참여하고 강연을 했으며 경희대학교에서는 그에게 명예박사학위를 수여했습니다. 지금 여기에 경희대학교에서 린위탕과 경희대학교의 관계를 연구하는 사람이 있는지 모르겠지만 린위탕이 1970년에 서강대학교의 초청을 받고 갔을 때 서강대학교에서도 린위탕에게 명예박사학위를 수여했습니다. 당시 그는 "한국의 청년에게"를 주제로 강연을 했습니다. 강연에서 린위탕은 집단 교육과 개인 교육의 관계에 대해 약 50분간의 강연을 했습니다. 그는 한국의 젊은이들은 책을 많이 읽어야 한다고 권유했는데 아주 재미있었습니다. 적어도 이 두 대학교의 중문학과의 선생님이나 학생들은 관련 연구를 하는 것이 좋을 것 같습니다.

당시 린위탕이 이곳에 와서 강연할 때 관련 기록을 통해 린위탕의 영향을 찾아봤습니다. 서강대학교 교내 신문에 실렸는지 모르겠습니다. 당시 가와바타 야스나리, 노벨수상자도 한양대학교의 초청을 받고 강연을 하였으며 명예박사학위를 수여받았습니다. 이로부터 60년대 말에서 70년대에 이르러 한국 대학교의 국제 교류가 꽤 많았고 일부 국제적으로 아주 유명한 문인들에게 명예박사학위를 수여했거나 초청해서 강연을 하였다는 것을 알 수 있습니다. 린위탕은 1968년에 처음으로 한국에 와서 세계대학총장대의에 참가하면서 주로 대학 총장들과 교류를 했습니다.

이번에 참가한 것은 작가대회였기 때문에 작가들과의 교류가 비교적 많았습니다. 한국 측에서 이런 대회를 개최하는 것도 쉽지 않기에 백철, 모윤숙, 정인섭, 박종화, 김팔봉, 이은상, 주요섭 등 70여 명의 한국의 유명한 작가들은 거의 모두 참가한 것 같습니다. 이은상은 20분간의 발표를 했고 피천득, 황순원, 장왕록, 이근삼, 김동리 등은 7분씩의 발표를 했습니다. 이 발표의 시간은 아주 중요합니다. 이은상은 한국의 대표로서 20분간의 발표를 할 수 있었는데 피천득, 황진원 등 기타 작가들도 비록 유명하지만 단지 7분만 발표할 수 있다는 것은 국제회의에서 발표의 시간을 통하여 한 사람의 신분과 지위를 나타내는 것으로 알 수 있습니다.

회의 기간 린위탕과 한국 서울대학교의 차주환 교수는 서로 많은 이야기를 나누었습니다. 지난번에도 그는 한국청년작가와 좌담회를 하였는데 이번에는 대학교의 중문학과 학자와 동서양 문화, 서구화 문제에 대해 심층적으로 논의했습니다. 한편으로 6월에 박종화, 주요섭, 류근주, 안수길, 조연현 등으로 구성된 한국의 작가 대표단은 타이베이(臺北)에 가서 제3차 아시아작가대회에 참석하였는데 대회 주석이 린위탕이었습니다. 린위탕이 이분들을 초청한 것입니다. 이건 6월의 일이니까 린위탕에 서울에 와서 회의에 참석하기 전입니다. 이로써 1970년 6월, 7월 두 달에 린위탕과 한국의 많은 작가들이 교류를 진행했음을 알 수 있습니다.

그의 이번 인터뷰는 한국 문단과 문인 간의 교류를 더욱 심화시켰습니다. 그의 유머관과 동서양 문화융합관은 한국 사회에 더 많이 알려졌고 인정을 받게 되었습니다. 아시아작가번역국의 설립은 이번 린위탕이 한국을 방문해서 얻은 주요 성과 중의 하나였습니다. 아시아 국가 사이의 문학 교류를 추진하는 데 중요한 의미를 갖고 있습니다.

한국 문단의 린위탕에 대한 종합적인 평가

마지막으로 다시 한국 문단의 린위탕에 대한 종합적인 평가를 살펴보겠습니다. 그에 대한 평가는 한국에 소개된 후부터 있었습니다. 1936년에 〈동아일보〉의 기자는 린위탕의 유머에 대해 언급한 적이 있습니다. 그때는 아직 그의 작품이 번역되지 않았으나 린위탕이 창간한 간행물인 《논어》와 《인간세》를 언급했습니다. 김광주는 〈중국문단현세일별(中國文壇現世一瞥)〉을 발표해서 린위탕의 '개인의 필조'와 '어떻게 세련된 백화문을 창작하는가' 등 글을 언급한 적이 있습니다. 20~30년대에 린위탕에 대한 인식은 주로 그가 주필한 간행물과 그의 일부 산문에 대한 견해에 한정되어 있지만 작품에 대한 번역은 없었습니다. 진정한 번역은 1941년부터 시작한 것입니다. 50년대 이후 린위탕의 작품들이 잇달아 한국으로 소개되면서 한국 문단은 본격적으로 린위탕을 알게 되었고 그의 문화관 및 그가 동서양 문학에 대한 기여를 높이 평가하게 된 것입니다.

윤영춘은 린위탕이 중국의 고전 작품을 영어로 번역하고 서양 학계로 동양 문화를 전파하는 데 커다란 기여를 했다고 주장합니다. 아시다시피 1976년에 린위탕은 세상을 떠났습니다. 그때 한국의 여러 신문들은 많은 추도사를 올려서 린위탕을 추모했습니다. 1976년에 윤영춘은 특별히 〈동아일보〉에 린위탕의 생애와 사상을 자세히 소개하는 글을 발표했습니다. 1976년에 린위탕이 별세했다는 소식은 한국에서도 큰 충격을 주었다는 것을 알 수 있습니다. 많은 사람들은 추모의 글을 쓰고 그를 기리는 글을 썼으며 그의 글을 평가하는 글을 썼는데 그에 대한 평가가 상당히 높다는 것을 알 수 있습니다. 〈경향신문〉은 린위탕을 '유머의 결정체'라고 칭하였습니다. 윤영춘은 린위탕의 작품을 12차례 번역한 경험이 있어서 한국에서 린위탕 작품을 가장 많이 번역한 작가로 인정받고 있습니다.

지금까지 린위탕에 대한 연구가 뜻밖에도 적다는 점을 말씀드렸습니다. 한국과 중국 사이의 교류를 확인하는 데에 린위탕의 위치는 상당함을 알 수 있었습니다. 그것만으로도 우리는 또 하나의 공부할 거리를 가지게 된 셈입니다. 오늘은 여기까지 말씀드리겠습니다. 이후로 더 나은 린위탕에 대한 연구와 소개가 진행되기를 기대해 봅니다.

交流

제8강

중국의 한국 현대 문학의 번역

난옌(南燕)

베이징대학교 외국어학원 조선(한국)언어문화학과 부교수

중국의 한국 현대 문학 번역에 대해서 소개할 수 있어 대단히 기쁘게 생각합니다. 간단하게 강연 순서에 대해 말씀드리면, 첫 번째는 서론 부분을 통해 먼저 제가 이러한 논문을 작성한 이유에 대해 이야기를 시작할 것이고, 두 번째는 문학 번역의 목적과 작품 선정 기준입니다. 세 번째는 오늘 강연의 핵심 부분으로 현재 중국에서 이미 번역된 작품으로 함께 현황을 분석해 보는 시간을 갖겠습니다. 그리고 네 번째는 앞서 말했던 문학 번역의 목적과 의미에 대한 내용을 토대로 중국에서 한국 현대 문학을 더욱더 널리 전파할 수 있는 한국 현대 문학을 번역하는 방법과 번역 방향, 홍보 수단 등에 대해 다시 한 번 정리해 보는 시간을 갖겠습니다.

중국에서의 한국 문학 평가와 존재감

먼저 해당 논문을 쓰게 된 계기는 작년부터 베이징대학교에서 동방문학 과정이라는 수업을 열었고, 한글을 비롯해 일어, 베트남어, 필리핀어 등 다양한 언어들로 각국의 문학을 공부하는 수업입니다. 또한 해당 수업은 처음으로 한글 전공이 아닌 학생을 대상으로 문학 수업을 했었는데, 수업 시간이 2시간 정도밖에 되지 않았지만 저에게 있어서 매우 소중한 시간이었습니다. 특히나 중국 학생에게 한국 문학을 소개할 수 있는 좋은 기회였습니다. 해당 강의를 할 때, 학생들에게 한국 문학 번역본을 소개했었는데 번역본을 찾는 과정에서 제가 찾고 싶은 도서의 번역본을 찾을 수 없었거나 반대로 이미 번역이 많이 되었는데 제가 몰랐던 경우도 있었습니다. 중국에서 이미 300여 권 이상의 한국 문학이 번역된 상황이었지만, 저는 아직까지도 부족함을 느꼈습니다. 그래서 이러한 문제가 문학 작품 선정 기준에서 비롯된 것인지 혹은 수준의 문제인지, 보급의 문제인지 생각해 보게 되었습니다. 아직까지 많은 작품을 저를 포함한 학생들이 모르고 있습니다. 그뿐만 아니라 더우반(豆瓣) 등 중국 인터넷 커뮤니티에서 한국 문학에 대한 호평과 혹평이 있지만, 그 규모는 상당히 작으며 이는 중국에서 한국 문학의 존재감이 상대적으로 약함을 의미합니다. 비록 『82년생 김지영』 소설이 큰 반향을 일으키면서 최근 2년 동안 존재감이 상승하였지만, 전반적으로 봤을 때 유럽과 미국, 일본 문학과 비교했을 때 한국 문학은 아직 인지도가 높은 편은 아닙니다. 그래서 저는 이번 강연을 통해서 중국의 번역 서적에 대해 정리를 하고, 제 개인적인 의견을 이야기해 보고자 합니다. 현재 해당 분야에서의 연구를 찾아봤는데 학위 논문 4편과 학술지 논문 11편의 연구 성과가 있고, 시간상 문제로 모든 논문을 다 말씀드릴 수 없지만, 기회가 된다면 다시 설명 드리도록 하겠습니다. 해당 연구 성과가 있다는 것은 일부 사람들이 해당 분야에 대해 관심을 갖고 있다는 것입니다. 관심을 갖는 정도가 적은 편이지만 저는 이들의 연구 경험을 토대로 저의 생각을 종합하여 논문으로 작성했습니다.

21세기 이후 중국에서 이루어지는 한국 문학 번역의 목적

① 번역 자체의 목적, ② 문학의 정의, ③ 중국 사회의 수요에 대한 고찰

다음 내용으로 주제에서 가장 핵심이 되는 부분은 이론의 기초와 사고(思考)의 방향을 설정하는 것입니다. 어떤 일을 시작할 때는 반드시 목표와 의미를 지니고 있어야 합니다. 그래서 저는 다음과 같은 생각을 했습니다.

첫 번째는 문학 번역의 주요 역할이며, 이 점은 여러분이 쉽게 이해를 할 수 있다고 생각합니다. 번역의 본질적인 역할은 매개 역할로 한국 문화와 한국 문학을 설명하는 것입니다. 또한 한국 문학 창작 관련 자료를 전달하는 전파 역할도 하고 있습니다. 그뿐만 아니라 문학과 문화, 언어의 발전을 촉진한다고 할 수 있습니다. 문학 번역의 목적은 계속해서 변화되어 왔습니다. 시대적 배경과 문학 개념의 인지가 다르기 때문에 목적 역시 다를 수 있습니다. 예를 들어, 근대 후기 번역의 목적은 '강대국가 건설'이었는데, 당시 선택된 작품들은 서유럽의 문명 사상 전파와 교화(教化) 내용이 담긴 작품들이 많았습니다. 게다가 당시 문학의 개념은 '문이재도(文以載道, 문학이 도를 전달하는 도구)'로서, 문학을 통해 상상력을 풍부하게 만든다는 개념도 존재했지만, 문이재도의 관념이 더욱 강해서 위와 같은 내용의 번역이 많이 이루어졌습니다. 중국의 신문화운동 시기에는 해방 사상이 강조되었고, '민주'와 같은 사상 주제가 전파되었습니다. 그래서 선정되는 작품들 역시 중국인의 사상과 생각의 변화를 주는 작품들이었습니다. 신중국 수립 이후, 특히 개혁개방 이후 번역의 목표는 과거와는 다르게 세계에 중국을 선보이고자 하였고, 당시 문학 작품 선정 역시 기존 문학의 특징을 고려하게 되었으며, 이념 색채가 강한 문서 번역은 줄어들었습니다. 이렇게 중국의 예시로 문학 번역 목적의 변화에 대해 알아보았습니다. 그렇다면 21세기 이후 현재 중국에서 이루어지는 한국 문학 번역의 목적은 무엇인지 생각해 볼 필요가 있습니다. 해당 주제에 대해 생각하는 것은 조금 더 체계적이며 효과적인 문학 번역 작업에 도움이 됩니다. 그렇다면 어떤 부분에서 고려해야 할까요? 총 세 가지 부분으로 나눌 수 있습니다. 첫 번째는 번역 자체가 가지고 있는 목적이며 두 번째는 문학의 정의입니다. 정의의 변화 그리고 문학 독해, 즉, 문학 번역의 의미에 대해 고려해 볼 수 있습니다. 그리고 세 번째는 한국 문학 번역에 대한 중국 사회의 수요에 대한 고찰입니다.

첫 번째 내용인 번역 자체의 목적을 이야기하자면, 앞서 말한 내용과 같이 매개 전파와 추진제 역할인데, 변하지 않는 목적입니다. 그렇다면 대상은 일반인과 저와 같이 문학 연구를 하는 사람 혹은 대학교에서 문학 수업 과정에 있는 사람 등 두 가지 유형으로 나눌 수 있는데, 서로가 원하는 바가 다릅니다. 대중에게 있어서 한국 문학은 한국 문학과 문화를 이해하고 느끼며, 언어적 매력을 느끼는 하나의 소통 창구입니다. 그러나 연구 측면에서 보면 한국 문학은 일종의 연구 자료가 됩니다. 이렇게 따로 분류한 이유는 일반인의 경우 가독성이 떨어지면 흥미가 함께 떨어지지만, 연구자의 입장에서는 더욱더 전문적으로 바라보고 계속 연구를 해야 하기 때문입니다. 당연히 한글을 전공한 이들은 바로 한글 원문으로 읽으면 되겠지만, 중문과 혹은 한글을 배우지 않은 연구자의 경우 다국적 비교 연구를 진행할 때도 해당 문학이 연구 자료가 되기 때문에 번역의 역할이 매우 큽니다. 뒷부분에서도 다시 이야기를 하겠지만 이러한 점이 문학 선정 기준을 확립하는 하나의 근거가 되기도 합니다.

이제 두 번째로 문학의 정의에 대해서 이야기를 해봅시다. 문학의 정의는 계속해서 변화해 왔는데 초창기에는 문이재도(文以載道, 문학이 도를 전달하는 도구)로서 문학이 교화 역할을 했고, 그 이후 상상력을 발휘하는 언어 예술로 정의되다가 90년대 들어서는 정적(靜態)이지 않은 동적(動態)인 개념으로 세계 작가와 작품, 독자가 함께 상호 교류할 수 있는 분위기가 형성되었습니다. 현재는 문학을 문화의 계승으로 보는 동시에 '실전 경험'의 의미도 품고 있습니다. 한국에서도 해당 의미를 상당히 강조하는데, 의미 설명 중 앞부분 세 가지 개념은 독자가 문학 작품 본연의 의미에 대해 생각하고 느끼며, 문학을 빗대어 독자들이 창작을 하는 부분은 없었습니다. 그러나 네 번째 부분에서는 문학이 문학 문화로 자리 잡게 되면서 독자들은 자발적으로 문학을 해석하고 문학적 창작 방식을 활용하여 생활 속에서 자신의 경험을 바탕으로 간단한 문학 창작을 하는 것입니다. 이러한 세기적 변화 이후 문학의 개념은 다각적 측면으로 언어 예술과 문화, 사고의 산물(産物), 소통의 고리가 되었습니다.

문학 개념의 변화 직후, 문학 읽기의 의미는 문자로써 뜻을 펼치거나 언어 혹은 예술적 의미를 가지는 동시에 다른 의미들도 함께 내포하고 있습니다. 이는 한국 문화 교육을 통해 문학 독해와 문학 학습의 의미를 말하는 것인데, 이러한 의미를 통해 문학 번역의 의미를 파악해 볼 수 있습니다.

먼저, 문학 독해를 통해 사물 묘사나 서술 등 독자의 언어능력을 향상시키는 것입니다. 두 번째는 심미(審美)적 능력과 상상력 자극입니다. 문학은 상상의 산물이며, 사고를 확장시킵니다. 세 번째로 문학은 우리의 인생을 그려냅니다. 문학 독해를 통해 더 많은 인생을 알 수 있는데, 한국 문학을 읽으며 한국인의 생활 모습을 이해할 수 있습니다. 이러한 측면에서 문학 역시 역사의 산물이라고 할 수 있습니다. 한국 문학 작품을 읽으면서 역사적 사고를 키우고, 타인을 이해하고 자신을 돌아보며 최종적으로 사람의 인생을 성장시키고 성숙하게 만듭니다. 그리고 또 다른 한 가지는 문학 문화 전파에도 도움이 됩니다. 이것은 문학 교육적 의미이자, 문학 독해의 의미, 문학 번역의 의미라고 할 수 있습니다. 이러한 범위에서의 문학 번역은 간단하게 말하면 한국 문화를 소개한다고 할 수 있고, 더 나아가 한국 문학과 같은 학습을 통해 앞서 말했던 능력들을 향상시키는 것입니다. 이 점은 잠시 후 설명 드릴 작품 선택 부분에서 중요한 근거가 됩니다. 예를 들어서, 한국 문학 번역 작업 과정에서 한글이 정말 아름답다는 느낌을 받습니다. 당연히 다른 작품이 멋지지 않다는 말은 아닙니다. 그래서 이러한 작품들을 하나의 문집으로 엮어 소개한다면, 독자들은 더욱 체계적으로 한국 문화의 언어적 특징에 대해서 이해할 수 있을 것입니다. 마찬가지로 한국 문학을 통해 누군가의 인생을 바라본다면 한국인의 인생을 이해하고 또 자신의 인생을 돌아볼 수 있게 되는 계기가 되면서 독자들과 함께 성장할 수 있습니다. 또 체계적으로 한국 문화가 소개되고, 이러한 방향으로 추천이 된다면, 중국 독자가 한국 문화를 이해하는 데 큰 도움이 될 것입니다. 사실, 과거 중국의 번역 소개에서 중요시되는 부분은 시장성 확보와 한국 국내에서 흥행 여부입니다. 이러한 도서들이 중국에서 빠른 속도로 번역이 되었습니다. 그래서 현재 중국의 번역은 상대적으로 체계적이지 않은 편입니다. 그래서 저는 이러한 문학의 목적을 다시 한 번 되돌아보고 더욱 체계적으로 한국의 현대 문학을 소개하고자 이와 같은 설명을 하게 되었습니다.

현재 상황을 설명하자면, 사회적 수요가 다르기 때문에 서로 다른 분야에서 각자의 방식으로 문학 번역이 이루어지고 있어서 문학 번역의 구체적인 작업 과정 역시 모두 같다고 할 수 없습니다. 예를 들어서 구미(歐美) 문학의 경우, 19세기 말, 20세기 초부터 대량의 서적이 중국으로 들어왔고, 100여 년 기간 동안 많은 서적이 소개가 되었습니다. 한국 문학의 경우, 번역된 문학이 소개된 기간이 매우 짧은 편인데, 과거에도 극소수의 번역 서적이 있었으나 2000년 이후 한중 국교 수립 이후에 대대적 발전 시기를 맞이하였습니다. 기타 국가, 특히 구미 문학, 일본 문학과 비교했을 때, 번역 서적이 알려진 기간이 매우 짧다고 할 수 있습니다. 또한 번역가 인력 부족 문제와 시장성과 관련된 문제도 존재합니다. 이러한 문제점들로 중국어 번역 서적 중에 한국 순수 문학의 수가 상당히 낮고 인지도도 낮은 편입니다.

홍보 관련으로 살펴보면, 현재 중국 국내에서 미치는 한국 문학의 영향력은 한국 드라마나 영화에 미치지 못합니다. 그래서 한국 문학에 대한 중국 독자의 흥미와 관심을 촉진시키고, 한국 문학 문화의 인지도를 향상시킬 필요가 있습니다. 그렇다면 체계화된 번역이 필요하며, 앞에서 언급했던 기준으로 유형을 나눌 수 있습니다. 그리고 문학 번역의 최종 목적은 앞에서 언급했던 번역의 목적을 통해 독자들이 한층 더 성숙해지는 것입니다.

번역할 문학 작품의 선정 기준은 거시적으로 볼 때 주제뿐만 아니라, 언어, 상상력, 인생 속 모습의 발현, 문화의 계승 등 다각적 측면을 들 수 있으며, 또한 각각 분야로 나눠서 기준을 정할 수 있습니다. 그리고 또 한 가지 중요한 사실은 한국 문학의 보급 확대 문제입니다. 뒷부분에서 계속 이어서 이야기를 해보도록 하겠습니다. 무엇보다 가장 강조하고 싶은 부분은 체계화된 번역 소개가 필요하다는 점입니다. 예를 들어 인생을 다루는 문학, 한국 문화를 비추는 문학, 한국 문학 고전 등 유형입니다. 혹은 비문학적인 새로운 요소도 있는데, 연령별, 아이, 성인, 직장인, 여성, 노인 등을 대상으로 하기도 합니다. 위와 같은 방법으로 대상을 분류를 해서 번역 업무를 할 수 있겠습니다. 이와 같은 방향으로 중국에서 한국 근대 문학을 번역하고 소개할 때 참고해야 하는 몇 가지 요소에 대한 분석을 해볼 수 있겠습니다.

중국에 소개된 한국 현대 문학 작품들

다음은 중국에서의 한국 현대 문학 작품 번역 소개 현황을 말씀드리도록 하겠습니다. 사실 저는 오늘 강연 전에 다른 학회에서도 해당 주제를 다뤘습니다. 그때는 중국 출판사에서 번역 출판된 작품과 한국문학번역원에서 지원 출판한 작품으로 나눠서 관련 데이터를 정리했는데 대산문화재단에서 지원 출판한 작품들을 따로 분리하여 정리하지 못했습니다. 이번에는 분리해서 정리하려고 했는데 시간이 긴박한 관계로 자세한 분리 작업을 하지 못했습니다.

이로 인해 일부 수치가 조금 차이가 날 수 있지만 전반적인 추세에는 큰 영향이 없다는 점을 미리 말씀드리고자 합니다. 제가 분석한 대상 자료는 중국의 한국 문학 번역 소개 기관 3곳에서 각각의 방식으로 확보한 자료들입니다. 첫 번째는 중국 출판사이고, 두 번째는 한국문학번역원 자료입니다. 대산문화재단의 자료도 포함되어 있지만 자료 양이 적었습니다. 세 번째는 한국국제교류재단 산하의 《코리아나》 잡지이며, 중국어를 포함한 다국어로 번역이 되며, 공식 웹 사이트가 있고, 매번 한 편의 소설을 등재하는데, 한국 문화 홍보에 큰 효과를 거두고 있습니다. 이렇게 3가지 방식으로 자료를 수집했습니다. 그리고 한국문학번역원 관계자와의 소통을 통해 이들이 관련 웹 사이트와 관련 자료들을 소개해 줬습니다. 한국문학번역원이 정리한 자료들은 해당 기관 지원으로 출판된 서적들과 지원을 하지 않았지만 중국에서 출반된 서적들을 모두 정리한 자료가 있었습니다. 또한 《코리아나》는 인쇄 잡지와 웹 사이트의 자료도 있습니다. 웹 사이트의 경우, 나중에 만들어져서 1990년대 이전의 자료는 찾을 수가 없었고 인쇄 잡지의 경우, 제가 담당자에게 문의를 해봤지만 부족한 자료들이 일부 있었습니다. 하지만 자료 부족 문제는 전체 추세 파악에 큰 문제가 되지 않았으며, 나중에 기회가 된다면 자료를 보완하고 싶습니다. 이것이 연구 대상 내용이었습니다.

① 중국 내 출판사 자체 번역 문학

먼저 중국 국내 출판사 자체 번역 문학 소개 현황을 말씀드리겠습니다. 준비된 자료의 수치가 실제와 조금 상이할 수 있지만 흐름 파악에는 큰 문제가 없습니다.

出版時間	小說	詩歌	隨筆	劇	總計
1992年以前	29	7	0	0	36
1992–2001	13	7	4	1	25
2002–2011	123	5	15	9	152
2012–2021	17	1	5	0	23
總計	182	20	24	10	236

기간은 예를 들어 2002년에서 2011년 사이인 10년 단위를 기준으로 설정하였습니다. 1992년 국교 수교 전에는 소설, 시가(詩歌), 수필 등 36권의 번역 자료가 있었습니다. 그리고 1992년부터 2001년까지는 25권으로 많지 않은 수량입니다. 그리고 2002년부터 번역 서적이 급격하게 증가했다가, 2012년 이후 한중 관계 변화로 번역 수가 현저히 줄어들었습니다. 단행본과 작품집도 각 한 권으로 설정했고, 소설, 시가, 수필, 극(劇) 을 주요 자료로 하였으며, 아동문학, 여행기, 문학사와 비슷한 자료도 포함하고 있습니다. 문학사는 해당 자료에 포함하지 않았으며, 아동문학과 여행기는 총 67편이며, 그중 아동문학이 64편으로 이는 2008년부터 2015년까지의 수치

입니다. 이를 통해 중국이 한국 아동문학에 특별한 관심을 보인다는 점을 알 수 있습니다. 준비한 자료에는 소설(총 182편) 및 기타 자료(시가(詩歌) 20편, 수필 24편)의 추세도 확인할 수 있겠습니다.

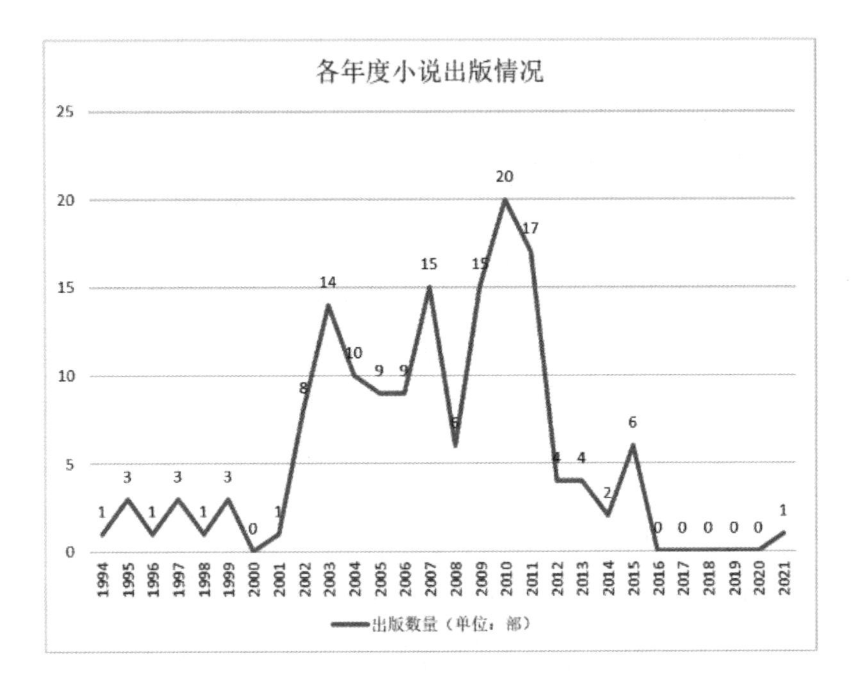

출판 상황을 보면 시, 수필, 희극 등의 분량은 매우 적으며, 소설을 통해 흐름을 파악할 수 있습니다. 2010년에 출판(소설) 상황이 정점을 찍고, 2012년 다시 하락하기 시작하는 발전 흐름 형태를 띠고 있습니다.

최근에는 2년 동안 중국의 출판 정책이 엄격해지면서, 한국 문학 출판 역시 같은 문제를 겪고 있는 상황입니다.

創作年代	小說	詩歌	隨筆	劇	總計
1910-1945	17	7	0	0	24
1945-1999	59	9	6	0	74
2000-至今	101	3	18	10	132
跨年代作品集	5	1	0	1	6
總計	182	20	24	10	236

② 시기별/작품 종류별/작가별 출판 상황

다음으로는 시기에 따른 작품 종류별 출판 상황을 살펴볼 수 있겠습니다. 먼저 1910년에서 1945년의 전체 출판 수는 그리 많은 편은 아니었으며, 1945년부터 1999년은 상황이 나아졌습니다. 그리고 2000년 이후에 출판 수량이 현저히 많아졌습니다. 저는 2000년대 이후 창작 작품에 주목을 했으며 개화기 시절의 작품이 없다는 점도 발견하였습니다. 그 이유는 개화기 작품은 상대적으로 대중적 측면에서는 가독성이 떨어졌는데, 연구자의 입장에서는 수업 자료로 이러한 자료가 필요했기 때문에 번역할 필요가 있었습니다.

그리고 수필, 시, 극의 작품 수량도 적었습니다. 사실 한국의 수필은 한국만이 가지고 있는 특색이 있기 때문에 더욱 많이 번역되었으면 하는 마음입니다. 그리고 중국 국내 출판사에서 번역이 이루어진 도서의 작가의 규모도 살펴볼 수 있겠습니다. 한국 근현대 문학사는 식민지 이전, 중기, 말기, 해방 후, 1960년대, 1970년대, 1980년대, 1990년대로 나눌 수 있겠습니다.

전체적으로 봤을 때 184명의 작가가 집계되었는데, 1945년 이전에 50명, 1945년에서 1990년까지 58명, 1990년 이후 76명이며, 1990년대 이후의 작가 수가 많고, 2000년대 이후의 작가 수도 매우 많다는 점을 알 수 있습니다. 여기서 1935년부터 1945년까지의 작가가 1990년대 작가보다 더 많이 집계되기도 했는데, 즉, 1935년부터 1945년까지는 한국 현대 문학이 첫 번째 호황기를 맞이하였으며, 해당 시기의 관련 작품들을 더 많이 주목했다는 점을 알 수 있습니다. 그리고 다른 시기의 작가 수가 많지 않다는 점 또한 말씀드리고 싶습니다.

그리고 작가의 대표작 번역 상황도 살펴볼 수 있습니다. 시기별 대표작들이 번역 소개가 되었습니다. 많은 작가들이 있긴 하지만 박태원 작가, 이태준 작가 또는 역사 소설가나 분단문학 작가인 최인훈 작가, 그리고 이청준 작가 등 중요한 작가는 사실 포함되어 있지 않습니다. 또한 시인 역시 매우 적어서, 문학사 측면에서 봤을 때 이러한 대표작이 부족하고, 1990년대도 같은 상황입니다. 제가 학생들과 수업할 때, 황지우 작가에 대해서 설명을 하고자 했는데 대응되는 중국어 번역문이 없어서 제가 직접 번역을 해서 소개를 했습니다. 제 자료를 보고 학생들이 해당 작품에 흥미를 느끼고 시 전집을 읽어볼 수도 있을 것 같습니다. 수필 역시 상황은 비슷하며, 현재는 법정 스님과 김난도 작가의 서적이 있습니다. 사실 저는 개인적으로 신영복 작가와 이어령(李御寧) 작가를 좋아하는데도 번역된 서적이 없어서 후에 추가를 해야 할 것 같습니다. 그리고 번역 작품 수량도 확인할 수 있습니다. 이기영 작가의 번역 서적이 많고, 신경숙 작가와 황석영 작가의 번역 서적도 많습니다. 그리고 여성 작가들이 주목을 받기도 했습니다. 초창기 작가의 작품 수는 적은 편인데 이기영 작가, 서정주 작가의 작품은 1990년대 이전에 번역된 작품들로 현대는 다시 찾아볼 수가 없으며 유통되고 있지도 않습니다. 이러한 서적에 대해서 우리는 재출판하거나 새로운 번역 작업 등 업무들을 고려해 볼 수 있겠습니다. 사실 박목월 시인의 작품은 이미 번역이 되었지만 유통되지 않았고, 이상 작가의 작품 역시 수량이 많지 않은 상황입니다. 위의 내용을 통해서 당시 중국 국내 출판사의 작품 선정 기준은 작가와 작품의 인지도, 예술성에 더 많은 치중을 두고 있다는 사실을 분석할 수 있습니다. 1992년 이후에는 1970년대 이후의 작품을 주목했지만 수량과 전집의 수가 매우 적었고, 모두 단일 작품으로 작품 전집은 그 수가 적었습니다. 그리고 작품 선정 측면에서 최인호 작가를 예로 들면, 번역된 서적은 대중적인 작품이며 예술적 작품은 포함되어 있지 않았습니다. 그리고 중국 국내에서 30명의 대중 작가들의 작품들을 소개하였고, 극작가 10명의 작품 수는 72편으로 큰 비중을 차지하고 있습니다. 귀여니 작가나 김하인 작가 역시 각각 12편, 10편이 번역 소개가 되었습니다. 1990년대 소설가 김성종 작가의 작품도 굉장히 많습니다. 당연히 시장의 수요를 고려할 수밖에 없는데, 김하인 작가의 『국화꽃향기』는 1990년대 한류 바람을 일으키기도 했습니다. 그리고 한국 당대 여성 작가의 관심도 점점 많아지고 있는데 최근 가장 많이 언급된 작품은 조남주 작가의 『82년생 김지영』과 한강 작가의 『채식주의자』, 김애란 작가의 작품들입니다. 다뤄진 작가의 작품 중 김동인 작가의 『감자』처럼 대표작이 번역되지 않은 서적들도 있습니다. 그리고 염상섭 작가의 『만세전』, 김억 작가의 수많은 작품도 마찬가지입니다. 김소월 시인의 「진달래꽃」은 작년에 번역이 되기도 했지만 해당 작품만 번역이 되었습니다. 김동리 작가의 작품들도 많은데 「무녀도」는 번역원의 지원을 통해 번역된 것으로 알고 있습니다.

시간 상 관계로 모두 말씀드릴 수는 없지만, 나중에 한번 살펴보시기 바랍니다. 번역 작품 소개의 경우, 방금 말씀드렸다시피 일부 대표작들은 번역이 되었지만, 『무진기행』이나 『원미동 사람들』처럼 많은 대표작들이 번역되지 않은 경우가 많아 보충해야 할 부분이 많습니다. 그리고 재번역된 사례들도 있는데, 『배따라기』, 『삼대』, 『동백꽃』, 『엄마를 부탁해』 등 작품이 재번역 되었습니다. 위의 분석에 따라 중국 국내 출판사의 한국 문학 작품 번역 특징을 알 수 있습니다. 먼저 소설의 비중이 크다는 점이며, 식민지 시절 작품 수가 적었지만 2000년 들어 번역 작품이 많아졌다는 특징이 있습니다. 그리고 예술성과 대중성을 갖춘 특징이 있는데 초창기에는 대중성을 먼저 확보하였고, 예술성이 부족했습니다. 그리고 여성 작가 역시 주목받고 있습니다. 현존하고 있는 문제는 수많은 작가의 작품을 균형 있게 번역하는 것입니다. 그리고 1992년 이전의 작품은 사고 싶어도 살 수 없는 서적들이 있습니다.

③ 한국문학번역원

다음은 한국문학번역원 관련 상황입니다.

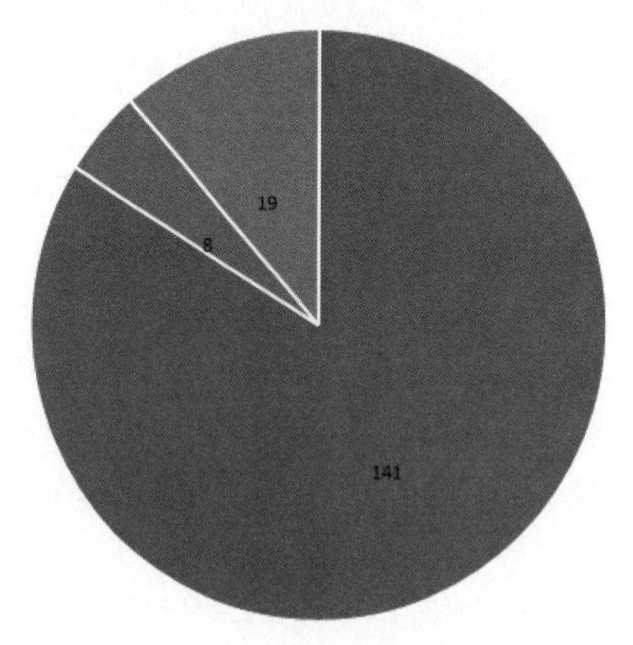

해당 기관에서는 168편의 서적이 번역되었습니다. 2011년 이후 상황이 바뀌었는데 중국과는 상대적으로 조금 다른 모습입니다. 중국의 경우 2012년 번역 규모 감소 추세를 보였는데, 해당 기관의 경우 증가 추세였습니다. 하지만 번역을 했지만 출판이 되지 못했던 상황들도 있습니다.

장르의 경우 소설이 큰 비중을 차지하고 있고, 시는 적으며, 희극과 수필은 없었습니다.

시기별로 살펴보면 1919년부터 1945년까지 10편, 1920년대에는 4편, 1930년대는 5편, 그리고 1945년부터 1999년 사이에서 번역 수(44편)가 많았는데 1990년대에 주로 번역 서적의 수가 많았습니다. 그리고 2000년대에 107편으로 매우 많았고 해당 추세는 중국과 같이 해당 기간에 관심 있게 지켜보았습니다.

작가 통계표에서 알 수 있듯이 한국문학번역원의 기준은 문학사에서 주요 인물을 비교해서 선정한다는 점이 중국과 조금 다른 부분입니다. 총 104명의 작가가 중국에서 소개되었는데 1990년대 이후 상대적으로 많아졌습니다. 2000년대 이후 40명이 소개되면서 번역 소개가 중점적으로 이루어졌는데 초반에는 해당 작가들의 작품을 더욱더 알릴 필요가 있었습니다. 대표성 측면에서 봤을 때, 근대문학사의 저명한 작가인 이광수, 김동인 작가의 서적이 번역 소개되었고, 최인훈 작가의 작품은 앞서 말한 듯이 중국

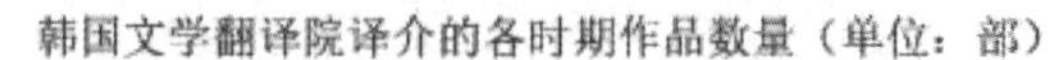

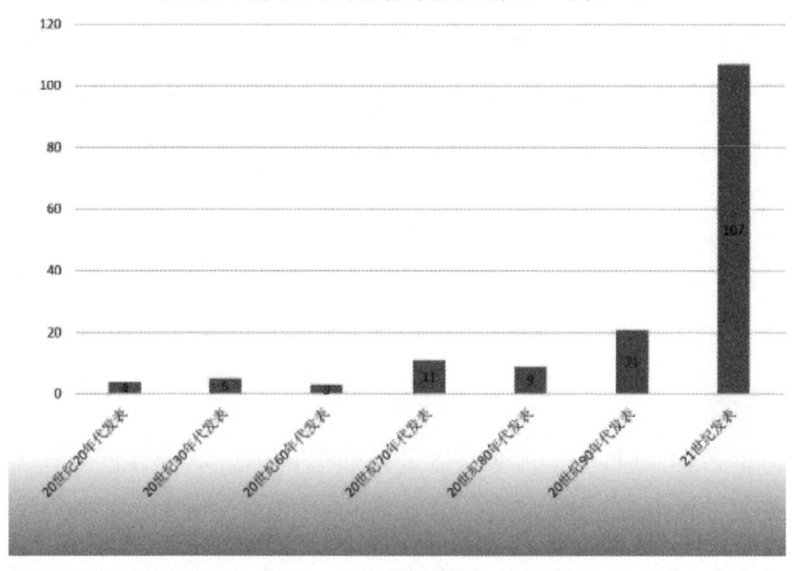

<韓國文學翻譯院譯介作品的作家統計表>

年代		作家	合計
殖民地時期文學	1910-1925	李光洙（2）、金東仁（1）、玄鎮健（1）、羅稻香（1）、*金素月（1）*、*韓龍雲(1)*	4+2
	1925-1935	李箕永（1）、崔曙海（1）、	2
	1935-1945	金裕貞（4）、金東裡（2）、蔡萬植（2）、姜敬愛（1）、李箱（1）、*鄭志溶（1）*、*尹東柱（1）*、*樸木月（1）*、	5+3
分裂時期文學	1945-1960	金南祚（1）、	1
	1960-1970	李浩哲（15）、朴景利（4）、崔仁勳（2）、洪盛原（1）、徐基源（1）、韓末淑（1）、金承鈺（1）*鄭玄宗（1）*、	7+1
	1970-1980	朴婉緒（6）、李文求（3）、黃晳暎（2）、李清俊（2）、尹興吉（2）、金源一（2）、李東河（1）、全商國（1）、崔仁浩（1）、李仁星（1）、*柳岸津（1）*	10+1
	1980-1990	李文烈（3）、金周榮（3）、玄基榮（1）、林哲佑（1）、尹厚明（1）、吳貞姬（1）、金源佑（1）、金文洙（1）、韓勝源（1）、玄吉彥（1）、金永顯（1）	11
	1990-2000	金英夏（5）、申京淑（5）、殷熙耕（5）、梁貴子（2）、朴範信（2）、金仁淑（2）、崔秀哲（1）、李滄東（1）、孔枝泳（1）、安度昡（1）、李惠慶（1）、孔善玉（1）、具孝書（1）、尹大寧（1）、李承雨（1）、方顯石（1）、金南日（1）、	17
	2000之後	金愛爛（7）、韓江（5）、蘇在沅（4）、樸玟奎（3）、趙南柱（3）、金衍洙（3）、張康明（3）、金重赫（2）、成碩濟（2）、鄭世朗（2）、丁柚井（2）、千明官（2）、崔恩英（2）、崔宰勳（2）、河成蘭（1）、具景美（1）、權智藝（1）、孔善玉（1）、具孝書（1）、權智藝（1）、金琴姬（1）、金美月（1）、金彥洙（1）、金利慶（1）、金振榮（1）、金惠珍（1）、朴夏益（1）、裵秀娥（1）、徐美愛（1）、孫瑞奈（1）、孫亞瀾（1）、孫元平（1）、沈允瓊（1）、李到禹（1）、李正明（1）、鄭梨賢（1）、趙姈娥（1）、千雲寧（1）、黃靜恩（1）、朴連善（1）	40

출판사에 의해 번역되지 않았지만 한국문학번역원에 의해 번역돼 있습니다. 또 수상 경력이 있는 작가들도 많이 포함되어 있습니다. 이호철, 박완서, 김애란 작가 등 2000년 이후에 활발히 활동한 작가들을 확인할 수 있으며 여성 작가도 비교적 많아졌습니다. 그리고 이들은 문학사에서 비교적 많은 비중을 차지하는 작가들입니다. 김동인의 『감자』의 경우 번역이 되지는 않았지만, 「무녀도」 작품은 있습니다. 중국 출판사에서 출판된 것과는 중복되는 부분이 있고, 상호 보완이 되는 부분도 있다고 할 수 있습니다. 분단 문학 시기에도 일부 작가들이 있는데 기회가 되면 한번 살펴보시길 바랍니다.

작품 유형으로 보면 대중 문학이 상대적으로 적은데 10편 정도밖에 되지 않아서 이 점이 중국과 다른 점이라고 할 수 있습니다. 그리고 문학사의 정전으로 불리는 일부 작품들은 번역 소개가 되었는데 누락된 부분도 있습니다. 이광수의 『무정』의 경우, 중국 출판에 의해 번역 출판되었다는 점을 고려해서인지 번역원에서 지원해 주지 않았습니다. 김승옥의 『무진기행』은 번역되지 않았습니다. 이상의 분석으로 보아 중국 출판사와 한국문학번역원의 번역 작업은 상호보완적인 관계를 이루면서도 중북되는 경우도 있음을 알 수 있습니다. 그리고 중국 국내 작품과 비교를 하자면, 한국문학번역원에서는 정전을 중심으로 선정하는 특징이 두드러집니다. 주제는 여성 문제를 주제로 한 작품이 많으며, 삶과 죽음(生死), 종교, 사회 문제, 한국 역사 관련 등 무거운 주제가 많습니다. 그래서 중국 국내에서는 고려하는 작품의 주제, 중국 출판사가 원하는 주제 등 복잡한 내용이 많아서 이번에는 더 자세하게 다루지는 않았으며 후에 기회가 된다면 비교 연구를 해보고 싶습니다.

한국문학번역원의 번역 지원 방향을 통해서 해당 기관의 특징을 살펴볼 수 있는데, 시대적 흐름으로 보면 2000년대 이후의 당대 문학과 순수 문학이 차례로 많았으며, 작품들에서는 한국 사회문화의 문제점이 잘 드러나 있습니다.

④《코리아나》잡지

그리고 《코리아나》 잡지에 대해서 추가로 말씀드리고자 합니다. 여러분이 해당 잡지를 보신 적이 있는지는 모르겠으나 제 개인적으로는 이 잡지가 참 괜찮다고 생각합니다. 그러나 해당 잡지는 시중에서 판매가 되지 않고 중국의 대학교와 일부 연구 기관에만 제공되고 있어서, 대중들은 해당 잡지를 잘 모르기도 합니다. 잡지에서는 한국의 다양한 문화, 현대와 전통, 소설 등 내용이 포함되어 있어 중국인이 한국 문화와 문학을 이해하기에 매우 유익한 책입니다. 그래서 현재의 홍보 방식에 변화를 줘서 해당 잡지의 영향력이 커졌으면 하는 마음도 있습니다. 그리고 현재까지 80여 권을 발행했는데, 문학 관련해서 시나 다른 장르는 없으며 소설이 중심이 됩니다. 식민지 문학이 4편, 1945년부터 1999년까지가 29편이며, 2000년대 이후 당대 작품이 더욱 많습니다. 여기에 포함되는 글들은 문학사에서 중요하게 다뤘던 작가의 작품들입니다. 그러나 일부 발췌로 언급이 되며, 전문을 다 다루지는 않습니다. 그래서 독자들이 전문을 모두 접할 수가 없는 단점이 있는데, 일부 내용을 통해서 한국 문학을 느낄 수 있습니다. 《코리아나》에서 다룬 작가는 66명이고, 중복되는 부분이 적으며, 젊은 작가들이 주를 이룹니다. 1980년대 이후 문학 작업에 참여한 작가가 51명으로 전체의 70%를 차지하고, 포함된 대표작으로 『무진기행』이 있는데, 이 역시 일부 내용만 발췌되었습니다. 또한 여성 작가가 전체에서 차지하는 비율이 83.3%로 많은 편입니다. 보통 한 작가 당 한 편의 글이 채택되는데, 한 작가 당 두 편의 글을 실을 수도 있습니다. 예를 들어 김승옥 소설가의 글이 실린 경우입니다.

주제 선정 관련 특징을 살펴보면 인물 스스로에 대한 반성과 탐구와 관련된 주제가 대략 28편 정도였습니다. 그리고 산업화, 공업화의 발전 가속화 속 냉정해진 사람 간의 관계를 다룬 이야기가 22편이었습니다. 그리고 여성의 삶을 다룬 주제와 젊은 층의 성장, 한국 식민지 시절의 고난 등과 관련된 내용은 적은 편이었습니다. 이를 통해 《코리아나》 작품 선정 기준은 주로 심도 있는 주제에 초점을 두고 있음을 알 수 있습니다. 이는 한국 문화를 이해하는 데 큰 도움이 되며, 문학 작품을 통해 한국인들이 어떤 고민을 하는지 알 수 있기 때문에 매우 유용한 홍보 방식인데, 알고 있는 사람이 많지 않아서 아쉽습니다.

대산문화재단의 번역 작품도 함께 간단히 살펴보겠습니다. 시간이 많이 없어서 모든 작가를 나열에서 말할 수는 없지만 소설이 18편, 시가(詩歌) 8편, 극이 1편이며 수필은 포함되지 않았으며 모두 순수 문학입니다. 옛날 자료는 많이 없으며 모두 2000년대 이후 자료이며, 시 역시 2000년대 이후의 자료이며 양이 많지는 않습니다. 번역 관련 업무가 대산문화재단의 핵심 업무는 아니며 하나의 프로젝트로 진행되고 있기 때문에 규모가 작다고 볼 수 있으며 해당 수치는 전반적인 추세 분석에 큰 영향을 미치지 않습니다.

《코리아나》 잡지의 주제 선정에서 특징이 몇 가지 있습니다. 주요 특징은 주제가 분산되어 있고 젊은 작가 위주이며 작품 주제와 사람 등 요소가 두드러진다는 점입니다. 또한 사람의 내면과 인간관계를 주목하고, 한국 사회 이면의 문제를 나타내며, 여성 문학에 대한 관심이 많다는 특징으로 종합해 볼 수 있겠습니다.

그렇다면 조금 전 분석한 중국 국내 출판사와 한국문학번역원, 대산문화재단과 《코리아나》 잡지에 대한 분석을 종합적으로 살펴보면, 중국 현대문학 번역 소개에 대한 특징을 파악할 수 있습니다. 예를 들면, 세 기관이 모두 한국 당대 소설에 주목했고 특히 2000년대 이후 발표된 소설을 주목했습니다. 또한 일정 수량의 여성 문학 작품을 번역했고, 한국 문단의 주요 작가의 작품이 번역 소개된 경우가 많았지만, 식민지 시기 초창기의 작품은 모두 적었습니다. 게다가 단행본이나 여러 작가의 작품을 수록하는 작품집으로 출간된 경우가 대부분이었습니다. 한 작가의 작품집으로 출간된 것도 있긴 하지만 체계적이지 않고, 너무 분산되어 있어서 이는 중국인이 한국 문학 작품에 대해 심도 있게 이해하기에 유리하지 않습니다. 그리고 중국 국내 출판사 번역 소개에는 많은 대중 문학 작품이 많이 포함되어 있는데 이보다 순수 문학 작품은 더 많이 번역되어야 할 실정입니다. 그리고 근대 초기의 작품들이 적게 번역되어 있는 것도 주의해야 할 문제입니다.

한국문학번역원의 경우, 예술성이 강한 순수 문학을 위주로 번역했다는 특징이 있는데 문제는 장르가 단일하다는 겁니다. 수필 혹은 시의 번역도 추가하는 게 좋겠습니다. 그런데 순수 문학 작품이 상대적으로 한국 모습의 특징을 전반적으로 잘 담아내고 있다는 장점을 눈여겨봐야 할 것입니다. 《코리아나》 잡지의 지면 수는 정해져 있으며 단편 소설 위주가 많기 때문에 소재가 많지 않은 특징을 가지고 있습니다. 그러나 작품에 깊이가 있고, 무거운 주제를 다루며, 가끔씩 심오한 내용이 담겨져 있습니다. 또한 한국사와 철학 등 거시적 주제가 적게 다루어지는데 이를 보완할 여지가 있습니다.

정리해 보자면 현재 우리는 큰 성과를 거두었고, 일부 우수한 작가의 작품이 번역이 되었습니다. 작품 선정도, 특히 《코리아나》 잡지와 한국문학번역원의 작품 선정이 앞서 말한 문학 번역 목적에 포함된 기준들과 거의 부합했습니다. 이러한 성과를 바탕으로 보다 세분하여 작품 선정 기준을 정한다면 한국 문학 번역 소개에 더 많은 도움이 될 것입니다. 그리고 제가 누차 강조했던 1990년대 이전, 특히 1945년 이전의 작품 번역에 더욱더 주목을 해야 합니다. 그리고 이미 번역이 되었지만 홍보 부족 문제로 많은 사람이 번역서가 있다는 것 자체도 모르는 경우가 많아서 개인적으로 의아했던 경험이 있습니다.

다음으로는 앞의 분석을 바탕으로 번역 서적 홍보 강화와 관련한 저의 의견을 여러분께 공유하고 싶습니다. 우선 앞에서 말씀드렸던 것처럼 독자층을 두 가지로, 즉 일반 대중인지, 대학교 교수, 연구원인지, 나눠서 작품을 선정하는 것이 좋다고 생각합니다. 대중에게 있어서 독서는 소소한 행복이자 휴식이며, 즐길 거리이며, 읽기 어려운 내용보다는 사람의 내면에서 공감대를 형성할 수 있는 작품을 선호합니다. 그렇기 때문에 문학성, 심미성, 상상력, 문장 표현력, 흥미성, 주제의 공감성 등의 기준이 매우 높습니다. 주제의 공감대는 연령층으로 나눌 수 있는데 조금 더 깊게 연구를 해야 하는 분야입니다. 간단한 예를 들면 김애란 작가의 작품은 중국 학생들 사이에서 인기가 많은데 취업, 집 문제, 생활, 결혼 등과 같은 문제와 직면하고 있는 상황이 같기 때문입니다. 또한 박완서 작가의 작품도 굉장히 많은데, 노년층 이야기를 많이 다뤄서 나이가 어느 정도 있는 독자들이 그의 작품을 좋아하지요.

은희경 작가의 『새의 선물』과 같은 성장 소설은 여성문학과 성장에 관심이 있는 학생들이 읽어 볼 수 있습니다. 우리는 이와 같은 기준으로 세분화시킬 수 있습니다. 그리고 저와 같은 연구자에게 있어서는 문학사의 고전 작품 번역 소개가 더 많이 필요합니다. 또한 앞서 계속 강조했듯이 소재의 균형을 이루어야 하며 특히 수필과 시는 한층 더 강화할 필요가 있습니다.

두 번째는 번역 수준의 제고입니다. 실제로 비슷한 연구에서도 자주 언급되었던 말이지만 중국의 번역 소개 기관은 많지만 번역의 수준이 높은 곳도 있고, 그렇지 못한 곳도 있습니다. 번역의 대가는 아직 없으며, 계속 발전시켜야 합니다. 어떻게 발전을 시킬 수 있을까요?

① 문학 번역 수업 개설

첫 번째 방법은 우선 문학 번역 수업을 개설하는 것입니다. 산둥대학교에는 한국문학번역원과의 협력으로 관련 수업을 개설한 적이 있습니다. 저 역시 이러한 생각을 해 본 적이 있지만 문학 번역은 일정한 이론의 축적이 필요하며 체험 사례와 이론이 결합되어 축적이 되어야 하는 부분이 분명히 있습니다. 베이징대학교의 경우, 일어, 프랑스어, 포르투갈어 등 관련 문학 번역 수업 과정이 있고, 필요한 수업을 개설해서 관련 훈련과 실전 경험을 다져나가야 합니다. 두 번째는 모든 번역에는 하나의 번역 팀이 함께 노력해서 번역하는 것이지, 한 사람이 고전 번역을 계속하는 것이 아닙니다. 마찬가지로 한국의 중문과 학생이 중국 중문과 학생과 같이 만나 상호 보완을 할 수 있습니다. 중국인이 중국어 확인을 하고, 한국인이 한글 부분을 확인하며 번역의 정확도를 향상시켜서 번역의 수준을 향상시킬 수 있습니다.

다음으로 가장 중요한 점은 번역 작업 완료 후, 홍보 방법을 고려해야 합니다. 첫 번째는 출판 형식을 충분히 맞춰가는 점입니다. 첫 번째는 다양한 출판 형식을 시도하는 겁니다. 단행본이나 유명한 작가의 작품집으로만 출간하는 것이 아니라 시리즈 형식이 가장 좋다고 보지만, 번역 시간은 조금 더 걸릴 것입니다. 팀을 꾸려서 1~2년 정도의 시간을 할애해서 전문적으로 번역을 해도 좋은데 비용이 들긴 해도 매우 이상적인 모습입니다.

한국문학번역원도 이와 같은 업무를 하면 좋을 것 같습니다. 번역을 잘하는 교수나 번역가가 함께 시리즈 서적을 번역하는 거지요. 한 작가의 작품집 혹은 주제별 모음집으로 하는 게 좋을 것 같습니다. 그리고 작가 한 명의 자료가 실린 소책자를 만드는 방법도 있습니다. 한국 건국대학교에서 한국과 세계 작가 소개를 담은 소책자를 110권 정도 발간한 좋은 사례도 있습니다. 중국에서도 이러한 소책자를 만들면 더 많은 사람들에게 홍보가 가능할 것입니다.

② 미디어 홍보 수단 활용

두 번째 방법은 미디어 홍보 수단을 활용하는 것이 매우 중요합니다. 중국 메신저 위챗(微信)에서 '한국 문학' 공식 계정이 있습니다. 시간이 되시면 한번 찾아 보시길 추천드립니다. 거의 매일 추천이 뜨며 최근에는 평민 문학의 바람을 불러일으킨 김애란 작가 추천이 많이 올라오는데, 학생들이 한국 문학을 이해하는 데 도움이 됩니다. 위챗, 틱톡, 웨이보 등의 채널을 활용하면 매우 빠른 속도로 정보 전달이 가능합니다. 이제 수단을 찾았다면 다음으로 해야 할 일은 번역 서적이 속도를 맞춰서 소개를 계속할 수 있어야 합니다. 번역 서적이 없다면 읽을거리가 없으니 말입니다. 그래서 이러한 홍보 수단과 번역은 함께 결합되어 지속이 되어야 합니다.

동시에 문학 소개 채널을 만들 수도 있습니다. 예를 들어 중국에서 가장 유명한 플랫폼인 중국 동영상 플랫폼 비리비리(Bilibili, 哔哩哔哩)의 경우 거의 모든 학생들이 봅니다. 예를 들어, 다큐멘터리 형식으로 중국 문학자 루쉰(魯迅)을 소개하기도 하는데 작가의 작품에 대해서도 이렇게 간단한 이야기로 소개를 하는 방식이 매우 탁월합니다. 그리고 전자 도서도 부수적으로 활용할 수 있습니다. 현재 중문으로 번역된 서적은 종이서적이 많아서 전자책 버전으로 나온다면 더욱더 홍보가 될 것입니다.

참고 자료에는 '한국 문학' 위챗 공식 계정에서 캡처한 7월에 발표된 손원평 작가의『아몬드』와 한강 작가의『소년이 온다』등이 있고, 비리비리 사이트는 한국 관련 자료는 찾지 못했고 문학 카테고리를 보면 일본 문학 소개는 잘 나와 있었습니다. 대학교에서도 한국 문학 수업을 개설할 수 있는데 베이징대학교의 경우, 동방문학 수업이 계속 있습니다. 과거에는 한 명의 교수가 계속해서 수업을 했었고, 2019년부터는 교수 몇 명이 함께 나눠서 수업을 진행했는데 매우 좋은 방식이라고 생각합니다. 그리고 서양 문학, 일본 문학 관련 과목이 따로 열려 있는데 가능하다면 한국 문학 수업도 열리길 기대하고 있습니다. 만약 열리게 된다면 번역된 작품 자료에 대한 수요가 분명히 제기되겠지요. 수업에서는 2000년대 이후의 문학 작품만을 강의할 수 없으며 초창기 작품들도 다뤄야 합니다. 그렇기 때문에 고전 문학이 반드시 필요하고, 이에 따른 번역 작업의 필요성이 대두됩니다. 빠른 시일 내에 자료들이 준비되어서 수업이 개설되길 기대해 봅니다.

③ 대중성과 문학 분야의 입지 넓히기

또한《코리아나》잡지의 영향력을 확대해야 하는데 앞에서 많이 언급했었지만 대중성과 문학 분야의 입지를 넓혀야 합니다. 매번 잡지가 발행될 때 문학은 한 편에서 두 편 정도 실리는데, 시나 수필이 추가되면 더욱 좋을 것 같습니다. 그뿐만 아니라 웹 사이트 사용을 더욱 편리하게 만들고,

구독료를 받고 학생과 독자가 자유롭게 글을 읽을 수 있도록 하는 방법도 좋겠습니다. 그리고 작가협회 행사나, COVID 19 이전 한국문학번역원에서 매년 진행했던 책 전시와 같은 사회적으로 영향을 미치는 행사 진행도 할 수 있겠습니다. 한번은 김애란 작가가 왔었는데 저도 그 자리를 함께 하여 많은 것을 느꼈습니다. 코로나 바이러스 이후에는 온라인상에서만 개최된 것으로 알고 있습니다. 이러한 행사가 정기적으로 개최된다면 가장 좋을 것입니다. 또한 저희 대학에서 한국 문학 관련 문화 강좌도 개설하고 있는데, 저희 학교의 명의로도 할 수 있지만 한국문학번역원이나 기관이 저희 학교와 연계를 해서 정기적으로 강좌가 개설된다면 그 영향력은 더 클 것입니다.

또 한 가지는 출판 부분에서 서로 협력하는 것이 관건 요소가 될 것입니다. 현재 한국문학번역원은 출판 지원만 하고 있는데 자금 지원만 하고 출판 업무는 지원이 없어서 작가가 직접 출판사를 알아봐야 하는 상황입니다. 그러나 중국의 출판 정책에서 특히 2019년 이후에 정책이 더욱 강화되어 심사가 더욱 엄격해졌고, 수많은 출판사의 책들이 출판을 기다리고 있습니다. 어떤 사람은 번역한 지 10년이 지났는데도 아직 출판을 못 하고 있는 상황도 있을 만큼 이러한 상황이 상당히 많습니다. 그래서 정부 측면에서 중국 출판사와 한국 번역 기관이 협약서를 체결해서 번역 전에 원문 확인과 번역서 출판 확인 답변을 받고 작업을 하는 방향의 협력이 더욱 바람직할 것입니다. 아니면 저와 같은 사람들이 많은 시간을 들여서 번역을 했지만 출판을 못 하는 상황이 벌어지면, 정말 상심이 클 수밖에 없습니다.

그래서 이와 같은 부분에서 개선이 이루어졌으면 합니다. 그리고 절판된 서적에 대한 조치도 필요합니다. 개인적으로 서정주 시인의 시를 좋아하는데 이제 그 서적들의 번역서를 찾아볼 수 없습니다. 한글을 모르는 학생들은 책을 이해할 수 없습니다. 그래서 이러한 서적에 대해서 다시 출판을 하거나 새롭게 번역을 하는 등 업무를 고려해 볼 필요가 있습니다. 앞으로 어떻게 하면 한국의 현대 문학이 중국에서 더 많이 소개되고 전파될 수 있을지 다 같이 고민할 수 있기를 희망합니다.

交流

제9강

제4차 산업혁명과 중국 당대 문학의 한국 전파

야오젠빈 (姚建彬)

베이징사범대학교 문학원 교수

4차 산업혁명, 중국 문학의 한국 전파가 주요한 이유

오늘 강연에서는 총 다섯 가지 내용으로 말씀드리고자 합니다. 첫 번째는 강연 주제 선정 이유입니다. 제4차 산업혁명 시기에 이와 같은 주제로 발표하게 된 취지에 대해 설명해 보겠습니다. 두 번째부터 네 번째까지는 중국 당대 문학의 전파와 수용 현황, 그리고 전파의 주요 요인들에 대해 설명하겠습니다. 또한 향후 중국 당대 문학의 한국 전파에 대한 저의 의견을 종합해 보겠습니다. 그리고 마지막 다섯 번째 부분은 역내포괄적경제동반자협정(이하 RCEP)에 포함된 한국과 중국, 동아시아 지역의 문학 공동체 구축에 대해서 이야기를 나누고자 합니다. 오늘은 시간이 많지 않으니 간략하게 설명을 하도록 하겠습니다.

먼저 오늘 주제의 선택 이유에 대해 말해보고자 합니다. 여러분도 제4차 산업 혁명에 대해 알고 계실 겁니다. 이미 많은 사람들이 주목하고 있고 세계 산업 발전 단계는 인더스트리 1.0(Industry 1.0) 증기기관 시대, 인더스트리 2.0(Industry 2.0) 전기화 시대, 인더스트리 3.0(Industry 3.0) 정보화 시대, 인더스트리 4.0(Industry 4.0) 정보화 기술 기반 산업혁신의 시대로 잘 알려져 있습니다. 그리고 현재 우리는 인더스트리 4.0 스마트화 시대에 살고 있습니다. 제4차 산업혁명은 우리의 업무, 생활과 깊은 연관이 있으며 모두에게 스며든 사실을 잘 알고 있을 것입니다.

초창기 제4차 산업혁명의 개념은 세계경제포럼의 창립자이자 회장인 클라우스 슈밥(Klaus Schwab)이 2016년에 출간한 저서 『제4차 산업혁명(The Fourth Industrial Revolution)』에서 언급된 말이었습니다. 현재 우리는 기술이 주도하는 제4차 산업혁명의 환경 속에서 살고 있으며, 세계적 시야에서 보면 국가와 지역마다 발전 속도와 정도의 차이도 보이고 있습니다. 예를 들어, 아프리카와 남미, 그리고 동아시아 및 동남아, 남아시아, 유럽 등의 일부 국가는 아직 제4차 산업혁명을 전면적으로 받아들이지는 않았지만, 세계적 발전 흐름으로 본다면 스마트화와 인공지능 기반의 제4차 산업혁명이 이미 우리의 생활 곳곳에 영향을 주고 있습니다. 또 일상생활에서는 감정 전달 방식, 개인 정보 보호, 윤리 도덕과 같은 문제들이 해결되어야 하는 과제도 있습니다. 클라우스 슈밥 회장의 책이 출간된 이후, 이러한 구체적인 표현에 대해 세계 학술계에서 많은 움직임이 있었는데, 아마도 여기 계시는 모든 분이 상황을 알고 계시리라 생각됩니다. 인공지능 로봇, 자율주행 자동차, 뇌 과학, 유전자가위기술 등을 예로 들 수 있겠습니다. 또한 몇 년 전 중국의 과학 연구원이 유전자가위기술을 통해 영아의 성장을 조절한 사례는 국내외 과학계의 큰 주목을 불러일으킨 적이 있습니다. 동시에 해당 연구가 인류의 윤리적 문제와 충돌되면서 연구원의 학술 경력에도 큰 영향을 미치게 되었습니다.

이를 통해서 제4차 산업혁명, 즉 인더스트리 4.0이 혁신적인 혁명이라는 점을 알 수 있으며 정부 정책과 시민이 지켜야 하는 행위 준칙에도 변화가 생겼습니다. 특히, 2019년 말 코로나 바이러스 사태 이후, 제4차 산업혁명 속에서 인문 교류와 같은 위기 해결 방안이 점점 더 두드러지고 있습니다. 현재 세계는 전례 없는 개방 환경 속에 있지만 갑작스러운 코로나 바이러스 사태로 민족, 국가, 문화 간 교류가 더 편리해진 동시에 더욱더 어려워

졌다고 할 수 있습니다. 예를 들어, 부산대학교의 초청 강연으로 이렇게 온라인 방식을 통해서 여러분과 교류하고 발표할 수 있는 것 역시 제4차 산업혁명을 통한 탈민족화, 탈언어화, 탈문화 교류로 우리의 소통 방식이 더욱 편리해졌음을 말합니다. 반면에 오프라인 교류가 힘들어지고, 현재 코로나 바이러스 대응 상황 속에서 업무 상 예상치 못한 일들이 벌어지기도 합니다. 그러한 의미에서 제4차 산업혁명 속 인문 교류, 문학 교류는 특별한 의미를 지니고 있습니다. 이와 같은 내용들이 오늘 제가 준비한 주제의 기본적인 배경입니다.

중국 당대 문학의 한국 전파 현황

그럼 다음으로 중국 당대 문학이 한국에서 전파되고 있는 현황에 대해서 파악한 내용과 의견을 말씀드리도록 하겠습니다. 중국과 한반도는 역사적으로 오랜 기간 교류를 해왔습니다. 아마도 두 곳의 문화와 문학 교류의 기원을 찾아간다면 기자동래설(箕子東來說)도 언급될 수 있겠습니다. 중국의 기자(箕子)가 조선으로 넘어가면서 다양한 문물과 공예품을 한반도에 가지고 갔다는 설이 있습니다. 또한 『산해경(山海經)』 기록에서 백제 시대가 언급되기도 하였는데, 중국 문화가 이미 한국 고대 조선과 밀접한 관계가 있다는 것을 보여줍니다. 이러한 내용은 오늘날의 한중 문화와 문학 교류를 더욱더 잘 이해하기 쉽게 여러분께 역사적 배경을 설명한 것이며, 조금 전 언급되었던 현재의 제4차 산업혁명과는 다소 차이가 있습니다. 그리고 역사적으로 이러한 교류를 지속적으로 해오지는 않았지만, 1992년 한중 양국의 정식적인 외교관계 수립으로 양국의 문화와 문학 교류가 성공적인 성과를 거두었습니다. 또한 저의 분석과 주변인, 한국 학자, 교수 그리고 중국에서 관련 분야를 연구하는 학자들의 시선에서는 이러한 흐름이 매우 바람직하고 지지할 만한 상황으로 여겨지며, 이에 긍정적인 태도로 참여하고 있습니다.

한국에서 전파되는 중국 당대 문학의 여섯 가지 특징

21세기에 접어들면서 한국에서 전파되는 중국 당대 문학은 여섯 가지 특징을 보이고 있습니다. 첫 번째는 전반적으로 한국에서의 중국 문학 유형의 번역 소개가 불균형 형태를 이루고 있다는 점입니다. 특히 한국에서 번역된 중국 문학 중 소설이 주를 이루고 시가(詩歌)나 산문의 비중은 현저히 낮으며 화극(話劇) 번역은 없습니다. 최근 자료를 살펴봐도 2000년대 이후 번역된 중국 고전 문학의 수는 중국 당대 문학의 번역 서적 수와 비교했을 때 큰 차이가 나며, 상대적으로 매우 적은 수량입니다.

두 번째 특징은 매우 유명한 중국 당대 문학 번역가 김태성 교수를 통해서도 알 수 있듯이, 중국 당대 문학이 한국에서 번역되고 전파될 때 분산화되고 파편화되는 특징이 있습니다. 잠시 후 해당 특징이 생긴 원인에 대해서 이야기해 보도록 하겠습니다. 세 번째는 한국에서 중국 당대 문학의 전파력이 중국 고전 문학 전파력보다 현저히 낮습니다. 아마도 여러분께서는 해당 특징이 첫 번째 특징과 충돌된다고 생각하실 수 있지만, 한중 양국 간 문학 교류 역사를 토대로 보면 양국 간 언어의 관계가 매우 밀접했습니다.

그래서 중국 고전 문학의 전파, 번역, 소개, 인지도 등의 요소가 중국 현대 문학의 번역, 전파, 소개, 수용 측면과 다른 모습을 보입니다.

쑨허윈(孫鶴雲) 교수가 진행한 연구에서도 구체적인 데이터가 나와 있습니다. 이 연구에 따르면 2015년에서 2016년 사이, 한국에서 번역된 중국 문학 작품 중 소설이 93%로 가장 많은 비중을 차지하였으며 나머지 유형의 비중은 크지 않았습니다.

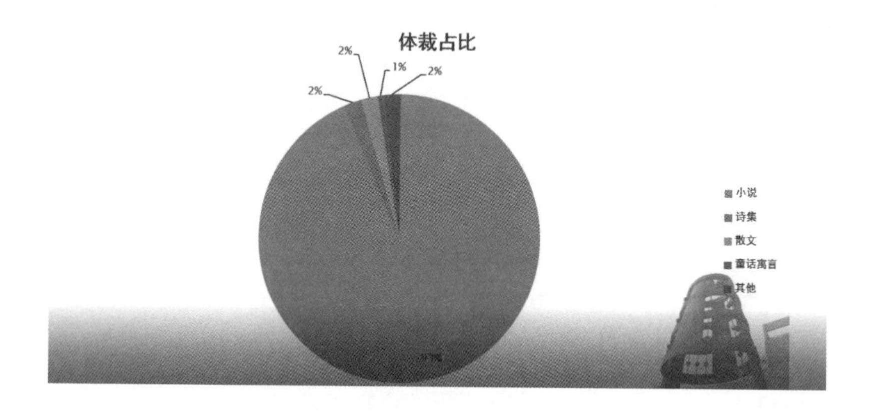

그리고 다른 국가에서 한글로 번역된 문학 작품집 현황과 비교했을 때, 중국 문학 번역이 차지하는 비중이 매우 낮았습니다. 예를 들어 일본 서적이 가장 많았는데 2015년의 경우, 한국에서 번역된 일본 문학 작품은 1,109편으로 미국 문학이 478편, 영국 문학이 211편이었고, 중국은 전체에서 7%로 낮은 비중을 차지했습니다.

2015年韩国出版的外国文学书籍数量
《2015년 출판통계》, 대한출판문화협회, http://kpa21.or.kr/kpa-data/publishing-info/statistics/page/3/

	数量（种）	占外国文学总量比例
日本	1109	45%
美国	478	19.4%
英国	211	8.6%
中国	171	7%
法国	161	6.6%

네 번째 특징은 한국에서의 중국 당대 문학 전파와 중국 당대 문학 연구에 대한 한국 학자의 관심이 점점 확대되고 있는 점을 주목해야 합니다. 최근 몇 년 동안, 중국 문학 관련 논문을 쓰는 중국 연구 석사와 박사 등 한국 학자의 인원수가 전반적으로 상승하고 있으나 상승 규모가 그렇게 크지는 않습니다.

다섯 번째 특징으로는 중국의 웹 문학, 특히 웹 판타지 소설이 한국에서 전파되는 중국 당대 문학 유형 중 한 가지로 인기가 많습니다. 여섯 번째 특징은 중국 당대 작가가 한국에서 주목을 받았다고 하더라고 전반적으로 봤을 때 과거 20년 동안 한국에서 소개된 중국 당대 문학 작가 수는 상당히 제한적이었습니다. 아마도 한국에 소개된 작가 중 좋아하거나 생각나는 작가에 대해 물어본다면 위화(余華) 작가일 것이라고 예상해 봅니다. 한국에 소개된 다른 해외 작가와 작품의 경우 중국의 인지도는 낮은 편입니다.

이러한 현상이 생긴 원인에 대해 이욱연 교수의 말을 빌리면, "한국의 입장에서 보면 출판업계가 중국 서적을 선정할 때는 상황에 따라 자신의 입장에서 선정하는 것이 아니라 서양 독자가 해당 중국 서적을 보고 납득할 수 있는지를 토대로 한다."라는 구체적인 상황의 예를 들었습니다. 물론 해당 사항이 모든 일에 적용되는 것은 아니지만 위화 작가의 글에 대한 한국 출판사와 독자, 학자들의 생각이 이와 같았을 것이라고 생각됩니다. 이와 동시에 한국의 학자, 출판 회사, 번역가 역시 독자가 흥미로워하는 아시아 전통의 가치관을 하나의 기준으로 중국 작가와 작품 번역을 선택하고 판단합니다.

중국 당대 문학의 한국 번역 사례 : 위화 작가

그렇다면 여기서 위화 작가의 작품으로 한국 번역 사례를 간단히 이야기해 보도록 하겠습니다. 오늘날 한국 독자가 관심 있어 하고 인정하는 중국 작가는 매우 적습니다. 해당 사항에 대해서 두 편의 석사 학위 논문을 분석했는데 한 편은 중앙민족대학교 석사 장위천이 2018년에 작성한 논문으로 제목은 '위화 작품의 한글 번역 소개 및 전파'이며, 나머지 하나는 한국에서 산동대학교로 넘어와 석사 학위 논문을 작성한 산동대학교 신희정 석사는 2019년에 '위화 작품에 대한 한국의 전파 수용'에 대한 논문을 작성하였습니다. 분석에 따르면 위화의 작품 『인생』, 『허삼관 매혈기』, 『제7일』 등 작품은 한국 독자들의 마음을 사로잡았다고 판단했으며 논문에서 위화 작가의 소설 『인생』과 『허삼관 매혈기』는 영화 〈허삼관〉으로 영화화되어 높은 박스오피스 성적을 거두었다고 밝혔습니다. 또 『허삼관 매혈기』 작품은 처음에 연극 시나리오로 활용되었습니다. 그래서 위화 작가가 한국에서 많은 관심을 받았고 다양한 방식으로 한국에서 문학이 전파가 되었습니다. 번역이 되었지만 한글 작품으로서 많은 독자들을 사랑을 받은 것입니다.

그의 저서 『인생』은 2014년 투자배급사 New를 통해 영화로 각색되기도 했습니다. 투자배급사 New는 『허삼관 매혈기』를 영화화한 회사입니다. 당시 중국에서도 이와 같은 상황을 주목했고 2014년 중국일보 신문사에서는 "Chinese contemporary literature now a hit in South Korea(중국 현대문학이 한국에서 히트하다.)"의 기사 제목으로 보도되기도 했습니다. 사실 이러한 신문 보도는 실제 상황을 완벽히 반영하지는 못합니다. 그 이유는 위화 작품이 한국에서 주목받은 사례로만 이야기를 한 것이기 때문에 해당 신문기사의 내용이 조금은 확대 해석된 부분도 있습니다.

아마도 여기 계시는 교수와 학생들은 영화화된 위화 작가의 작품이 조금 더 익숙하실 겁니다. 제시된 자료에는 투자배급사 New가 영화 〈허삼관〉 촬영팀 구성을 하고 난 다음 촬영한 사진입니다.

정식으로 영화가 상영된 이후에 영화 홍보용으로도 사용이 되었지요. 허삼관 역을 맡은 배우 하정우는 한국에서도 상당히 인기가 많은 배우이지요.

내가 뿌린
씨.앗.만
내가 거둔다!

서유럽 문학과 일본 문학, 일본식으로 비친 서유럽 문학이 한국 시장에서 영향력을 발휘하는 것에 비해서 중국의 문학 작품은 시대를 막론하고 그에 미치지 못합니다. 특히 당대 문학에서 한글 번역 소개가 불균형적입니다.

김태성 교수의 분석을 인용하자면 "상대적으로 한국 출판계의 중국 당대 문학 시장은 아직 미성숙하다."라며, "번역 수준이 높지 않고, 기획, 번역, 독해에서 시장 확장까지 연계되는 순환 메커니즘이 형성되어 있지 않다. 출판 시스템을 통제하는 것은 예술성이 아니라 시장성이다."라고 언급했습니다. 그의 말은 상당히 정확했습니다. 또한 "말하자면 세속적일 수 있지만, 높은 수준의 번역으로 출판사가 이익을 얻을 수 있게 만드는 것이 번역 분야가 권위를 얻는 지름길이라고 할 수 있다."라고 말합니다. 실제로 높은 수준의 번역을 필요로 하는 것은 비용 투입과 밀접한 관련이 있어서 김태성 교수의 분석을 주목해야 합니다.

이와 동시에 일반적 의미에서 순수 문학이나 예술성이 비교적 높은 문학이 중시되는 상황 외에도, 최근 몇 년 동안 중국의 『삼생삼세 침상서(三生三世枕上書)』, 『보보경심(步步驚心)』 등과 같은 웹 소설이 한국 독자들의 관심을 불러일으켰습니다. 게다가 중국 당대 웹 소설에 대한 해외 독자들의 관심 역시 같은 추세로 흘러가고 있습니다. 제가 한국 사이트에서 자료를 찾다가 우연히 댓글을 봤는데, "『보보경심』의 영향으로 중국 소설을 읽게 되었고, 다른 문학이 없는지 계속 찾아보다가 『랑야방(瑯□榜)』 소설을 찾았다."라는 댓글을 보기도 했습니다. 여러분들이 중국 당대 웹 소설을 읽어본 경험이 있는지는 모르겠지만 나중에 기회가 된다면 해당 주제에 대해서 더욱더 많은 이야기를 해보고 싶습니다.

전반적으로 중국 당대 문학이 한국에서 번역된 상황들을 정리해 봤는데, 전체 규모는 그렇게 크지 않고 매년 30편 종류의 서적이 한글로 번역됩니다. 코로나 바이러스 사태 이후, 특히 2019년부터 현재까지 해당 수치가 떨어졌을 수도 있겠습니다. 최신 자료가 없는 점 양해 부탁드리며 해당 데이터가 있으신 분은 저에게 공유해 주시길 바라며, 내용에서 잘못된 부분이 있을 경우에 편하게 말씀해 주시면 감사드리겠습니다.

중국 당대 문학의 한국 전파 요소

① 전문 분야의 수요, ②양국 간 문화 교류, ③1992년 한중 국교 수립 이후 바뀐 분위기, ④ 서양 문화의 영향

그렇다면 중국 당대 문학의 한국 전파 요소에 대해서 정리해 보겠습니다. 총 네 가지 원인에 기인하여 오늘날의 모습이 형성이 되었다고 할 수 있습니다.

첫 번째는 한국 독자가 중국의 당대 문학 작품을 좋아하고 알고 싶어 하는 이유는 지금 이 자리에 앉아계시는 여러 교수와 학생들처럼 중국어 혹은 중국 문학을 배우기 위한 전문 분야의 수요가 있기 때문입니다.

두 번째는 양국 간 문화 교류에서 비롯되었습니다. 예를 들어 저도 한국의 대학교를 자주 방문하면서 교류를 합니다. 과거에 경기대학교를 방문해서 법학과 교수와 많은 교류를 했던 기억이 납니다.

그 교수는 로스앤젤레스에서 유학을 하고 한국으로 돌아온 분인데 그분 역시 중국 고대 문학에 많은 관심을 갖고 있다는 점을 발견했습니다. 중국어 소통이 원활하지는 않았지만, 저에게 중국 고전 시를 써서 보여주셨는데 매우 유창하게 썼으며 일반 중국 대학생의 수준을 월등히 초월하는 정도였습니다. 또한 그분이 중국 고전 시가(詩歌)를 좋아하고 한자를 잘 쓸 수 있게 된 계기는 그의 부친과 조부에게서 많은 영향을 받았다고 전했습니다. 즉, 그의 조부께서 생활하던 시절에는 중국 고전 문학이 독해 공부의 한 가지 방식으로 활용되었고 이러한 사례 경험들이 한중 양국 간 문학 교류의 기초가 된 것입니다. 그리고 목포대학교에도 저와 교류하는 친한 친구가 있는데 중국 베이징대학교에서 유학을 했고 목표대학교 교수로 임명되어 있습니다. 그뿐만 아니라 연세대학교와 고려대학교의 일부 학자와 교수들의 관련 연구 역시 한중 양국 간 문화, 문학, 언어 교류와 밀접한 관련이 있는 내용들입니다. 이러한 문화와 문학의 교류 역사가 있었기에 중국 당대 문학이 한국에서 전파될 수 있는 가능성이 마련된 것입니다.

앞서 말씀드렸던 몇 가지 불평등에는 영국, 프랑스 등 국가와 비교했을 때 중국 당대 문학 번역 소개 분야에서 한국에서 인지도가 매우 낮은 상황이 있다고 말씀드렸는데, 이는 근대 역사부터 양국 간 문화 교류가 국제 정치 구도의 영향을 받았으며 과거 인위적인 단절이 있었고, 양국 국민의 정서적 상호 이해에도 보이지 않는 벽이 생겼기 때문입니다. 이제 세 번째 요소로서, 이러한 상황에서 1992년 한중 국교 수교 이후에 분위기가 바뀌기 시작했습니다. 즉, 1992년 한중 국교 수립은 한중 양국 간 새로운 문학 교류를 재시작하는 뜻 깊은 계기가 되었습니다. 네 번째로 이러한 배경에서 우리가 주목해야 하는 점은 전반적으로 한국뿐만 아니라 중국, 일본, 나아가 아시아 국가는 과거 200년의 역사에서 서양문화의 일방적인 영향을 받았습니다. 이러한 상황은 한국뿐만 아니라 중국, 베트남, 인도, 태국, 말레이시아, 인도네시아도 같은 상황입니다. 그렇기 때문에 해당 국가들에서 해외 문학의 수용, 독해, 번역은 서양 국가에 치중되는 경우가 상대적으로 많습니다. 이 점은 한중, 중일, 중국과 베트남, 중국과 인도, 중국과 말레이시아 등 국가 간 학술 교류에 영향을 미치며 이러한 요소들은 독특하면서도 공통적인 면이라고 할 수 있습니다.

아시아 국가와 서양 간 이러한 지정학적 구도 변화는 양국 혹은 서로 다른 문화권 간의 문화, 문학 교류 구도에 영향을 미쳤습니다. 이러한 요소들이 중국 당대 문학 한국 전파에 영향을 끼쳤지만, 심층적으로 고찰해 본다면 장점과 단점이 함께 적용될 것입니다. 김태성 교수는 "한국 문화와 중국 문화, 한글과 중국어 사이에는 친연성(親緣性)과 동근성(同根性)이 존재한다."라고 말한 적이 있습니다. 이와 같은 상황은 장점이 되지만 자세히 고려하지 않으면 친연성과 동근성의 장점이 확대 해석될 수 있습니다. 김태성 교수는 긍정적인 면과 부정적인 면을 분석했는데, 긍정적인 면은 친연성과 동근성은 두개 문화 간 서로 번역이 가능한데, 특히 한중 번역이나 중한 번역의 경우, 대체적으로 원문의 정확한 의미와 의지, 품고 있는 정신을 옮길 수 있습니다. 김태성 교수는 "한글 속 한자 성분이 70% 이상을 차지한다."라고 밝혔는데, 그의 분석과 통계 데이터의 정확한 정보가 있다면 따로 사용할 수도 있겠습니다. 두 가지 종류의 언어 사이에서 공용으로 사용할 수 있는 단어는 매우 많으며 동음이의어도 적지 않습니다. 예를 들어, '심각(深刻)'이라는 단어로 설명해 보겠습니다. 한자에서 '심각(深刻)'은 사상과 작품 내용이 심도 있다고 표현할 때 사용됩니다. "이 사람의 이야기가 심도 있다.", "뜻에 깊이가 있다.", "작품의 의미가 깊은 뜻을 품고 있다." 등 표현에서 '심각(深刻)'이라는 단어는 긍정적인 측면의 평가입니다. 그리고 한글 속 '심각(深刻)'의 의미는 상황이 엄중함을 나타낸다고 들었습니다. 만약 글자 그대로 이해해서 양쪽 언어의 차이를 고려하지 않고 번역을 했다면, 명확한 오역이 발생할 수 있는 상황입니다. 김태성 교수를 포함한 언어학자들은 이러한 차이를 가진 언어가 상당수를 차지하며 번역될 때 차이가 나타난다고 합니다. 그렇기 때문에 한중 양국 번역 학자나 번역가에게 있어서 이러한 문제는 잠재적 함정이라고 할 수 있고, 해당 부분 관련해서 항상 신경을 써서 문제의 발생을 피해야 합니다.

이 밖에도 김태성 교수는 "두 가지 종류의 언어 사이의 동음이의어 문제 이외에도 현재 중국어 역시 계속해서 변화하고 있는데, 중국 문학을 한국 문학으로 번역하거나, 한국 문학을 중국 문학으로 번역하는 번역가의 입장에서는 어려움을 겪을 수 있다."라고 언급했으며 저 역시 같은 생각입니다. 이러한 현상은 독특한 현상이면서도 보편적인 현상이라고 할 수 있습니다. 아시다시피 언어란 인류의 사회생활 속에서 사회 역사의 발전에 따라 지속적으로 발전하고 변해왔습니다. 언어 역시 마찬가지인데, 어휘의 발전 측면에서 보면, 어휘의 뜻이 계속해서 바뀔 수 있으며 새로운 문물의 등장에 따라 새로운 어휘로 이름을 정하고, 해당 문물을 묘사하고, 범주를 확정 지을 수 있습니다.

또한 그는 "홀유"(忽悠, 소홀한 일처리와 모호한 행동)와 "산채"(山寨, 모방, 짝퉁 제조, 권리 침해, 규범 위반, 농담, 못된 장난 등을 아우르는 단어) 등과 같은 단어를 예로 들었는데, 중국 문학 작품을 번역할 때 한글 속에 해당 중국어와 상응하는 한글 어휘를 한 번에 찾지 못했고 수년간의 교류 끝에 어휘의 뜻을 이해하고 대응어를 찾았다고 합니다. 또한 은어나 속담, 인터넷 용어도 있습니다. 예를 들어 현재 많은 중국 네티즌이 "YYDS(永遠的神, 영원한 신)"라는 표현을 쓰고, 다른 인터넷 용어들도 많이 쓰는데 저처럼 인터넷을 잘 하지 않는 사람에게는 알아볼 수도 없는 말인데, 다른 언어로 번역하기 위해서는 얼마나 더 힘들까요? 한글로 번역할 때, 한국의 현대 언어에서도 상황에 따라 쓰는 어휘가 다르고, 인터넷 용어와 속담, 은어들이 존재합니다. 만약 한국 문학 작품을 중국어로 번역할 때 이러한 현상을 다루지 않는다면 오역뿐만 아니라 내용이 우스꽝스럽게 바뀔 수도 있기 때문에 이러한 문제를 피해야 합니다. 또한 이러한 요소는 양국 간 문학 교류에도 매우 중요하고 현실적으로 작용됩니다. 아마 여기 계시는 교수님들과 학생들에게 김태성 교수가 익숙할 텐데 오랜 기간 동안 시간과 공을 들여 중국의 당대 작가와 현대 작가의 작품은 한글로 번역을 하고 계시는 분입니다. 해당 분야에서의 큰 공헌을 하여 2016년 중화 도서 특별상을 수여 받기도 했습니다.

중국 당대 문학의 한국 전파 확대와 한중 양국 간의 문화 및 문학 교류 촉진 방안

양국의 문학 교류에서 특히 중국 당대 문학의 한국 전파에서 나타나는 여러 가지 문제와 부족한 부분이 있지만, 장기적으로 살펴보면 개인적으로 이러한 사업들을 계속해서 진행해야 한다고 생각합니다. 그렇다면 중국 당대 문학의 한국 전파 확대와 한중 양국 간의 문화 및 문학 교류 촉진 방안을 살펴보도록 하겠습니다. 네 가지의 의견을 여러분께 말씀드리고자 합니다.

먼저 두 나라 사이의 기본적인 공감대를 강조하고 실천해야 합니다.

① 한중 간 양자 간 문학 교류를 중국 당대 문학의 한국 전파의 기본 원칙으로 하는 것입니다.

② 중국 당대 문학의 한국 전파를 통해서 동아시아 문화권의 발전과 번영을 촉진하는 것입니다.

③ 저의 의견은 현재의 중국 문학의 해외 전파 메커니즘 관련 사례를 참고하는 것입니다. 예를 들어 중국-러시아 문학 대역 프로젝트, 중국-인도 문학 대역 프로젝트, 중국-아랍 문학 대역 프로젝트 등을 참고해서 한중 문학 대역 프로젝트를 구축할 수 있습니다.

④ 한중 양국의 학자와 대학기관의 중문학과 간의 교류 협력을 강화해야 하며, 종합적 소양을 가지고 한중 문학 교류에 적극 임하는 번역가를 발굴하고 양성하여, 중국 당대 문학이 한국에서 전파되는 문학 사업에 일원으

로 참가시킬 수 있도록 해야 합니다.

이어서 전망을 설명하도록 하겠습니다. 두 개의 서로 다른 언어가 전환되고, 문학에서 번역이 이뤄질 때 번역가를 통해 작업이 이루어집니다. 번역가는 2개 국어 이상의 언어를 습득하고 있어야 하며 양국 혹은 여러 종류의 문화를 이해하며, 일반 상식으로 아는 수준을 뛰어넘어 해당 분야에 정통해야 합니다. 그렇기 때문에 이 네 가지 사항은 매우 현실적인 문제입니다.

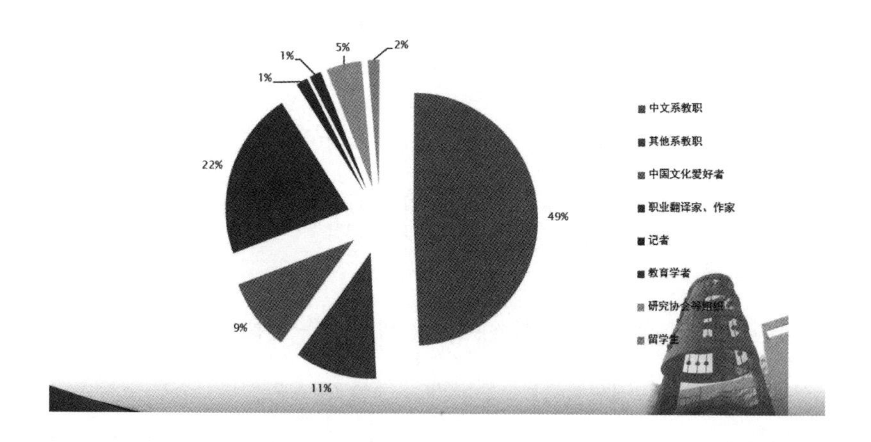

쑨허윈(孫鶴雲) 교수의 연구에서도 참고하여 알 수 있듯이 한국의 중국 문학 번역가의 현황에서 한국에 소재한 대학교의 중문과 교수직의 번역 비율은 49%이며, 기자, 교육학자, 연구 협회, 유학생이 모든 번역가 팀에서

소속된 비중은 각기 달랐습니다. 또한 김태성 교수처럼 오랜 기간 중국 문학 번역을 주 업무로 업계의 인정을 받은 작가들이 그렇게 많지 않을 것입니다. 이러한 상황에서 그는 중국 관련 부처와 함께 교류하는 학자들에게 '대중적인 글쓰기'가 필요하다고 말합니다. 그는 "중국 당대 문학을 수용하는 상황은 국가마다 다를 수 있다. 한국의 거의 모든 대학에 중어중문과가 있는데, 수많은 중문과 교수들이 중국 문학에 대한 논문을 쓰고, 논문집을 출간한다. 그러나 문제는 대학 밖 많은 독자들은 중국 당대 문학에 대한 이해와 지식이 현저히 부족하다."라고 말합니다. 만약 대학교수진만 중국 문학을 논한다면 중국 문학의 번역 소개는 시장성이 떨어집니다. 그렇기 때문에 대중적인 글쓰기를 통해 한국 출판계에 변화를 준다면 중국 당대 문학 시장성 문제를 해결할 수 있을지도 모르며, 이러한 부분을 주목해야 합니다.

그리고 앞서 언급했던 상호작용과 양방향 교류의 필요성입니다. 저는 단방향의 문학 교류는 성공할 수 없다고 생각합니다.

제 개인적인 예로 저는 월산 김기동 선생님과 뜻 깊은 교류를 한 적이 있습니다. 제가 한국에서 월산 선생님과 교류를 한 후에 그의 조수가 중국으로 왔었고, 그때 월산 선생님의 시들을 저에게 선물로 주었습니다. 후에 중국의 작가출판사가 그의 시를 엮어서 『월산시선(月山詩選)』이라는 도서를 출판하기도 했습니다. 그리고 한국의 당대 문학 중 많은 사랑을 받은 한강 작가의 『채식주의자』가 중국어로 번역되기도 했습니다.

저는 2016년에서 2019년 미국 터프츠대학교(Tufts University) 공자학원에서 근무했었습니다. 하루는 보스턴에서 베이징으로 가는 비행기를 타기 전 신경숙 작가의 책을 발견했는데, 그 당시에는 신경숙 작가가 그렇게 유명한 인물인지 몰랐던 상황이었습니다. 그리고 제가 산 책의 이름이 『엄마를 부탁해』였고, 비행기 이륙 전에 바로 다 읽어버렸습니다. 후에 해당 작품이 영어로만 번역된 것이 아니라 최소 30개 언어로 번역되었다는 사실을 알게 되었습니다. 이러한 사례를 통해 저의 이념을 말씀드리자면, 한중 양국 간 문학 교류는 중국 문학을 한글로 번역하여 전파하는 것뿐만 아니라 한국 학자들과 독자들이 인정하는 한국 당대 문학의 심미(審美)적 특징을 담은 작품이 중국어로 번역 소개가 된다면 많은 사랑을 받을 것입니다. 또한 최근 몇 년 동안 번역 기관과 출판업체, 학자와 번역가들이 이와 같은 측면에서의 업무를 많이 하고 있습니다. 이것이 바로 진정한 발전 촉진이라고 할 수 있습니다.

한국과 중국, 동아시아 지역의 문학 공동체 구축

이제 여러분께 한중 간 문화 문학 교류에서 떠올린 새로운 생각들을 이야기하고자 합니다.

아시다시피 2011년 아세안에서 역내포괄적경제동반자협정(RCEP)이 추진되었습니다. 이는 세계 인구에서 35억 명을 차지하고 세계 GDP의 약 30%인 23조 달러를 포괄하고 있는 세계 최대의 자유무역권인 동아시아 지역의 역내포괄적경제동반자협정입니다. 관심이 있는 분들은 세계 지도 혹은 지구본을 한번 보시면 RCEP 범위 안의 경제 교류가 가능한 범위를 확인할 수 있을 것입니다. 또한 인더스트리 4.0 환경 속에서 해당 구역에 한국을 포함한 중국, 일본, 호주 등 국가가 포함되어 관련 분야의 선두적인 역할을 해 나갈 것입니다. 저는 산업 측면에서의 선두적 역할 이외에도 문화와 문학 교류 분야에서 더욱 많은 분석을 하고 있습니다. 그래서 RCEP 범위 내 동아시아 문화권을 형성하고 구축하는 모습도 생각하고 있고, 실제로도 동아시아문화권의 RCEP과의 협력이 긴밀하게 형성되고 있습니다. 2020년 12월에 RCEP이 최종적으로 체결되었고, 이는 매우 큰 의미를 지닙니다. 이러한 RCEP 범위에서의 문화, 문학 교류는 우리가 심도 있게 고려해야 할 매우 큰 사안입니다.

1962년 니시지마 사다오(西嶋定生)는 그의 서적 『6~8세기의 동아시아』에서 한자문화권을 언급했고, 2000년 와세다 대학교수의 한국계 학자 이성식 교수는 『동아시아 문화권의 형성』이라는 책을 썼습니다. 두 명의 학자가 제안한 의견에서 서로 연결되는 부분이 있으며, 저 역시 이들의 학술 토론 등을 통해 가치관에 영향을 받았습니다. 또한 저 역시 중국 당대 문학 전파에 대한 고찰과 한국과 더 큰 범위에서의 중국 당대 문학의 전파를 연구하는 학자로서 동아시아 문화권이라는 개념을 설명하고자 합니다. 지리적으로 말하자면, 한국, 일본, 베트남, 북한 및 중국 등을 말하며, 국가와 지역 간 학술 교류와 전파력 확대를 통해서 동아시아 문학의 공감대를 형성하고 지역의 문학적 자원을 발굴하여 세계 문학 발전에 동아시아 문학의 토대를 더욱 다지는 것입니다. 또한 이를 통해 동아시아 문학에 대해 나타났던 구미(歐美) 문학 혹은 서유럽의 서구문화의 지배적인 영향으로 동아시아 문학의 자주성이 흐려진 점을 비판하고 다시금 고찰하게 만드는 개념입니다. 이 부분에서는 우리가 동아시아 문학의 자주성을 널리 알리기 위해 계속해서 노력해야 합니다.

사실 이러한 일을 말하기에는 쉽지만, 실제로 실천하기에는 큰 어려움이 따릅니다. 비록 세계가 경제와 지정학적 측면을 중심으로 흘러가지만, 동아시아의 움직임을 통해 전통문화 역시 현대화 과정에서 큰 역할을 한다는 사실을 보여주었고 이를 주목할 필요가 있습니다. 특히 한국, 일본, 중국 등 지역은 제4차 산업혁명에서 중요한 역할을 합니다. 다양한 영역에서 영향을 미치는데 한국의 경우, 자동차 제조 기업, 인공지능, 스마트폰, 칩 부품 제조 등은 세계 경제 성장의 동력이 됩니다. 그렇다면 이러한 산업혁명의 동력으로 많은 영역에 영향력을 미치는 상황 속에서 이러한 영향력을 빌려 문학 교류 분야를 더욱 발전시킬 수 있습니다. 그뿐만 아니라 제4차 산업혁명 시대의 세계 인문 문화, 문학 교류에 큰 방향을 제시할 수 있습니다.

세계 지도를 보면 동아시아 문화권은 매우 넓은 상상의 공간으로 펼쳐져 있습니다. 동아시아 문화권 자체가 4차 산업혁명 환경 속에서 세계 경제 성장의 원동력이 될 가능성이 있으며, 이러한 가능성의 영향을 받아 동아시아 문화권이 세계 문명과 마주하고 교류할 수 있다는 말을 하고 싶습니다. 특히 제4차 산업혁명 시대에서 인류가 마주한 인문 교류의 문제에 새로운 해결 방안이 될 수 있다고 생각합니다.

앞부분을 되돌아보면 제가 앞에서 말씀드린 두 가지의 공감대와 구체적인 의견은 이러한 큰 구상의 추진 방안이라고 할 수 있습니다. 그리고 쌍방향과 다방향 교류를 통해서 동아시아 문화권과 RCEP 지역의 문학 교류, 문학 전파와 교류 공동체를 구축해서, 양국의 문학 교류와 동아시아 문화권, RCEP 체결 국가와 지역의 문학 교류를 위한 계기를 마련할 수 있습니다. 이를 통해 제4차 산업혁명으로부터 비롯된 인류가 마주하는 새로운 변화에 대응할 수 있는 방안을 마련할 수 있을 것입니다. 이것이 저의 의견이었습니다.

오늘 '제4차 산업혁명과 중국 당대 문학의 한국 전파'라는 주제로 함께 이야기를 했으며, 사실 더 넓은 범위의 공동체 속에서 쌍방향, 다방향으로 문화와 문학 교류를 촉진해야 하며, RCEP과 동아시아 문화권 등 세계의 인문 교류 문제 해결을 위해 노력하는 공헌들을 충분히 인지하고 있어야 합니다.

이러한 구상이 현실에서 반영될 수 있을지에 대해서 확실하지는 않습니다. 하지만 RCEP 협정의 경우, 풍부한 문화 문학 자원을 포괄하고 있습니다. 그래서 RCEP 협정의 범위를 경제 발전, 산업 발전에만 국한하기보다 역내 학자들이 해당 문제에 대한 구상을 활발히 하고 공감대를 형성한다면, 제4차 산업혁명 속에서 국제 인문 교류, 문학 교류를 더욱 활성화시키고, 서로 배우며, 동아시아 공동체를 포함한 인류 문학 운명 공동체 형성할 수 있을 것이며, 또한 이는 매우 긍정적인 의미입니다. 그래서 저는 동아시아 문학 자체가 세계의 자양분이 되고, 더욱 높은 수준의 자주성을 확보할 수 있길 바랍니다.

交流

제10강

한중 영상문화 교류 탐구

쑨허윈(孫鶴雲)

중국전매대학교 외국언어문화학원 교수

현재 한중 영상문화 교류 상황: 양국 간 이해 증진과 감정적 소통, 상호 신뢰 향상을 실현

본격적인 강연에 앞서서 서론 부분에서는 현재 한중 영상문화 교류 상황을 간단하게 말씀드리고 넘어가도록 하겠습니다. 최근 체결된 역내포괄적 경제동반자협정(RCEP)은 한중 양국에게 모두 매우 좋은 기회가 됩니다. 이러한 기회를 통해 경제 구조와 정치적 요소로 인한 무역 제재 상황이 완화될 수 있으며, 협력을 통해 상호 신뢰를 강화할 수 있습니다. 또한 한중 양국이 적극적으로 경제 분야에서 필요한 협력을 추진하는 동시에 문화 교류와 인문 교류를 협력 메커니즘에 포함시킬 수 있습니다.

또한 2021년 5월 31일, 시진핑 주석은 제19기 중앙정치국 제30차 집단 학습에서 "중국의 이야기를 잘 들려주고, 중국의 목소리를 잘 전달하여 진실·입체·전면적인 중국을 보여주는 것이 우리의 국제 전파 능력을 강화하는 중요한 임무이다. (중간 생략) 중화문화가 해외로 진출할 수 있도록 더욱 힘써야 하며, 글을 통해 도를 담고, 목소리를 전달하고, 문화로 사람들의 소양을 끌어올리려야 한다."라고 했었습니다.

한중 양국 간 이해 증진과 감정적 소통, 상호 신뢰 향상을 실현시킬 수 있는 문화 교류와 협력은 양국 국민의 마음을 통하게 하는 중요한 수단이며, 다른 분야의 협력을 실현시키는 중요한 기반이자 양국 관계의 올바른 발전에 토대가 됩니다.

그리고 영상 예술은 대중이 문화를 받아들이는 중요한 경로이며 각 민족의 문화와 문명 교류의 중요한 매개체입니다. 드라마는 영상 예술 중에서 줄거리성(故事性)이 뛰어나고, 직접적인 표현으로 쉽게 수용할 수 있는 예술의 형태입니다. 중국 드라마 역시 한국 대중들이 중국을 이해하고, 근현대 중국 사회와 문화를 알아가는 중요한 경로가 되었으며, 한중 문화 교류에서 중요한 선두 역할을 하는 분야입니다.

한류(韓流)와 한풍(漢風) : 전파 주체

한류(韓流)와 한풍(漢風)에 대해서 이야기를 하자면, 한풍의 경우, 진정한 한풍의 형성 여부와 중국어 열풍 중심이 맞는지, 혹은 한국 드라마처럼 한풍 역시 문화적으로 수용될 수 있는지에 대한 궁금증이 생겼습니다.

체계적인 연구 조사를 위해 해럴드 라스웰(Harold Lasswell)의 5W 전파 모델을 활용하여 탐구했습니다. 해당 내용은 연구 보고와 같은 형식이며 다양한 주제 속에서 여러분들과 함께 생각을 나눠보고자 합니다.

5W 모델을 논할 때, 전파 주체를 먼저 생각해야 합니다. 즉, 누가 전파를 하는지를 의미하는 것입니다.

중국 드라마가 한국에서 전파될 때, 전파 주체는 크게 거시적 측면과 미시적 측면으로 나눌 수 있습니다.

먼저 거시적 측면에서 전파 주체는 관련 정책을 제정하는 양국 정부입니다. 한중 양국은 문화 교류 발전을 위해 수많은 노력을 해오고 있습니다. 예를 들어, 한중 자유무역협정(FTA)에 인문 교류의 구체적인 방안이 포함되어 있기도 합니다.

정책적 측면은 여기 계시는 교수님들께서도 잘 알고 계시리라 생각됩니다. 전반적인 한중 교류 분야에서 정책적인 부분을 언제나 주시하고 있어야 하기 때문입니다.

미시적 측면에서의 전파 주체는 구체적으로 전파 행위를 하는 직접적인 발기인(發起人)입니다. 주로 한국 방송사와 중국 방송사, 영상 웹사이트, 영상 회사와 협회 등이 한국에서 중국 드라마를 전파하는 직접 발기인이 됩니다. 그렇다면 한국 방송사가 중국 드라마의 판권을 구입하는 방식은 1) 대형 박람회 참가, 2) 중국 드라마 무역 중계업체를 통한 판권 구입, 3) 직접 제작사를 찾아가 구입하는 방식 등 총 세 가지가 있는 것으로 알고 있습니다. 이 밖에도 교수님들께서는 중국 문제와 중국 문화에 대해서 계속해서 주목하고 계시리라 생각되는데, 중국 드라마도 접하셨으리라 생각됩니다. 그리고 현대의 정보기술의 발전 흐름에 따라 영상 사이트를 통해 콘텐츠를 보기도 할 것입니다.

예를 들어, 한국의 동영상 사이트뿐만 아니라 세계적인 네트워크 플랫폼인 넷플릭스를 통해 영상을 보기도 합니다. 동영상 사이트가 판권을 구입하는 방식 역시 방송사의 방식과 기본적으로 비슷합니다.

이 밖에도 동영상 사이트는 방송사를 대상으로 직접적으로 판권을 구입하기도 합니다.

또한 일부 영상 업체와 협회 역시 전파의 발기인이 될 수 있으며, 예를 들면 중국국제티비총공사(中國國際電視總公司)는 중국 중앙 방송 CCTV 프로그램을 대행하고 산하에는 일부 민영회사가 소속되어 있습니다. 단독 민영 영상 회사 혹은 협회가 중국 중앙 방송 CCTV를 통해 작품을 전파할 수 있습니다.

이 밖에도 한국 엔터테인먼트 회사와 전략적 협의안을 체결하거나 박람회 참가 방식으로 중국 드라마를 한국에 전파하고 있습니다.

예를 들어 화처 미디어(華策影視) 회사나 중국 드라마 제작 산업 협회 등 기관이 있습니다. 이와 같은 업무에서는 한국과 중국 양측 모두의 노력이 필요합니다. 화처 미디어의 경우, 현재 코로나 바이러스 사태 속에서 한국과 협력 업무를 많이 진행하지 못하고 있으나 직전까지는 한국과 많은 작품을 통해 협력을 해오고 있었습니다.

양국 간 영상 전파의 상이함 : 전통문화 요소를 받아들이는 정도의 차이

다음으로 전파 내용을 살펴보도록 하겠습니다. 전파 내용과 관련해서 2014년부터 2019년까지 최근 5년간 한국에서 전파된 중국 드라마를 수집 · 정리했습니다.

자료 출처는 총 세 가지 플랫폼(NAVER SERIES, Pooq TV, 중화TV)을 통해 수집된 자료이며 총 250편의 드라마를 수집했습니다. 네이버 시리즈 웹사이트에서 72편의 드라마를 확인하였고, 제시된 자료가 비교적 정확했기 때문에 해당 드라마들로 분석했습니다. 그 과정 중에서 몇 가지 특징을 발견했습니다.

첫 번째는 사극이 과거만큼 절대적인 우세를 점하지 않으며, 해당 사이트에는 중편 드라마의 비중이 많다는 것입니다. 네이버 시리즈에서 보면, 과거에는 사극 위주로 전파가 많이 되었었는데 지금은 현대극이 더욱더 많은 비중을 차지하고 있습니다. 또한 양국의 드라마 형식도 다릅니다. 보통 30부작에서 60부작 정도의 드라마를 중편 드라마라고 하며, 중편 드라마 형식은 중국 드라마의 특징이기도 합니다. 일반적으로 한국 드라마는 일반적으로 16부작에서 20부작 정도로 제작하기 때문에 한국 시청자는 중편 드라마 선호도가 높지 않다고 할 수 있습니다.

두 번째 특징은 전파 범위가 넓고, 영향력이 큰 중국 드라마 작품 수가 많지 않고, 드라마 유형이 획일화되어 있습니다. 인터넷에서 중국 드라마를 대상으로 진행한 평점과 '좋아요' 추천을 많이 받은 드라마 순위를 10위까지 나열한 자료를 볼 수 있습니다. '좋아요' 추천 수와 평점을 통해 각 드라마에 대한 네티즌의 참여도 상황을 확인할 수 있습니다.

序号	剧名	点赞数	评论数	题材	豆瓣评分
1	延禧攻略	304	97	古装宫斗	7.2
2	芸汐传	228	191	古装	6.5
3	天乩之白蛇传说	140	144	古装神话	6.1
4	香蜜沉沉烬如霜	131	30	古装神话	7.7
5	媚者无疆	73	6	古装	7.2
6	择天记	67	5	古装玄幻	4.1
7	将夜	43	0	玄幻武侠	7.4
8	一千零一夜	38	3	现代科幻言情	5.1
9	下一站幸福	28	4	现代	8.1
10	如朕亲临	26	2	现代	7.7

2014년부터 2019년까지 '좋아요' 추천을 가장 많이 받은 드라마는〈연희공략 : 건륭황제의 여인(延禧攻略)〉이며 다음으로는 〈운석전(芸汐傳)〉, 〈천계지백사전설(天乩之白蛇傳說)〉 등이 있습니다. 아마도 젊은 층이 많이 보는 경향이 있기 때문에, 저는 추천된 드라마들을 거의 다 보지는 못했지만, 제가 학생들에게 물어봤을 때는 나열된 리스트에서 절반 정도의 드라마를 본 적이 있다고 답했습니다.

드라마 소재 측면에서 살펴봤을 때, 전파 규모가 크고 네티즌과 자주 소통되는 작품들이 주로 사극이라는 점을 알 수 있습니다. 해당 사이트에서는 300개 이상의 '좋아요'를 받은 드라마는 한 편 밖에 없어서 기본 데이터베이스가 매우 많은 편은 아니라는 점 말씀드립니다. 그리고 또 일반 판타지나 신화 드라마도 그다음으로 많은 편인데, 전반적으로 봤을 때, 사극이 많은 사랑을 받고 있으며 판타지 장르의 규모는 작고, 영향력도 적은 편입니다.

판타지 장르의 경우, 이해하기 쉬운 대중적인 내용이며, 시청자에게 신선함을 주고, 호기심을 만족시키는 요소들을 포함하고 있습니다. 이러한 중국 웹 소설의 요소가 다양한 방식으로 세계의 인기를 끌고 있다고 분석을 할 수 있었습니다. 게다가 해당 장르에는 중국 전통문화 요소와 세계적으로 유행하는 소재들이 함께 잘 드러나 있습니다. 예를 들어서 타임슬립이나 중생(重生) 등 소재를 활용하여 정서적 공감대를 불러일으켜 대중이 드라마를 즐길 수 있도록 하였습니다.

그리고 중국의 대표적인 온라인 플랫폼이자 대중 참여도가 매우 높은 도우반(豆瓣) 사이트에서 작품별 평점도 살펴볼 수 있습니다. 그런데 한중 양국의 인기 드라마가 다르기도 합니다. 예를 들어, 중국 드라마 〈택천기(擇天記)〉의 경우, 도우반 평점이 10점 만점에 4점으로 낮은 점수를 받은 반면, 한국에서 방송되었을 때 해당 드라마의 인지도는 10위권 안에 진입했을 것입니다. 드라마 〈택천기〉를 예로 들어, 시청 반응의 결과가 달라진 원인을 말씀드려보면, 먼저 중국인이 생각했을 때 기존 원작과 차이가 너무 많이 난다는 의견이 많았습니다. 해당 드라마는『서유기』를 각색한 드라마로서 시청자들의 시선에는 원작 이미지를 벗어나 새로운 이미지로 형성된 삼장법사와 손오공의 모습을 시청자들이 쉽게 받아들일 수 없어서 평가가 비교적 낮게 나온 것입니다. 한국 시청자의 경우, 해당 사항에 대한 관심이 크지 않으며, 남자 주인공의 외모 칭찬과 남녀 주인공의 이야기가 낭만적이고 행복해 보인다는 평가가 많음을 발견했습니다.

이러한 사례로 한중 시청자가 중국 드라마와 전통문화를 수용하는 방식에서 차이점이 나타납니다. 또한 〈일천령일야(一千零一夜)〉 드라마를 본 중국 시청자들은 스토리가 현실과의 괴리감이 너무 크고, 드라마 구성이 완벽하지 않다고 평가했지만, 한국 시청자의 경우 드라마가 유머러스하고, 재미있다는 의견을 보였습니다. 이처럼 양측이 보는 관점이 다른 구체적이 사례도 있습니다.

그래서 양국의 인기 드라마가 상이한 이유를 정리해 보면, 전통문화 요소를 받아들이는 정도의 차이이며, 드라마의 배경지식에 대한 이해가 다르다는 것에 기인합니다. 예를 들어 원작을 접한 시청자와 그렇지 않은 시청자와의 차이가 날 수 있습니다. 그리고 목적과 기대가 다릅니다. 중국 시청자의 경우 드라마 각색을 원작과 비교하는 토론이 많고, 한국 시청자는 드라마 속의 재미와 흥미를 위주로 드라마를 감상한다고 할 수 있습니다.

전파 경로 : 매체, 성별, 학력, 대중집단

이제 세 번째 부분인 전파 경로에 대해 알아보도록 하겠습니다. 여기 계시는 교수님들께서도 잘 알고 계시리라 생각이 됩니다. 예전 통계에 비교해서 현재는 새로운 방식이 추가되었다고 할 수 있는데, 바로 한국 미디어 매체를 통한 드라마 전파입니다. 전파 대상을 성별로 나누어서 분석을 해보면, 정확한지는 다시 확인해 봐야겠지만 예전에 한국의 한 연구기관에서 중국 드라마를 보는 여성 시청자가 남성 시청자보다 많다는 연구 결과를 발표한 적이 있습니다. 중국 드라마 특징으로 조사를 한 결과이지만 모든 드라마의 특징이라고 생각됩니다. 기존에도 여성이 남성보다 드라마를 더욱 많이 보는 편인데, 해당 내용 관련해서는 심도 있는 현장조사로 연구해 볼 필요가 있을 것입니다. 연령층으로 조사해 봤을 때, 20대에서 40대 사이의 연령층이 중국 드라마를 많이 접했습니다. 학력으로 나눠보면 전문대학교 학력을 가진 시청자의 만족도가 가장 높게 나왔고, 대학 학력을 가진 시청자가 그다음으로 높았습니다.

해당 자료들은 모두 한국 학자들의 자료를 참고한 것이며 학력과 드라마의 상관관계 유무에 대해선 정확하지 않습니다.

제가 한국으로 방문 연구를 갔을 때 저의 지도 교수님은 서울대학교 강명구 교수님이셨습니다. 강명구 교수님의 경우, 과거에 "중국의 한국 드라마 시청자의 학력 수준이 중국의 미국 드라마 시청자의 학력 수준에 미치지 못한다."라는 발언으로 중국에서 논쟁이 되기도 했었습니다. 해당 발언은 네티즌 사이에서도 많은 토론을 불러일으켰는데 한국 드라마를 좋아하는 중국인은 "그렇지 않다."라는 입장을 보이기도 했습니다. 사실 강명구 교수님은 데이터베이스 기반의 편향성을 말한 것이며 절대 값이라고 말한 적은 없었습니다. 이러한 상황 역시 내용이 번역되는 과정에서 생긴 문제라고 할 수 있습니다. 제가 한중 미래 발전 포럼 회의에 참여를 했는데 대부분이 단오제(端午祭)에서 쓰촨 쯔궁(四川自貢) 지역 등불(燈) 등 한중 간의 문화 충돌에 대한 발언을 많이 했습니다. 사실 수많은 문화적 충돌과 갈등들은 정보 출처의 파편화와 불완전성 때문인 경우가 많습니다. 단오제 논쟁 역시 "단오절"로 번역이 되면서 발생한 문제인데 이러한 부분이 상당히 많습니다. 저는 확실하지 않은 정보의 비대칭으로 이러한 상황이 발생했다고 생각합니다. 아마도 한국을 연구하는 중국 학자와 중국을 연구하는 한국 학자들이 앞으로 계속해서 역량을 발휘해야 하는 부분이라고 생각됩니다. 그리고 가능하다면 일부만이 아닌 전체 정보를 제시해야 한다고 생각합니다. 그래서 학력 문제는 조사 영역에서 진행한 사안으로 절대적인 역할을 하는 것이 아니며 특정한 상황에서의 결과를 나타낸 연구일 뿐입니다.

그리고 중국 드라마의 주요 시청자는 소수의 중국어 취미 학습자와 중국 문화 애호가이며 광범위한 대중이 대상으로 형성되지는 않고 있습니다. 중국 문화에 관심이 있는 한국인이 광범위한 집단으로 형성되어 있지 않기 때문에 이러한 점이 중국 드라마가 한국에서 보급되는 과정에서 마주하는 문제입니다. 현재 중국 드라마 업계는 어떻게 하면 중국 드라마가 더 많은 수량과 더 넓은 범위에서 많은 대중의 관심을 받을 수 있을지 고민하고 있으며, 이는 중국이 한국 드라마와 함께 더 멀리 갈 수 있는 중요한 방법이기도 합니다. 한국 드라마의 경우, 중국에서 각 연령층과 직업군, 여러 계층에서 모두 한국 드라마를 본 적이 있고, 한국 드라마를 잘 알고 있습니다. 이러한 점이 한국 드라마와 중국 드라마의 차이입니다.

전파 효과

① 매체 보도와 네티즌 평가, ② 경제적 이익, ③ 인터넷 커뮤니티

그리고 전파 효과에 대해서도 말해볼 수 있겠습니다. 전파학 측면에서 보면 시청자는 전파 효과에 막대한 영향을 미칩니다. 즉, 전파 효과 연구를 위해서는 반드시 시청자를 연구해야 합니다. 앞서 말씀드렸다시피 시청자 행동에 영향을 미칠 수 있다면 기본적으로 심층적인 전파 효과를 달성했다고 볼 수 있습니다. 전파학의 정의와 평가 기준에 근거해서 전파 효과를 세 가지 측면으로 나눌 수 있습니다. 첫 번째는 매체 보도와 네티즌 평가, 그리고 한국 인터넷상의 커뮤니티입니다. 매체 보도의 경우, 2018년에서 2019년까지 2년 동안의 매체 보도를 정리했고, 중국 드라마와 관련된 한국 기사 48개 기사를 선별했습니다.

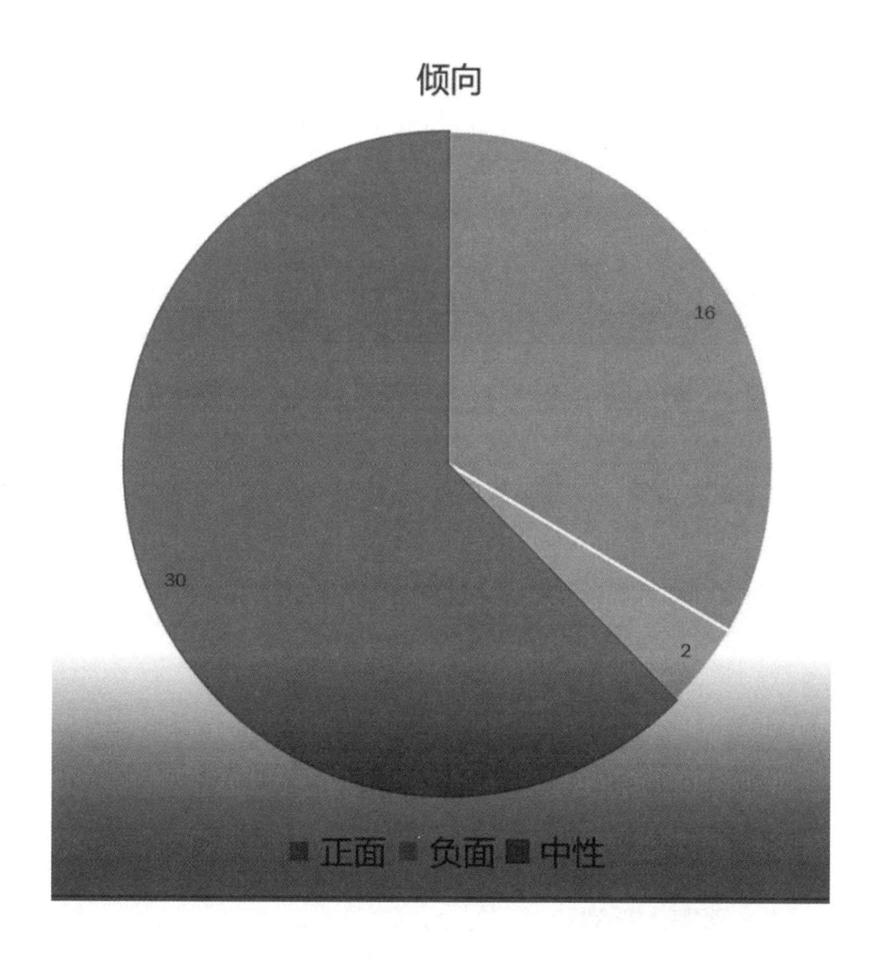

해당 48개 기사 중 긍정적인 내용의 기사는 16개, 중립적 내용의 기사는 30개, 나머지 내용이 2개였으며 중립적인 내용의 기사가 가장 많았습니다.

참석했던 회의에서 제가 중국 드라마 홍보에 대한 한국 매체들의 협조에 대해 발언하기도 하였습니다. 물론 개인이 결정할 수 있는 문제는 아니지만 이러한 필요성을 언급하고 협조를 유도하고자 했습니다. 당연히 중국 드라마 스스로도 계속해서 발전해야 하며 상대방에게 강요해서는 안 됩니다. 중국에서 한국 드라마가 유행하기 전에 중국 매체들의 긍정적인 보도가 굉장히 많았습니다. '한류'라는 단어 역시 북경청년보(北京青年報) 매체에서 처음으로 언급이 되었고, 그 이후에 한류가 하나의 현상으로 발전된 것입니다. 그렇기 때문에 한국 매체에서도 상황에 따라 중국 드라마의 우수한 점을 언급하는 방식과 같은 소통이 필요할 수도 있습니다.

그리고 기사 내용의 주요 초점은 배우들을 중심으로 다룬 기사가 가장 많았습니다. 예를 들어 어떤 작품에 어떤 배우가 참여를 한다는 내용이 많은데, 한국 대중에게 익숙한 배우일수록 언급되는 횟수가 많았으며 이는

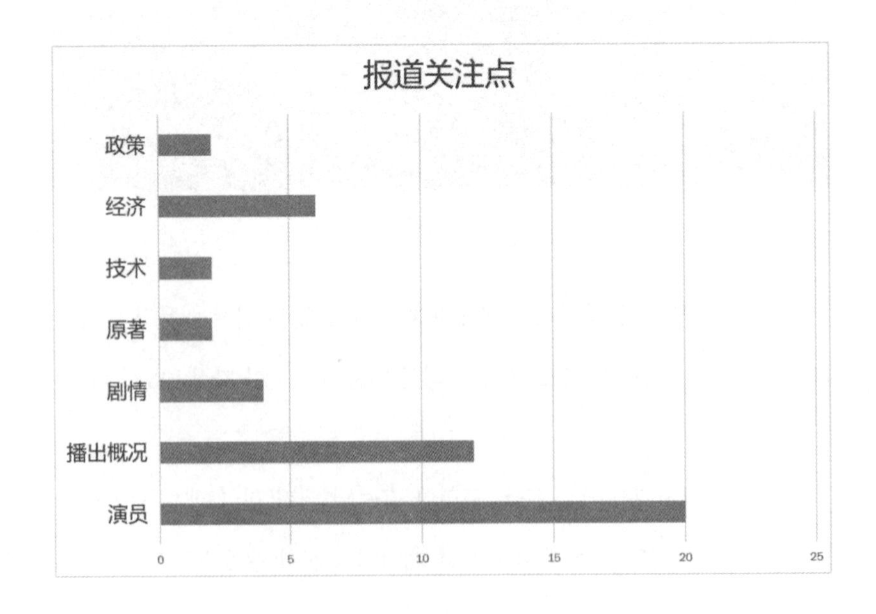

한국인들의 시선을 끌 수 있는 중요한 요소로 작용했습니다. 그다음으로 많이 다룬 기사 초점은 방영 상황에 대한 내용이며, 해당 중국 드라마의 중국 반응과 중국에서의 드라마 방영 방식, 인기 등과 같은 내용입니다.

다음으로 많은 초점을 다룬 내용은 경제 관련 내용입니다. 즉 해당 드라마가 가져오는 경제적 이익, 경제적 효과에 대한 내용들입니다. 예를 들어 중국에서의 미치는 일부 경제 효과 및 한국이 거두는 경제적 이익 및 문학 작품의 판매 수량 등이 있습니다. 문학 작품 판매 수량의 경우, 일부 문학 작품이 드라마와 함께 진행되거나 부가적 요소로 활용됩니다. 드라마 줄거리의 경우 원작 내용의 언급이 상대적으로 적고, 드라마 내용 언급도 그렇게 많지 않습니다. 이러한 부분을 생각해 볼 필요가 있겠습니다.

贴吧名	会员数	发帖数
武侠中国电视剧 MJBOX	15w	50w
中国电视剧 box	8.4w	25w
武侠电视剧	2.2w	8.5w
嗨，中文学习	618	4215
中国电视剧天国 CDH	1.7w	2.2w

그리고 인터넷 커뮤니티가 있습니다. 몇 가지 커뮤니티를 찾아본 결과, 회원 수가 많고, 참여도가 높은 '무협 중국 드라마 MJBOX' 커뮤니티가 있습니다. 해당 공간에서는 중국 무협을 주로 다루며, 중국어 공부도 할 수 있습니다. 또한 상대적으로 봤을 때, 기존에 진행했던 연구 분석의 결론이 해당 커뮤니티 모습과 부합되는 양상을 보이고 있습니다.

네티즌 평점의 경우, 전반적인 참여가 많지 않지만 한국에서 인기를 끌었고 평점이 비교적 높았던 드라마 4편으로 분석을 진행하였습니다. 해당 평점으로 살펴보면, 드라마에 대한 긍정적인 태도가 많았고, 느린 업데이트 속도, 이용료, 구독 서비스 등의 동영상 전파 방식에 대한 문제 제기가 언급되어 있었습니다. 또한 드라마 중 악역에 대한 한국 네티즌의 의견과 중국 문화에 대한 의문점이나 중국 문화에 대해 더 배우고자 하는 의지 등이 담긴 내용이 있었습니다. 드라마를 보고 나서 시청자는 중국 드라마의 표현 방식에 의문점이 생겨 더욱 알고 싶어 할 수도 있습니다. 이런 호기심을 유발하는 드라마들의 영향력이 크지만, 사실 이와 같은 드라마의 수가 너무 적어 규모화를 이루지 못했고, 이 역시 현재의 가장 큰 문제점이라고 할 수 있습니다.

한국의 중국 드라마 전파의 문제점과 그 대책 : 자발적인 전파 강화

위의 내용을 참고해서, 한국의 중국 드라마 전파의 문제점과 대책을 제안할 수 있습니다. 해당 문제와 대책은 미시적 측면과 거시적 측면, 정책 제정 측면에서 살펴볼 수 있습니다. 정책 측면의 경우 양국 정부의 추진이 필요하며, 시기와 사안에 맞는 방안들이 제정되어야 합니다. 더 큰 범위에서는 보면, RCEP 체결을 예로 들 수 있으며, 큰 틀 안에서 문화 교류가 한 영역으로 자리 잡는 것은 실현 가능성이 매우 큽니다. 해당 내용에 대해서는 단독 형식의 정책 보고서로도 제안할 수 있겠습니다. 그렇다면 내용 중심의 미시적 측면에서 더 많은 제안과 대책을 제시할 수 있습니다. 앞서 문제점들에 대한 언급을 통해 전파 방식의 단향성(單向性)을 확인하실 수 있습니다. 또한 중국이 중점적으로 추진하려는 방향이 명확하지 않습니다. 그리고 일부 번역에도 문제가 있습니다. 네티즌 평론에서도 일부 번역에 문제가 있다는 의견이 보이기도 합니다. 또한 깊이 있는 협력과 융합이 이루어지지 못하는 점이 있습니다. 화처 미디어 등 일부 민간 기관의 협력은 국제 관계와 같은 정치적 영향을 받기 때문에 사업이 안정적이지 않습니다. 이 같은 문제 역시 한중 영상 협력에서 마주하는 문제입니다. 또한 협력 모델 역시 고려해야 합니다. 협력 방식은 계속해서 발전하는 모습입니다. 초창기에는 배우 몇 명을 직접 초빙하는 방식이었으며 한중 합작 드라마나 영화의 경우 협력 방식의 수준이 현저히 낮았기 때문에 좋은 성과를 거두지 못했습니다. 그 이후에는 개선이 많이 되었습니다. 그리고 중국의 영상 전문 기업이 참여한 한중 합작 드라마 〈태양의 후예〉의 경우, 중국 시장 진입 시 중국 버전을 따로 제작하여, 중국에서 수용하기 힘들거나 드라마 방영 내용 중에서 나타날 수 있는 문제들을 사전에 조정했습니다. 이러한 맞춤화된 전파는 중국도 계속해서 연구해야 하며, 한국을 통해 배워야 하는 부분이라고 생각합니다. 즉, 시진핑 주석이 언급한 바와 같이 맞춤화 전파와 세분화 전파를 강화해야 합니다.

그렇다면 대책은 바로 '자발적인 전파 강화'입니다. 최근 몇 년 동안 중국의 국가신문출판광전총국(國家新聞出版廣電總局)은 중국–아프리카 영상 협력 사업과 실크로드 영상 로드 사업, 당대(當代) 작품 번역 사업 등 중점 사업과 번역 사업을 진행하고 있습니다. 또한 2018년 '영상중국(影像中國)' 방송 행사를 추진했고, 포르투갈, 필리핀, 파나마 지역에서 순차적으로 개최되어 홍보 활동을 하였습니다. 한국 역시 해당 사업에 일부 관련이 있지만 해당 사업의 중점 대상 국가 사업에 포함이 되어 있지 않았기 때문에 한국을 대상으로 한 사업이 비교적 적습니다. 그리고 한국을 포함한 동아시아 국가를 대상으로 한 특화 사업 추진도 매우 부족한 실정입니다. 국제 환경의 영향으로 한중 관계 역시 불안정한 상황에 놓일 수 있기 때문에 한중의 드라마와 영화 교류 역시 영향을 받습니다. 하지만 또 한편으로는 드라마와 영화로 대표되는 문화 교류가 서로에 대한 오해를 해소하고, 신뢰를 증진하며 협력을 촉진하는 효과적인 방안이 될 수 있습니다. 그렇다면 시의적절한 양국 간 문화 교류 추진은 자연스럽게 양국 국민 간 상호 이해의 기반을 쌓아 국가 소프트파워를 향상시키는 장기적인 전략이 될 수 있습니다. 그렇기 때문에 현재 전파 모델을 종합하여 자발적인 전파를 강화하고 민관 협력 구축과 쌍방향의 다위일체(多位一體) 전파 모델을 중시해야 합니다. 이렇듯 '자발적인 전파'의 의미는 한국에서의 중국 영상을 더욱 효과적으로 전파시키는 방법이며, 중국 입장에서 생각하는 전파 형태입니다.

두 번째는 점진적인 확대, 시장 세분화, 시의적절한 조치가 필요합니다.

이는 맞춤형 전파로서 한국에 맞춤화된 전파 방식을 연구하여 한국 관객의 심미(審美)적 수요에 부합하는 드라마를 보급하고, 중국 드라마의 긍정적인 이미지와 높은 인지도를 형성하여 전파 규모를 점진적으로 확대할 수 있습니다.

한국 드라마의 경우, 한두 편의 조잡한 드라마나 평점이 높지 않은 한국 드라마가 있다고 하더라도 전체 이미지에 큰 타격을 주지 않습니다. 그러나 중국 드라마는 현재 긍정적인 이미지 형성이 확고하지 않은 상황입니다. 이러한 배경 속에서 중국은 구체적인 실정과 시기에 부합하며 한국 시청자의 심미적 수요를 만족시키는 드라마를 선보여야 합니다. 예를 들어 사극의 경우, 한국에서 어느 정도의 인기를 끌고 있기 때문에, 사극 방영을 우선 시작한 다음, 우수한 현대물 드라마를 적당한 시점에 방영할 수 있습니다. 현대물은 중국의 현대 문화와 사회 현실을 반영한 현대물이 많기 때문에 중국 현대 문화를 이해할 수 있는 중요한 채널이 됩니다. 그리고 앞의 자료에서 웹드라마와 판타지 드라마의 호응도를 살펴보면서 청춘 로맨스를 담은 멜로드라마도 있었습니다. 멜로드라마 역시 10위권 안에 들어 8위, 9위, 10위를 차지하며 인기를 끌고 있습니다. 그렇다면 이러한 형식의 콘텐츠를 위주로 중국 영상을 보급할 수 있습니다. 그리고 전파 경로의 특징에 주목해야 합니다. 즉, 주요 방송사와의 협력 기회를 모색해야 합니다. 한국의 주요 방송사는 한국의 방송법 시행령으로 인해 해외 드라마 방영수가 제한적일 수 있습니다. 그래서 중국은 이와 동시에 한국의 주요 영상 사이트와의 협력 강화와 세계적인 사이트와의 협력 추진을 고려하여 자발적인 전파 방식과 우수한 현대물 보급 등 행동 방안을 고려할 필요가 있습니다. 또한 맞춤화, 개인화된 번역 모델을 구축해야 합니다. 드라마를 포함한 모든 형식의 문화에 번역 작업은 필수 불가결한 요소입니다. 지난번 저희 대학교에서 젊고 유능한 영상 분야 학자이신 한국인 김해나 교수님의 강연을 들은 적이 있었는데 영상 번역과 관련된 이러한 업무는 심도 있게 연구할 가치가 있다고 생각했습니다.

그리고 번역이 제대로 이루어지지 않을 경우 전체적인 전파 효과가 크게 떨어질 수 있습니다. 왜냐하면 영화와 드라마 번역은 일반 문학과는 다르게, 시청에 방해가 되지 않기 위해 매 장면마다 한 줄에서 두 줄까지만 번역 자막이 노출되어야 합니다. 그렇기 때문에 영상 번역은 심도 있게 연구되어야 할 영역입니다. 그래서 영상 번역을 간단한 문자 번역으로 여겨선 안 되며, 예술적 효과를 추구하는 번역을 완성하는 동시에 모든 자막이 드라마 속 예술 표현에 녹아들어 드라마 시청에도 영향을 끼쳐선 안 됩니다.

또한 중국 드라마 수준을 스스로 향상시켜야 합니다. 드라마의 수준 자체가 높지 않다면 어떤 환경에서도 성공할 수 없습니다. 최근 몇 년 동안 중국 드라마 수준은 큰 폭으로 성장했고 동아시아와 아프리카 등 국가와 지역에서 사랑을 받았습니다. 그러나 아직까지 제작이 정교하지 않고, 줄거리와 콘텐츠 창의성이 부족하며, 우수 작품과 그렇지 못한 작품이 한데 섞여져 있는 문제들이 있습니다. 그렇기 때문에 중국 드라마의 수준을 지속적으로 향상시켜야 합니다. 그리고 호혜공영 추진이 필요합니다. 한중 양국의 정부와 민간 차원의 다양한 협력 강화 형식으로 호혜공영을 실현하고, 국제관계와 정치적 요인이 문화에 영향을 미치고, 갈등을 초래하는 상황을 최소화해야 합니다.

향후 연구 계획에 대해서 말씀드리자면, 앞으로도 해당 분야에 대한 연구를 계속할 예정이며, 가능하다면 코로나 바이러스 사태가 종식된 후 한국으로 가서 현장 조사를 진행하고, 설문 조사와 방문 조사, 집중 취재 등 풍부한 연구 자료를 바탕으로 실증 연구에 돌입하고자 합니다. 또한 연구 대상을 확장하여, 중국 드라마 전파에서 영화 전파 연구를 할 수 있으며 이러한 자료를 토대로 역사 문화 측면에서 더욱 적극적인 분석을 할 수 있습니다. 여기 계시는 교수님과 학생들은 미국의 사회학자 찰스 라이트 밀스(Charles Wright Mills)가 "역사는 모든 연구의 손잡이이다. 이해 구조 간의 상호작용을 더욱더 깊숙이 이해하고 싶다면, 반드시 사료(史料)를 확인해야 하며, 역사적 방법은 사회과학과 심리학에도 적용된다. 인성(人性)에 대한 분석 역시 구체적인 역사 환경에서 전개되는 것이다."라고 말한 것을 알고 계시리라 생각됩니다. 그렇기 때문에 사회과학뿐만 아니라 인문과학 역시 역사적 방법 채택이 필요하며, 한국 문화, 중국 문화, 양국의 역사에 대하여 심도 있는 연구를 해야 합니다. 이를 통해 더욱더 많은 접점과 결합점을 찾아, 영상문화 중심의 양국 간 문화 교류가 더욱 발전할 수 있을 것입니다. 경청해 주셔서 감사합니다.

부록 : 참여자 소개(주편/강의/번역)

김승룡(金承龍)

한국 고려대학교 박사. 현재 부산대학교 한문학과 교수. 중국연구소 소장. 논저로 『송도인물지』, 『악기집석』, 『고려후기 한문학과 지식인』, 『한국학의 학술사적 전망』(공) 등이 있다.

쑨허윈(孫鶴雲)

중국 베이징대학교 박사. 한국 서울대학교 박사후과정 수료. 현재 중국전매대학교 외국언어문화학원 교수. 논저로 『〈전등신화〉 국역본 번역전략 연구』, 『중국과 외국의 인문교류에서 대학이 발휘한 긍정적인 역할』, 『중국드라마의 한국 국내 전파에 관한 연구』 등이 있다.

싱리쥐(邢麗菊)

한국 성균관대학교 박사. 현재 푸단대학교 국제문제연구원 교수, 한국연구센터 부주임. 논저로 『한국유학사상사』, 『유학과 중한인문교류』, 『The Debate on the State of Unarousedness between Oeam and Namdang』, 『Harmony between Nature and Humanity and Internal Transcendence』 등이 있다.

찐하이나(金海娜)

중국 베이징대학교 박사, 영국 맨체스터대학교 박사. 현재 중국전매대학교 외국언어문화학원 교수. 〈Journal of Chinese Film Studies〉 편집장. 논저로 『중국 무성영화의 번역 연구』, 『Film and Television Culture in China』(역), 『중외 영화와 드라마의 상호 번역 합작』(편) 등이 있다.

중청(鐘誠)

중국 베이징대학교 박사. 현재 산둥대학교 정치학공공관리학원 부교수. 아시아태평양연구소의 부소장. 논저로 『진화, 혁명과 복수 : "정치 루쉰"의 탄생』이 있다.

왕잉(王颖)

중국 대외경제무역대학교 박사. 국가대외개방연구원 상무부원장. 논저로 『미국국회와 중국에 대한 무역정책의 제정』, 『베이징 대외개방 발전보고』 등이 있다.

천지(陳紀)

중국 난카이대학교 박사. 현재 난카이대학교 주은래정부관리학원 교수. 논저로 『베이징, 톈진, 허베이 지역의 다민족 지역사회공동체 건설과 공공자원 지원 확보에 관한 연구』, 『시리아민족국가 구축의 실천, 곤경, 활로에 대한 논의—민족주의적 시각에서』 등이 있다.

피아오광하이(朴光海)

중국 사회과학원 박사. 현재 중국 사회과학원 정부관리학원 교수. 논저로 『일본과 한국의 국가이미지 부각과 형성』, 『중국에서의 한반도 연구』(역), 『동서양 철학의 교차와 사고방식의 차이』(역) 등이 있다.

뉴린제(牛林杰)

한국 성균관대학교 박사. 현재 산둥대학교 외국어학원 교수. 한중일협력연구센터장. 논저로 『양계초와 한국근대문학』, 『한국전후소설연구』 등이 있다.

난옌(南燕)

한국 서울대학교 박사. 현재 베이징대학교 조선(한국)언어문화학과 부교수. 논저로 『한중 당대문학 교육의 비교연구』, 『한국 현당대 문학사』, 『18세, 첫경험』(역) 등이 있다.

야오젠빈(姚建彬)

중국 런민대학교 박사. 베이징사범대학교 문학원 교수. 〈Comparative Literature and World Literature〉 편집 위원. 논저로 『마르크스주의 해석학』, 『비교문학』, 『유토피아의 죽음』, 『중국당대문학 해외전파 연구』(편) 등이 있다.

쑨핑(孫苹)

한국 부산대학교 한문학과 박사과정. 부산외국어대학교 통번역대학원 겸임교수. 논저로 『20세기 중국사 강의』, 『댜오위다오의 역사와 주권』 등이 있다.

김아현(金亞炫)

한국 부산외국어대학교 석사. 현재 어메이징 토커 강사. 주 상하이 한국문화원에 근무했었으며, 현재 부산지역 각종 기업현장에서 통번역자로 일하고 있다.